JN260063

東アジアの労働市場と社会階層

太郎丸 博 編

目 次

まえがき　　　［太郎丸博］　1

第1章　東アジアの労働市場と社会階層 ── 研究の背景と枠組み
［太郎丸博］　3

1　東アジアの社会階層　3
2　労働市場と社会階層の国際比較と東アジア　6
　2-1.　世代間移動の国際比較　6
　2-2.　ジェンダー・家族・労働市場　7
　2-3.　社会制度と労働市場・社会階層　9
　2-4.　近代化のスピードとタイミング，そして脱工業化　11
　2-5.　東アジア内比較社会学　13
3　東アジアの労働市場と社会階層の概観　14
　3-1.　高等教育　15
　3-2.　労働力率　16
　3-3.　失業率　18
　3-4.　産業構造　18
4　本書の構成　20
　4-1.　東アジアにおける労働市場の変容　21
　4-2.　東アジアのジェンダーと社会階層　24

第2章　グローバル化のなかでの失業リスクの変容とジェンダー差
── 日本と台湾の比較からみる制度要因の影響　［阪口祐介］　33

1　問題：制度と失業リスクのジェンダー差　33
2　日本と台湾の制度比較　34
　2-1.　日本　34

i

2-2. 台湾　36
        2-3. 仮説：グローバル化と失業リスクの変容　37
    3　データと変数　38
        3-1. データ　38
        3-2. 変数　39
    4　分析：失業リスクの日台比較　41
        4-1. 非自発的離転職リスクの水準の比較　41
        4-2. 日本：拡大する失業リスクのジェンダー差　42
        4-3. 日本：非正規拡大の失業リスクへの影響　44
        4-4. 台湾：拡大しない失業リスクのジェンダー差　47
    5　議論：失業リスクのジェンダー差を生む制度要因　48

第3章　韓国における経済危機，労働市場再編成と職業移動：
　　　　1998-2008　［ファン・ハナム］（山下嗣太・太郎丸博訳）　51
    1　労働市場再編成と職業移動についての理論的視点　54
    2　分析戦略　57
        2-1. 構造的効果（産業，企業規模，労働組合の状況）　58
        2-2. 個人レベルの効果（年齢，性別，教育，職業）　59
    3　分析のデータと方法　61
        3-1. データと変数　61
        3-2. 分析方法　65
    4　結果と議論　67
        4-1. 集合的分析：労働市場の再編成と労働移動　67
        4-2. 個人レベルの動的分析　70
    5　結論　74

第4章　女性のライフコースと就業パターン
―― 変化する日本型雇用システム　　　　［大和礼子］　81

1　問題の所在　81
2　経済のグローバル化は女性の就業をどう変えたか？ ―― 欧米における研究　82
3　東アジアの資本主義社会（日本・台湾・韓国）における比較研究　84
   3-1.　日本・台湾・韓国の共通点と相違点　84
   3-2.　日本・台湾・韓国における雇用システムの違い　85
   3-3.　女性の就業を分析するために必要な視点　87
   3-4.　女性の結婚・出産時の就業に注目した東アジア資本主義社会における比較研究　90
4　問いと仮説：日本型雇用システムの変化は女性の就業にどのような影響を与えたか？　93
5　データと方法　94
6　分析結果　96
   6-1.　結婚・出産年齢の上昇と非正規雇用の増加　96
   6-2.　1995年と2005年の比較（モデル1の結果から）　97
   6-3.　非正規雇用の影響（モデル2の結果から）　99
   6-4.　女性の就業支援策の効果（モデル3の結果から）　100
7　結論と含意：日本型雇用システムの変化が女性のライフコースと社会階層的地位に与えた影響　100
   7-1.　結論　100
   7-2.　女性の就業とライフコースへの含意　101

第5章　積極的労働市場政策は親密性の自殺予防効果を高めるか
―― 1980年から2007年における日韓を含むOECD27ヵ国の動学的パネル分析　　　　［柴田　悠］　111

1　先行研究 ―― 自殺率を下げる社会政策は何か　113
2　目的 ――「公共圏と親密圏の相互作用」に着目する　115

3 仮説 —— 積極的労働市場政策と親密性の相互作用　118
　3-1. データと方法　118
　3-2. 結果と予測値　122

4 解釈 —— 冒頭の問いへの答え　129

5 結論 —— 積極的労働市場政策は親密性の自殺予防効果を高める　132

第6章　性別職域分離は地域によってどう異なるか
—— 日本における分析　［織田暁子・大和礼子・太郎丸博］　137

1 はじめに　137

2 性別職域分離についての研究枠組み　138
　2-1. 仕事のどの側面に注目するか　138
　2-2. どの単位について分析するか　144
　2-3. 性別分離をどのようにとらえ測定するか　145
　2-4. 分離の規定要因として何に注目するか　146

3 分析：ジェンダー平等主義と脱工業化の指標を用いて　150
　3-1. 分析枠組み　150
　3-2. 仮説　151
　3-3. 分析モデル　153
　3-4. データ　154
　3-5. 変数　156

4 分析結果：都道府県の性別職域分離　157
　4-1. データの分布　157
　4-2. マルチレベル・モデル　158

5 議論と課題：日本における性別職域分離の特徴　163
　5-1. 分析結果の考察　163
　5-2. 今後の課題　165

第7章　自営業の継続と安定化
　　　　── 家族，ジェンダー，労働市場の視点から　［竹ノ下弘久］　169

1　ジェンダーと自営業　169
2　女性・男性自営業における各国間の違い　172
　　2-1．労働市場構造と自営業　172
　　2-2．労働市場における女性の雇用　174
　　2-3．ジェンダー・家族構造・自営業　175
3　仮説　176
4　データ・分析方法・変数　179
5　記述統計　182
6　多変量解析　186
7　結論　191

第8章　物質主義はどこで生き残っているのか
　　　　── 東アジアにおける階層帰属意識
　　　　　［チャン・チンフェン，ジ・キハ，髙松里江，キム・ヨンミ］
　　　　　（山本耕平訳）　　　　　　　　　　　　　　　　　　　　　199

1　序論　199
2　文献のレビュー：社会階層のとらえ方　202
3　経済資本と文化資本　202
4　比較研究というアプローチ　204
　　4-1．国家間比較　204
　　4-2．東アジア社会　205
5　データと変数　210
　　5-1．データ　210
　　5-2．変数　211
6　調査結果　213
　　6-1．東アジア社会における社会的帰属意識の分布　213

7　考察：東アジアにおける社会的帰属意識の特徴　　226

索　引　233

執筆・翻訳者紹介　　238

まえがき

　本書の発端は2009年にさかのぼる。私はその年，京大に赴任したのだが，同僚の落合恵美子先生から彼女の研究プロジェクトに参加するように依頼されたのである。当時，落合先生はアジアにおける家族と福祉レジームの比較研究プロジェクトを組織しており，私もその一翼を担うようにという依頼だった。私は多少迷ったが，この仕事を引き受けることにした。私が逡巡したのには，2つ理由がある。第一に，家族と福祉というトピックは，私がこれまで避け続けてきた，あまり気乗りしない研究テーマだったからである。家族も福祉も日本の社会学では非常に人気のある研究テーマであるが，一般に人気のある研究テーマに関しては，単に研究者間の競争が激しいというだけでなく，しばしばイデオロギー的な争いも激しい。私にとっては静かに研究を続けることが望みであり，めんどうな争いに巻き込まれるのは御免だったのである。

　私が逡巡した第二の理由は，国際比較が，魅惑的だが危険なアプローチだったからである。マックス・ヴェーバーの時代から国際比較研究はなされてきたが，国際比較研究は，しばしば多くの社会学者の拒絶反応に会った。なぜなら，このような社会学者に言わせると，文化や歴史というものは，個々の社会に固有かつ独自のものであるため，比較など不可能なのである。私はこういう悲観的な主張をする社会学者を学会でたくさんみてきたので，「国際比較はめんどうだ」というイメージを強く抱いてきたのである。

　こういった障害にもかかわらず，私がこのプロジェクトに参加した理由は，近年の日本の社会学の変化にある。近年，国際比較研究は，上記の悲観的な主張を圧倒して，ますます増加してきている。これは，社会学者の国際的なネットワークが発達し，それぞれの社会のおかれている文脈の違いを踏まえた研究が以前よりも容易になってきたからであろう。また，国際比較は，もしもうまくいけば，大きな知見をもたらすことができる，魅惑的なアプローチである。しかしながら，国際比較研究は，しばしば欧米の諸社会について

のものがほとんどで，アジアは比較の対象からはずされてきた。そのようなアジアについて国際比較することは，十分価値のある研究になると考えたのである。また，家族と福祉レジームは，私が取り組んできた社会階層や社会移動の問題を考える上で，決定的に重要である。さらにさまざまな現実の社会問題を考える上でも有効な切り口になる。静かに研究生活を送りたいという気持ちは今も変わらないが，上記のような様々な利点を考えると，本書のような研究はじゅうぶんに実り豊かなものになりうると判断したのである。

　最後に，本書の執筆者の皆さんの協力，サポート，忍耐に謝意を表する。また，このプロジェクトを財政的，学問的に支援してくださった，落合恵美子先生，伊藤公雄先生，安里和晃先生にも謝意を表したい。

2013 年 11 月
太郎丸博

第1章 東アジアの労働市場と社会階層
── 研究の背景と枠組み

太郎丸博

1 東アジアの社会階層

　19世紀以降の資本主義と工業技術の発展は，労働の在り方を大きく変化させ，それは人々のあいだの不平等の在り方をも大きく変化させてきた。西ヨーロッパでは労働者階級の拡大と階級闘争が重要な政策的課題となり，福祉国家を生み出す背景となってきた (Marshall and Bottmore 1987 = 1993)。第二次世界大戦後の福祉国家の黄金時代には，社会主義革命への機運は次第に後退していったが，依然として労働と社会階層は社会的・政治的に重要なイシューであり続けている。1990年代以降，東アジアを含めた多くの国々で所得の不平等が拡大し，その原因が議論され続けている (McCall and Percheski 2010; Neckerman and Torche 2007)。教育機会の不平等，性別，人種，移民，など様々な要因による不平等は形を変えながら存在し続けており，これらは労働と社会階層の問題と密接に関係しているのである (McTague et al. 2009)。

　冷戦時代には，このような社会階層のダイナミクスをとらえる二つの対立する理論が存在した。すなわち，マルクス主義と産業化理論である。マルクス主義は，資本主義社会では生産力の発展に伴って，階級間格差の拡大と階級闘争の激化が進み，社会主義革命が到来すると予想した (Marx and Engels 1848 = 1971; Cohen 2000)。いっぽう，産業化理論は社会主義を資本主義の機能的な等価物ととらえ，一方から他方への移行を必然的な過程とはみなさな

かった (Kerr et al. 1960 = 1963)。むしろ，両者は機会の平等，高学歴化，労使関係の改善といった多くの点で収斂する傾向があり，資本主義も社会主義も存続し続けるとされた (Kerr 1983 = 1984)。社会階層論[1]は，このようなマルクス主義と産業化理論の争いの主戦場となり，機会の平等や階級意識を巡って様々な論争が繰り広げられた (Erikson and Goldthorpe 1992)。このような対立にもかかわらず，マルクス主義も産業化理論も産業化と経済成長にともなってすべての社会が同じような構造をもつようになると予測していた点では，まったく同じであり，両者とも収斂理論[2]の一種だったといえる。

　その後，ソ連型社会主義は崩壊し，マルクス主義も産業化理論も予測の失敗を露呈することとなった。それでもなお様々な不平等はあらゆる社会に存在しており，その実態や原因を解明することの重要性があらためて多くの人々に認識されるようになった。いわば社会階層論は，その重要性を再発見されることになったのである。このような不平等の原因を解明するために，積極的に用いられるようになったのが，国際比較である。比較可能なデータの蓄積により，社会階層と労働市場の国際比較が，1980年代以降，しだいになされるようになっていったが，これは不平等の大きさや性質を規定する制度的な背景をあぶりだすうえで，有効な方法であった。

　しかし，こういった労働市場と社会階層の国際比較は，しばしば欧米諸国に限定されており，東アジアをはじめとしたその他の諸地域が比較対象とされることはあまりなかった。だが，日本，韓国，台湾が急速な近代化をとげ，中国も急速に経済成長している今日，これらの国々の労働市場と社会階層の性格を明らかにすることは，単に東アジア社会を理解するためだけでなく，欧米も含めたより一般的な階層理論を作り上げていく上でも，非常に重要な研究課題である。

　東アジアは，すでにかなりの産業化をとげているが，その歴史・文化的背景や社会制度は大きく異なる。例えば家族制度，性別分業制，福祉制度といっ

---

1)　社会階層論という用語は産業化論者が主に使ってきた用語であり，マルクス主義者は階級論という用語を好んで用いてきた。ここでは社会階層という用語は階級，地位，ジェンダー，エスニシティといったさまざまな属性に起因する不平等の総体を示す語として用いる。
2)　収斂理論とは，近代化によってすべての社会が共通の社会構造を持つようになっていくとする理論の総称。

た制度に関しては，欧米とアジアでは大きな違いがある。そのような違いは，アジア社会が国際比較の文脈で欧米の研究者から敬遠されてきた一因でもあるのだが，しかし，この異質性は利点ともなりうる。なぜなら，そのような異質性を通して，制度と社会階層の関係をより包括的に理解できるからである。社会階層と労働市場は，単に景気や産業構造だけで決定されるのではなく，家族制度や性別分業，福祉制度といった諸要因とも強く関連している。研究を欧米に限定することは，研究対象の制度的多様性を制限することであり，それは得られる知見の一般性を制限することでもある。

この研究は，親密圏と公共圏の再編成に関する研究プロジェクト（Ochiai 2010）の一翼を担うために企画されたが，労働市場と社会階層は，このようなプロジェクトにとっても斬新な切り口を提供してくれる。労働は人々の親密な諸関係から無縁ではいられないし，公共の議論や政策の重要な対象でもあるからである。また巨大化した企業は政府の政策にも親密な人間関係にも強い影響を及ぼすようになっており（Coleman 1982），労働市場はこのような企業や家庭，政府のふるまいによって形作られているのである。こうした性格を持つ労働市場を研究することは親密圏と公共圏の再編成を理解するうえで不可欠であろう。

親密圏と公共圏の再編成に光を当てるという目的から考えると，労働市場，社会階層を研究する際には，ジェンダーとの関係をとらえることが不可欠である。労働市場も社会階層も性別分業や家族制度と密接に関係しており，今やジェンダーを無視して労働市場や社会階層について考えることは，しばしば非現実的である。さらに後で述べるように東アジアの特徴を考える上で，ジェンダーに注目することは，非常に有効なアプローチである。それゆえ，本書では，ジェンダーと労働市場，社会階層の関係に特に注目して研究を進めていくことにする。

以下では比較社会学，特に社会階層論で東アジアがどのように論じられてきたかを概観し，現在の東アジアの労働市場と社会階層がどのような特徴を持っているかを大まかにとらえたうえで，本書全体のアウトラインを述べる。

② 労働市場と社会階層の国際比較と東アジア

2-1. 世代間移動の国際比較

　社会階層と労働市場は，比較的早くから国際比較研究がなされてきた分野である。Lipset and Bendix eds. (1959＝1969) による世代間移動の比較研究が初期の代表的な国際比較研究で，産業化理論が支持されていた。しかし，当時は統一的な職業分類も未発達であり，比較可能性や可能な分析法の選択肢は限られたものであった。その後1970年代ごろから，各国での研究が蓄積され，研究者の国際的なネットワークが発展し，次第に国際比較の準備が整っていった (Hout and DiPrete 2006)。こうしてCASMIN[3]の学歴分類，EGP階級図式 (Erikson et al. 1982) といった国際的に共通した分類枠組みが考案されていった。

　このような状況で社会階層の国際比較研究において主導的な役割を果たしたのが，Featherman, Jones and Hauser (1975) である。彼らは父と息子の職業の関連を調べ，この世代間移動のパターン (今でいう相対移動)[4]が，市場経済と核家族という二つの制度を持つ社会で共通しているという仮説を提示した。この仮説はさらに産業化した社会では世代間移動のパターンは共通しているという仮説に拡張され，FJH仮説と呼ばれた。FJH仮説は明示的に収

---

[3] Comparative Analysis of Social Mobility in Industrial Nations (CASMIN) と呼ばれる研究プロジェクトが組織され，職業分類や学歴の分類のすり合わせを行い，以前よりもデータの比較可能性が高まった。

[4] 1970年代の社会階層論では，社会移動の総量を職業の分布の変化によって生じた部分 (例えば製造業が衰退すると工場労働者の数が減り，他の職業への移動を「強制」される人々が出てくる) と，そのような職業分布の変化とは関係なく生じた移動に分割するという考え方が広く認められていた。前者は強制移動または構造移動，後者は循環移動または純粋移動と呼ばれた。この考え方が，その後支配的な分析法となった対数線形モデルではうまく表現できないことから (Sobel 1983; Sobel et al. 1985)，絶対移動と相対移動という概念が使われるようになった。絶対移動とは，出身階層とは異なる階層へと移動することで，絶対移動率とは移動した者の数を全人口で割った値である。相対移動とは，オッズ比で表され移動表の周辺分布の影響を除去した階層間の移動の程度を示す。例えば農業のように人口が急速に縮小した階層の場合，他の階層への絶対移動率は大きいが，農業に就く者の大半は農業階層出身なので，相対移動率は小さくなる。

敵を主張してはいないが，産業化以前の社会が，産業化することで世代間移動のパターンが収斂していくことはFJH仮説から容易に演繹できる。FJH仮説は多くの研究者によって検討されたが，父と息子の職業の関連の強さは社会によって異なるものの，関連のパターンは共通しているとする説が支持されるようになっていった (Erikson and Goldthorpe 1992)。

しかしながら，1970年代の8ヵ国の変化を検討したErikson and Goldthorpe (1992) は，産業化すればするほど，すべての社会の相対移動のパターンが類似してくるとは言えず，収斂の傾向は明確に否定している。さらに1970–1990年代のヨーロッパ諸国の世代間移動に関して分析したBreen and Luijkx (2004) は，階級分布の類似性の高まりによって絶対移動率の類似性は高まってはいるものの，相対移動に関してはむしろ1990年代に入って拡散の傾向があると指摘した。ここに至って収斂理論は社会移動論ではおおむね死刑宣告されたと言っていい状況になった。つまり産業化以外にも社会移動や階層構造に影響を及ぼす要因が存在するのであり，それらの探求が重要な課題であると広く認められるようになっていったのである。

このような世代間移動の比較研究の中で，東アジア諸社会が研究対象となることはそれほど多くなかった。確かに日本は例外的にしばしば比較の対象となっているのであるが (Erikson and Goldthorpe 1992; Ganzeboom et al. 1989; Grusky and Hauser 1984; Ishida et al. 1995)，韓国や台湾，中国が系統的な比較研究の中で扱われることは稀であり，一国だけを扱った研究が散在しているのが現状である (Bian 2002; Cheng and Dai 1995; Park 2004; Wang 2002)。

2-2. ジェンダー・家族・労働市場

さらに世代間移動に限らず，世代内移動や賃金格差，性別や人種による職域分離といったさまざまな現象の国際比較が進められるようになっていった。マルクス主義や産業化理論が信じられていた時代には，歴史の発展が階級間の対立だけでなく，その他のさまざまな社会問題も解決してくれるという期待があったが，これらの理論が信ぴょう性を失うのと並行して，様々な角度から社会的不平等が研究されるようになっていった。出自や家庭環境に

よって不平等が生じるのが問題であるならば,とうぜん性別や人種による不平等も問題であるし,階級だけでなく賃金(England 1984)や貧困率(DiPrete 2002),資産(Chang 2012)といった観点からも不平等をとらえることが重要である。このような機会や結果の不平等が生じる社会的原因の究明が社会階層研究の大きな課題として認められていった(Hout and DiPrete 2006; Kerckhoff 1995)。

特にジェンダー,家族と労働市場の研究は東アジアの社会階層を考える上で重要である。世代間移動の研究では長く女性を研究対象から排除する慣習が続いたが,人口の半数を占め,労働力人口においても四割以上を占める女性を研究対象から排除することは,少なくとも個人を単位として分析を進める場合にはあり得ないし(Acker 1973; Sørensen 1994), 世帯単位であっても,女性の社会的地位の高い社会や夫婦の地位の一体性が低い社会や,単身世帯・一人親世帯の多い社会では考えにくい。

女性の雇用を考える場合,家事・育児の分担や世帯構成といった問題も無視しえなくなる。また,ライフコースの多様性が増したことで,ライフコースを包括的に分析する必要性も広く認識されるようになっていった(Mayer 2009)。さらに近年進展した雇用の流動化により労働市場の状況を的確に把握しようとする研究が増えており(Davis-Blake and Uzzi 1993; Korpi and Levin 2001; Houseman et al. 2003),東アジアでも関心は高い(Cao and Hu 2007; Kye 2008; 阪口 2011; Takenoshita 2008)。

東アジア社会の多くは欧米とは異なる家族制度を持ち,これが東アジアにおける不平等のあり方を欧米とは異なるものにしている。例えば,キョウダイ構成が学歴達成に影響を及ぼすのは欧米でも東アジアでも同じであるが,米国の研究では長子よりは末子のほうが高い学歴を得やすいが,台湾でも日本でも長子は末子よりも高い学歴を得やすく,その傾向は男子で顕著である(藤原 2012; Yu and Su 2006)。また次節で述べるように韓国と日本は現在でも結婚・出産のときに女性が仕事を辞めてしまう比率が高いため,その原因や社会的背景が研究されている(Brinton 2001; Brinton et al. 2001; Yu 2005; Yamato 2008)。

東アジア社会の労働市場と階層構造の特徴の一つとして,小企業の比率が

相対的に高く，自営業主や家族従業者の比率が高いことがあげられる（竹ノ下 2011）。このことは女性の働き方とも密接に関係するため，特に台湾では自営セクターにおける女性の役割とジェンダーによる不平等は盛んに研究されている（Greenhalgh 1994; Stites 1982; Lu 2001）。小企業では官僚制化が進んでいないので，柔軟な働き方が可能で，家事や育児の重い責任を担った女性でも働きやすい場合がある一方で，露骨な差別がなされる場合もあり，女性の地位にとっては両義的である。

このように，ジェンダーや家族と労働市場の関係は重要なトピックであり，本書でもこれらに特に重点を置いて，東アジアの社会階層を検討していく。

2-3. 社会制度と労働市場・社会階層

それでは労働市場と社会階層・社会移動に影響を及ぼす産業化以外の要因とは何か。現在最も注目されている要因は制度である。所得の再分配制度が所得格差を緩和することは自明であるが，それ以外にも，すでにいくつかの制度が社会移動に重要な影響を及ぼすことが指摘されている。第一に，教育制度は重要な要因である。学歴は出身階層と到達階層を媒介する重要な要因であるが，教育制度によってこの結びつきの強さは異なると考えられる。Müller and Shavit（1998）によれば，高等教育が普及しておらず，職業教育の比率が高く，教育制度が階層化[5]されている社会ほど，学歴と到達階層の関連が強いという。これは教育制度を変えることによって社会移動率や移動のパターンを変えられることを意味する。また，世代間移動は教育達成によって媒介されているので，出身階層による教育機会の不平等を弱めることができれば，不平等の世代間再生産を緩和することも可能になる（Beller and Hout 2006）。

第二に，福祉レジーム（Esping-Andersen 1990＝2001）とかかわるさまざまな諸政策によって，不平等の大きさや社会移動率や移動のパターンは異なる

---

5) 階層化された教育制度とは，複線的な教育制度とほぼ同じ意味である。複線的でそれぞれのトラックが到達階層に対応していれば階層化された教育制度ということになる。

(DiPrete et al. 1997)。雇用保護の強さや積極的な機会均等政策，高齢者に対する給付の手厚さ，主婦に対する優遇策，移民政策，企業に対する規制の厳しさといった諸要因が不平等や社会移動に影響を及ぼすと考えられる。これらの諸制度の効果について逐一紹介することはできないので，ここでは雇用保護の効果について簡単に紹介しよう。日本や保守主義レジームの国々のように，雇用保護が強いと，いったん無職になった人々が雇用者として労働市場に復帰することは困難になる (Mayer 1997)。同様に若者のように初めて労働市場に参入する人々にとっても，空席ができないために職を得るのは困難になる (Breen and Buchman 2002)。このように，保守主義レジームでは雇用を保護しようとする政策意図とは裏腹に，意図せざる結果として失業率を高止まりさせる傾向が指摘されているが，人的資本のシグナルの精度を高めることで雇用保護と若者の失業抑制を両立できるという指摘もある (Breen 2005)。イタリアのように一定の規模以上の企業に対してだけ雇用の保護を義務付けると，それらの企業は規制を逃れるために，規制を受けない零細企業に対して様々な業務を外注するようになる。こうして零細の自営業主が増加するが，彼らの労働条件が守られるわけではない (Castells and Portes 1989)。このように雇用保護政策の意図せざる逆機能が数多く指摘されている。

　こういった制度の効果は東アジア研究の中でどのようにとらえられているのであろうか。まず東アジアにおける教育制度と階層の関係について見てみよう。日本は Müller and Shavit (1998) の教育と地位達成の比較分析でも取り上げられている。しかし，日本の教育制度は階層化されておらず標準化が強いのであるが，モデルから予測されるよりも教育と到達階層の関連が強く，例外的な存在となっている。Arum et al. (2007) では，15ヵ国の高等教育制度と教育機会の不平等の関係が検討されているが，日本，韓国，台湾は多様システム (diversified system) の事例としてとりあげられている。多様システムとは，研究型の大学だけでなく職業教育や短大などさまざまな形態・教育内容の教育機関からなる高等教育システムのことであり，米国とイスラエルも多様システムとされている。これに対してヨーロッパの高等教育システムは，研究型の大学に限定されていたり，研究型の大学と職業教育のみからなっているという。多様システムでは民営化が進んでおり，高等教育在学者数の拡

大が著しい。民営化そのものは教育機会の不平等を拡大するが，民営化に伴う進学率の増大は不平等を縮小するので，これらの効果が相殺しあって多様システムでは特に教育機会の不平等が大きいということはないという。

次に，東アジアの福祉レジームと階層の関係については，ほとんど何も分かっていない。日本，韓国，台湾がどのような福祉レジームに属するのかについては諸説あるが，南欧諸国とともに家族主義レジームとされたり（Goodman and Peng 1996 = 2003; 宮本ほか 2003），東アジア・レジームという独自類型が作られたりしている（Lee and Ku 2007）。いずれにせよ，家族が福祉の担い手として非常に重要であるという点では一致している。こういったシステムのもとでは，女性や若者は年長の男性への従属を強いられやすいと考えられるが，本格的な比較研究はまだ存在していない。

2-4. 近代化のスピードとタイミング，そして脱工業化

収斂理論以後の新しいアプローチとして，制度論のほかに近代化のスピードとタイミングに注目する理論がある。日本や韓国，台湾は欧米諸国に比べてかなり遅れて工業化を進展させている。そのことが主要産業，技能蓄積，労使関係に影響を及ぼすと言われてきた（Dore 1974 = 1987; 服部 2005）。このような後発近代化にもかかわらず，日韓台のように急速なスピードで近代化を達成してしまうと，欧米が数百年かけて経験した近代化のプロセスをわずか数十年でたどることになる。このことが近代化の性質をずいぶんと異なったものにすると言われている。このような現象は韓国を中心に圧縮された近代と呼ばれている（Chang 1999）。このことは人口転換のタイミングにも影響を及ぼしており，急速な高齢化の一因となっている（Ochiai 2010）。また，Koo（1990）によれば，韓国での急速な工業化は欧米のような労働者階級文化の形成を妨げたという。欧米での工業化は 16 世紀以来ゆっくりと進んできたため，労働者階級はギルドや職人の文化を引き継ぐことができたが，韓国では 1960 年代以降急速に工業化が進んだため，工場労働者の大半は農村出身者で，職人文化とは無縁であったという。また，欧米諸国は第二次世界大戦の終了からオイルショックまでの間，高い経済成長とそれにもとづく社会

福祉の充実という福祉国家の黄金時代を経験することができたが，韓国の場合，約30年間で工業化を成し遂げ，1987年に民主化を実現し，ようやく社会福祉を充実できる準備が整ってきた矢先にアジア経済危機を経験し，世界経済も停滞期に入り，福祉国家の黄金期を経験することなく，欧米のような新自由主義的政策と福祉の充実を並行してはかることになっているという (Kim 2009)。

このような圧縮された近代化が労働市場や社会階層にどのような影響を及ぼすのかはほとんど解明されていない。産業構造の変化のピッチが早ければ親世代と子世代の間で職業の分布が大きく変化するため，絶対移動率が大きくなりやすいはずであるが (Park 2004)，相対移動率にどのような影響があるのかはわからない。遅れて近代化が始まった社会では，先進国からの技術や知識の輸入が必要になるため，教育制度を急速に発展させようとするという説がある。この説に従えば，急速に教育水準が高まり，そのせいで機会の平等も高まるはずである。しかし，後発産業化社会の相対移動率の性格については，分析結果はまちまちでいまだはっきりとした傾向はつかめていない (Ishida and Miwa 2011; Whelan and Layte 2002)。

また，社会階層論では産業化という概念が好まれるが，女性の雇用を考える場合，むしろ脱工業化のほうが重要になってくる。本書第5章でも詳しく論じられるように，サービス産業の拡大は女性の雇用拡大に貢献する一方で低賃金の職に女性を囲い込む要因ともなりうる (Mandel and Semyonov 2006)。また，脱工業化は熟練工の仕事を奪い，もっと賃金の低い販売・サービス職の創出につながるため，1980年代以降の賃金格差上昇の主要因としてしばしば言及されている (Alderson and Nielsen 2002)。さらに言えば，このような産業構造の変容はグローバル経済の発展と密接に関係しており (Friedmann 1986; Sassen 1991)，グローバル化が普遍主義や業績主義の理念を広めることで，男女の不平等を縮小すると指摘されている一方で (Meyer 2003)，むしろ競争の激化と雇用の流動性につながっているとする議論もある (Mills and Blossfeld 2005)。

2-5. 東アジア内比較社会学

　東アジア社会の比較研究への一つのアプローチとして，東アジア内比較がある。国際比較研究では，日本（や韓国や台湾）と欧米の諸社会を比較するという方法が一般的であったが，近年，日本，韓国，台湾（場合によっては中国も含めて）を相互に比較する研究が増加している。このようなアプローチに先鞭をつけたのは，Brinton（2001）であった。彼女によれば，歴史や制度が比較的類似した東アジアの諸社会を比較することで，より正確にそれぞれの社会の特徴とその背景を理解できる。これは欧米の研究者が比較の対象をしばしば欧米諸国に限定するのとまったく同じアプローチであると言える。2000年代に入って，東アジアでも東アジア社会調査（East Asian Social Survey）をはじめとして，比較可能なデータが蓄積されつつあり，東アジア内比較が以前よりも容易になってきている。

　日本，韓国，台湾の収入と階層帰属意識の規定要因を比較した有田（2009）は，日本では企業規模と従業形態（正規雇用と非正規雇用，自営の違い）が強い影響力を持つ（韓国も日本に近い）のに対して，台湾では職種の影響力が強く，労働市場と社会保障制度の相違がその背景にあると指摘している。日本，韓国，台湾，中国における男女の賃金格差を分析したChang and England（2011）は，日本で最も賃金格差が大きく（女性の賃金は男性の49％），台湾で最も小さく（女性の賃金は男性の79％），韓国は両者の中間に位置することを明らかにしている。賃金格差を引き起こす要因を分解すると，日本の特徴は非正規雇用率の男女差が男女の賃金格差を広げていることにあるのに対して，韓国では男女の教育年数の差が，賃金格差に比較的大きな影響を与えている。台湾の場合は男女の労働経験年数の差が，賃金格差に比較的大きな影響を与えている。日韓台の正規雇用と非正規雇用の賃金格差を分析したTarohmaru（2011）は，日本と台湾で正規・非正規間賃金格差が大きく，韓国で小さいと述べている。このような違いが生じる原因として，日本の場合は，企業コミュニティとよばれる経営者と正社員の閉鎖的な結託が非正規雇用の賃金を押し下げているのに対して，台湾の場合は非正規雇用がインフォーマル・セクターに集中しているせいで非正規雇用の賃金が低いとしている。

社会移動に関しても東アジア内比較がいくつかなされている。Takenoshita (2007) は日本，韓国，中国の世代間相対移動率を比較し，中国では日韓に比べると，ホワイトカラーとブルーカラーの間の移動率が高く，中国の社会主義体制が影響していると述べている。Yu (2005) は台湾よりも日本のほうが結婚退職率が高い原因を，両者の労働市場の相違に求めている。台湾でも日本でも仕事と家事・育児の両立困難が結婚退職の主因であるが，台湾のほうが労働力不足が深刻で女性の労働が雇い主から求められてきたため，台湾のほうがやや働きやすい環境があるという。また日本では正社員に長時間労働を求めるので，家庭責任を担った女性には働き続けることが困難である。さらに台湾のほうが小規模な企業が多く，柔軟な働き方が相対的に容易であるという。

このように東アジア社会の労働市場と社会階層についても次第に様々なことが明らかになってきているが，欧米の研究の蓄積に比べると，圧倒的に比較研究が不足している。グローバル化の進展と雇用の流動化は東アジアでどのようなかたちで進行しているのか？ 性別分業と女性の雇用は時代とともに変化しているが，現在の東アジアではどのような形になっているのか？ 社会階層は人々のアイデンティティにどのような影響を与えるのか？ そして，このような労働市場と社会階層に対して社会制度と産業構造はどのように影響しているのか？ こういった問いは未だ十分に検討されていないのである。本書はこのような問題にとりくんでいく。

3 東アジアの労働市場と社会階層の概観

各論に入る前に，東アジアの労働市場と社会階層の基本的な特徴について概観しておきたい。ここではISSP2009とILOの提供しているデータをEASS2008で補いながら，日本，韓国，台湾，中国の特徴を素描していく。日本と韓国はOECDにもILOにもかなり詳細なデータがあるが，台湾のデータはしばしば限定されており，中国のデータは台湾よりもさらに限定される。そこでISSP2009とEASS2008を使うことにする。

第 1 章　東アジアの労働市場と社会階層

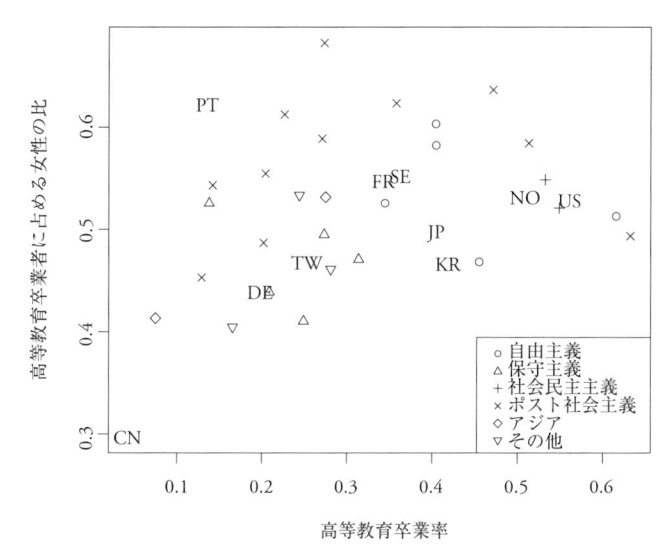

図 1-1　39ヵ国の高等教育卒業者比率と高等教育卒業者に占める女性の比率
出典：ISSP (2009)．アイスランド，アルゼンチン，アイスランド，イギリス，イスラエル，ウクライナ，エストニア，オーストラリア，オーストリア，韓国，キプロス，クロアチア，スイス，スウェーデン，スペイン，スロヴァキア，スロベニア，台湾，チェコ，中国，チリ，デンマーク，ドイツ，トルコ，日本，ニュージーランド，ノルウェー，ハンガリー，フィリピン，フィンランド，フランス，ブルガリア，米国，ベルギー，ポルトガル，ポーランド，南アフリカ，ラトヴィア，ロシア，の 38ヵ国。18〜60 歳の男女。
CN：中国，DE：ドイツ，FR：フランス，JP：日本，KR：韓国，NO：ノルウェー，PT：ポルトガル，SE：ウェーデン，TW：台湾，US：米国
国は地域と福祉レジームで分類してある。まずアジアとヨーロッパとその他の地域に分け，ヨーロッパの国に関してはさらに自由主義，保守主義，社会民主主義，ポスト社会主義に分類した。

3-1. 高等教育

　労働者の人的資本の高さを示す基本的な指標として，高等教育進学率から見ていこう。図 1-1 は 18〜60 歳の人のうち高等教育機関を卒業した人の比率とその中に占める女性の比率を図示したものである。東アジアの中では韓国で最も高等教育卒業率が高く，中国で最も低い。ただし韓国や台湾，中国の若い世代では，急速に高学歴化が進んでいるので，若年層に限定すると，もっと比率は高くなる。この図の全体的な傾向を見ると，高等教育を卒業する人の割合が高まると，女性の比率も高まる傾向がみられるが，日本や韓国，台湾は，卒業率が同程度の国の中では女性の比率が低いほうであることが分

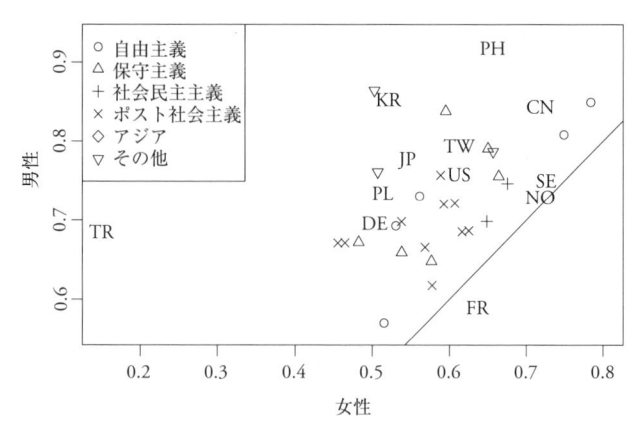

図 1-2　男女の労働力率 2009

出典：ISSP (2009)，18～64 歳にサンプルは限定。
CN：中国，DE：ドイツ，FR：フランス，JP：日本，KR：韓国，NO：ノルウェー，
PH：フィリピン，PL：ポーランド，SE：スウェーデン，TR：トルコ，TW：台湾，
US：米国
国は地域で分類し，欧米諸国は福祉レジームでさらに分類されている。

かる。このように女性の人的資本への投資が相対的に低いことは，東アジアの特徴の一つであろう。

3-2.　労働力率

　東アジア社会は欧米に比べると全般に労働力率が高いが，女性の労働力率は相対的に低い。日本と韓国では女性の労働力率を年齢別にプロットすると未だに M 字カーブを描いており，OECD 諸国の中ではすでに例外的な存在となってしまっている。図 1-2 は男女の労働力率をプロットした散布図であるが，右上に行くほど男女の労働力率が高いことを示している。横軸が女性，縦軸が男性に対応するので，左上に位置するほど，女性労働力率に比べて男性労働力率が高いことを示している。縦に比較すると，日本，韓国，中国，台湾のいずれも，高い位置にあり，男性の労働力率が高いことがわかる。東アジアは男女合わせた労働力率でも相対的に高い位置を占めているのであるが (結果は非表示)，女性の労働力率は男性ほど高くない。図 1-2 には原点

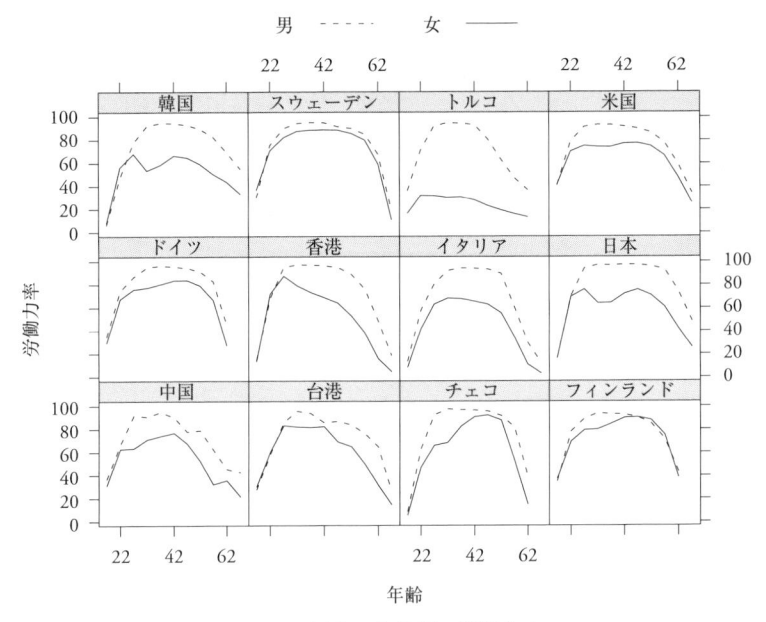

第 1 章　東アジアの労働市場と社会階層

図 1-3　男女，年齢別の労働力率

出典：ILO Laborsta (2007) と EASS (2008)。
中国と台湾は EASS のデータ。その他は ILO。10 代の労働力率は米国が 16～19 歳，中国と台湾が 18～19 歳，その他の国が 15～19 歳。

を通る傾き 1 の直線が描かれているが，これは男女の労働力率が同じ場合を示しており，この線に近いほど男女の労働力率に差がないことになる。しかし，日韓台中は，他の社会に比べるとこの線から離れており，男女の労働力率の差が相対的に大きいことが分かる。ILO の 2007 年のデータでも韓国と日本に関しては同様の結果が得られている（結果は非表示）。

男女の労働力率を年齢別に描いたのが図 1-3 である。これを見ると，韓国と日本以外には女性労働力率がはっきりとした M 字カーブを描く社会は稀であることが分かる。米国，ドイツ，チェコでわずかに M 字らしき分布がみられるが，韓国や日本に比べれば 30 代前半における労働力率の落ち込みはずっと少ないことが分かる。中国と台湾は EASS のデータなので，比較は難しいが，中国と台湾では M 字の傾向がみられない。

17

表 1-1　2007年の完全失業率と114ヵ国中の順位（失業率が低いほど順位が上）

	失業率	114ヵ国中の順位
韓国	3.2	16
日本	3.9	26
台湾	3.9	27
中国	4.0	29
114ヵ国平均	7.9	

出典：ILO Laborsta（2007）

3-3. 失業率

次に失業率を確認しよう。男女の失業率は非常に強く相関するので，男女合わせた数値を示したのが表 1-1 である。韓国が特に失業率が低く，日本，台湾，中国はほぼ4％の失業率で，ILO が 2007年に関してデータを提供していた114ヵ国中では，かなり失業率が低いほうであることが分かる。経済が堅調であると同時に，自営業層が潜在的失業者を吸収することで失業率を低く抑える機能が日本や韓国では指摘されてきたので，台湾や中国でも類似の機能を自営業が果たしているのかもしれない。しかし，中国を除けば自営業者の数も減少傾向なので，不況期にこの失業率をどれだけ維持できるのかは不明である。

3-4. 産業構造

次に産業構造を確認しよう。図 1-4 は 2007年の74ヵ国の第二，三次産業に従事する者の比率をプロットしたものである。左下に行くほど，第二，三次産業が少ない，つまり，第一次産業従事者比率が高い。図中の右肩下がりの直線は，第二，三次産業従事者比率が95％（第一次産業が5％）の位置を示している。欧米各国や日本，韓国，台湾，中国はだいたいこの線上にあり，農林水産業に携わる人は5％前後である。そしてこの線上を右下に行くほど，第二次産業が少なく第三次産業が多くなるので，脱工業化していること

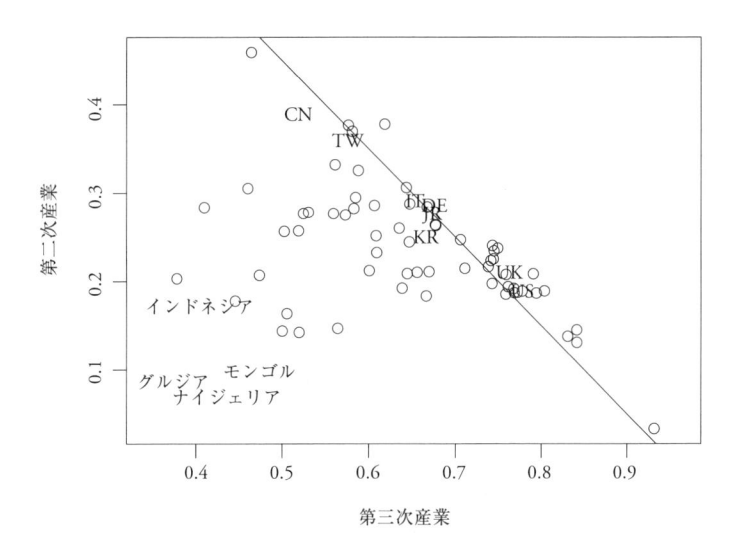

図1-4　74ヵ国の第二次産業と第三次産業の比率
出典：ILO Laborsta (2007)
CN：中国，DE：ドイツ，IT：イタリア，JP：日本，KR：韓国，SW：スウェーデン，TW：台湾，UK：英国，US：米国
第二，三次産業の比率をそれぞれX；Yとすると，図中の線は$Y+X=0.95$を表し，第二，三次産業従事者比率が95％（第一次産業が5％）の位置を示す。

になる。中国と台湾はそれほど脱工業化しておらず，日本と韓国は米英やスウェーデンと中国・台湾の中間で，ドイツやイタリアと同程度の産業分布になっている。

公的セクターで働いている者の比率と自営セクター（自営業主・家族従業者）の比率を見てみよう。図1-5は横軸に公的セクターで働いている人の比率，縦軸に自営業を営んでいる人の比率をとって39ヵ国を図示したものである。日本，韓国，台湾，中国では比較的公的セクターで働いている人の比率が低いことが分かる。また中国では自営の規模はそれほど大きくないが，残りの3ヵ国では自営の規模が大きいことが分かる。

全体をまとめると，東アジアでは失業率が低く，経済が堅調で，労働力率も高いが，男女の教育達成や労働力率の格差が他の諸社会と比べると大きく，それをささえるような産業構造が存在している。工業化は欧米と同程度の水

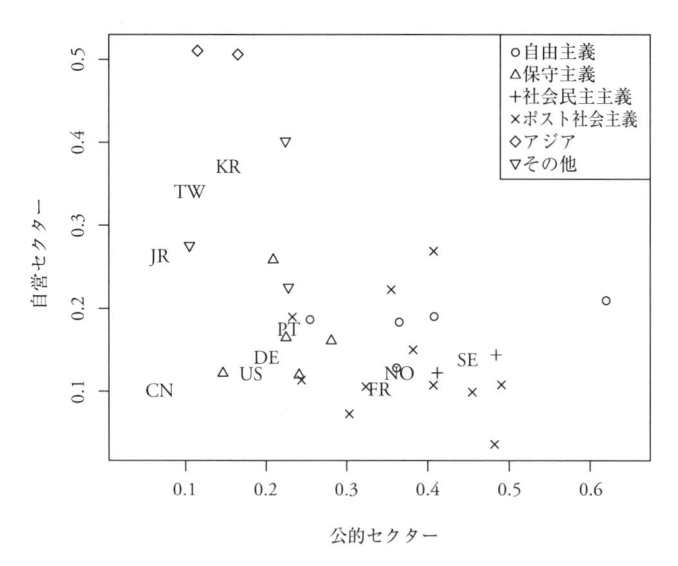

図 1-5　38ヵ国の公的セクターと自営セクターの比率
出典：ISSP (2009)，18〜60歳の男女
CN：中国，DE：ドイツ，FR：フランス，JP：日本，KR：韓国，NO：ノルウェー，
PT：ポルトガル，SE：スウェーデン，TW：台湾，US：米国
公的セクター：公務員，公営企業職員，その他の公的セクターの職員，自営セクター：
自営業主，家族従業者

準まで進んでいるが，脱工業化はまだそれほどすすんでいない。このことは女性の労働力率の低さの一因となっているだろう。欧米では公的セクターで働いている女性が多いが，東アジアでは公的セクターの規模が小さいことは女性の労働力率の低さと関係しているかもしれない。自営セクターの規模が相対的に大きいことも東アジアの特徴であり，その性格についてさらなる検討が必要であろう。

4　本書の構成

　以上を踏まえて，本書では，労働市場の変化・トレンドと，欧米との階層構造の共通性／差異という二つのパースペクティブから，東アジアの労働市

場と社会階層について考察していく。この節では各章の概要を紹介していく。

4-1. 東アジアにおける労働市場の変容

第2～4章では，現代の東アジア諸社会における労働市場の変容と特徴を論じる。第2章の阪口論文は，日本と台湾において雇用の流動化が非自発的離職に与える影響の男女差について検討している。欧米に関してはBlossfeldを中心として，グローバル化が雇用の安定性にどのような影響をおよぼすのかが研究されてきており，福祉レジームによってグローバル化の影響は異なり，さらに性別や年齢によってもそのインパクトは異なることが示されてきた (Mills et al. 2005)。しかし，東アジアに関してはそのような研究はまだ存在していない。阪口によれば，台湾でも日本でも，戦後一貫して非自発的離職 (解雇や倒産・廃業，契約期間の終了) を経験する確率 (以下では離職リスク) は高まってきた。しかし，このような離職リスクは当該社会の制度から強く影響を受ける。日本の場合，大企業を中心に内部労働市場が発達しているため，外部労働市場に比べると，内部労働市場に属する労働者は離職リスクが低い。いっぽう台湾では，国営企業の特権性が指摘されることはあるものの，日本に比べれば内部労働市場は発達していない。このような異なる労働市場の構造が，グローバル化による雇用の流動性の高まりへの対応を，日本と台湾で異なるものにするという。すなわち，日本では外部労働市場で離職リスクが高まるが，台湾では，人的資本や職種による違いはあるものの，一様に離職リスクが高まっており，特に格差が強まっているとは言えない。このような雇用の流動性の高まり方の違いは，男女の格差にも反映するという。すなわち，日本では女性が外部労働市場に属しやすいため，戦後一貫して離職リスクは女性で高まり続けてきたが，男性にかんしてはそれほど高まっていないのである。いっぽう台湾では男女の違いはなく，同じように離職リスクが高まってきている。

第3章のファン論文では，1997年の経済危機後の韓国の労働市場の変容を論じる。経済危機後にIMFの介入を受けたこともあり，韓国の労働市

は大きく変化したが，ファンが特に注目するのは，有期雇用と常時雇用，そして第一次労働市場と第二次労働市場のあいだの移動障壁である。第一次労働市場とは，高い人的資本が必要とされ，比較的賃金が高く社会保障が充実し，雇用も安定しているような職をめぐる労働市場であり，第二次労働市場は，第一次労働市場の残余範疇である。それゆえ第一次労働市場は内部労働市場という概念とかなり重なるが，完全に一致しているというわけではない。

有期雇用[6]と常時雇用，第一次労働市場と第二次労働市場は必要とされるキャリア，スキルのレベルや質が異なるので，両者の間での労働者の移動は相対的に少なく，労働市場は複数のセグメントに分断されていると考えられる[7]。このような労働市場の分断が，1997年の経済危機後にどのように変容したかが，研究の焦点となる。ファンによれば，韓国では日本と違い有期雇用の比率は右肩上がりに上昇を続けているわけではない。確かに1997年の危機後に有期雇用の比率は上昇するものの，2002年で頭打ちになり，その後減少し，2010年には1996年とほぼ同じ比率にまで減少している。しかしそれでも労働者の約4割が依然として有期雇用であり，日本よりもその比率が高い点には注意が必要である。

一般に景気後退期には自発的な離職が減少するが，これはよい職において顕著であると考えられる。それゆえ，常時雇用や第一次労働市場の職に就いている労働者は離職しにくく，空席ができないために，臨時雇用や第二次労働市場からの移動が困難になるという傾向があると予想されるが，ファンは，実際にそのような傾向を1998年以降の韓国で確認している。興味深いのは，このような労働市場の閉鎖傾向が景気が回復した後も続いており，単なる景気変動の効果ではなく，経済危機をきっかけに労働市場の閉鎖性が高まったことが示唆されている。

第4章の大和論文は日本の女性の結婚・出産退職について分析している。日本や韓国では，現在でも結婚・出産時に退職する女性の比率が高く，その

---

[6] 韓国でも非正規雇用という概念が近年使われるようになってきているが，日本とは違いパート・アルバイトといった地位が存在しないため，その内実は日韓でやや異なる。有期雇用は非正規雇用の構成要素ではあるものの，一致はしない点に注意。

[7] ただし，労働市場の「分断」が意味するところは曖昧であり，不要な概念であるとする議論も根強い。

せいで 30 歳代での労働力率が大きく落ち込む傾向がある。このいわゆる M 字型就業パターンが，女性の人的資本の蓄積とキャリアの発展を妨げてきた。日本の場合，日本型雇用システムと呼ばれる二重労働市場がその原因としてあげられ，男性正社員を主な担い手とする中核労働者，未婚の正社員女性と非正社員の男女を主な担い手とする周辺労働者に大別できる。未婚の正社員女性は結婚または出産のときに退職することを強いられることが M 字型就業の直接の原因であるが，その背景には，妻が働かなくても生活できるだけの賃金と引き換えに，長時間労働や地理的移動を伴う転勤を男性の中核労働者が受け入れてきたことがある。ただし，このような日本型雇用システムはあまねく貫徹していたわけではなく，小企業では必ずしも制度化されていなかった。また，結婚・出産退職の慣行は事務職でもっとも広く行われていたが，その他の職種では結婚・出産退職率は相対的に低かったし，親の援助があったり，夫の経済力が低ければ，雇用を継続する女性の比率は高まった。

このような日本型雇用システムはフォード主義の一種と位置付けられるが，雇用の流動化と 2000 年前後の雇用促進政策により，日本型雇用システムにも変化が生じていると大和は言う。M 字型就業パターンにおける労働力の落ち込みが近年弱まっていることはすでに指摘されているが，関連する諸要因をコントロールしても 1971-1980 年に生まれたコーホートでは，それ以前に比べて結婚退職率が下がっていること，事務職や中～大企業の結婚退職率が下がり，その他の職種や小企業と差がなくなっていること，親の援助がない場合や夫の経済力が高い場合でも結婚退職が下がってきていることを大和は示している。しかし，結婚時ではなく出産時に注目すると若干の改善は見られるものの，日本型雇用システムの特徴はかなり残っていることが示されている。また，非正規雇用の女性は正規雇用の女性に比べて出産退職しやすいため，非正規雇用の女性が増えることは出産退職する女性を増やすことになる可能性が示唆されている。

第 5 章の柴田論文では，労働市場と労働政策が自殺率に及ぼす影響を検討している。日本と韓国では 1990 年代の後半から自殺率が上昇しており，日本は高止まりしているものの，韓国は日本を抜いて 2009 年には OECD の

統計では自殺率トップとなっている。このような変化は，IMFの指導による新自由主義的な政策と労働市場の状況が関係していることを疑わせるものである。しかし，柴田によれば，失業率などの労働市場の指標そのものは自殺率に影響を及ぼさず，むしろ積極的労働政策と婚姻率が自殺を抑止する強い効果を持つ。つまりセーフティネットの厚さがストレスを軽減するということだと考えられる。また，失業率などは直接効果を持たないものの，婚姻率などを媒介して効果を及ぼしている可能性もあり，詳細な分析が待たれる。

4-2. 東アジアのジェンダーと社会階層

4-1節で見たような労働市場の中で，社会階層とジェンダーはどのように交錯しているのだろうか。後半部では，階層構造により焦点を当てていく。第6章の織田・大和・太郎丸論文は，日本国内で都道府県によって性別職域分離の強さがどのように異なるかを分析している。性別職域分離は多くの社会で一定の類似性があり，女性は男性よりもノンマニュアル職につきやすく，男性は女性よりもマニュアル職につきやすい。これは水平的性別職域分離と呼ばれる。また，女性のほうが男性よりも社会経済的地位の低い職につきやすい傾向があり，これを垂直的性別職域分離と呼ぶ。このような傾向は多くの経済発展した国で観察されるが，職域分離の強さは社会によって異なる。Charles and Grusky (2004) によると，水平的分離は脱工業化によって強められ，垂直的分離はジェンダー平等主義的イデオロギーによって弱められるという。このような仮説を都道府県を単位として分析したのがこの章である。

国際比較を行う場合，国内の地域的な多様性を等閑視してしまうという罠に我々はしばしば陥る。ジェンダー平等主義に関しては，地域的な多様性が大きく，これは都市と地方といった違いには還元できないと織田たちは言う。ジェンダー平等主義的イデオロギーの強さは，女性の高学歴化や専門職や管理職への登用を進め，ノンマニュアル内部での垂直的分離を弱めるが，その他の性別職域分離には影響がないという。なぜなら水平的分離は，男は

力仕事，女は弱者の世話やコミュニケーションに向いている，といったジェンダー本質主義にもとづいており，それは男女平等とは矛盾しないと考えられるからであるという。いっぽう脱工業化は女性のノンマニュアル職への流入を促すため，水平的な分離を強めるが，女性の労働力率が欧米に比べて低い日本においては，上層のノンマニュアル職への流入が多いため，ノンマニュアル内部での垂直的分離を弱めるという。また，脱工業化が進むとマニュアル職に就く女性の割合は下がるが，特に上層のマニュアルでその傾向が強いために，マニュアル内での垂直的分離は強まるという。このような傾向は欧米の研究成果とは異なるものであり，その原因は日本における女性労働力率の低さと全般的に脱工業化が欧米ほど進んでいないことによるという。

　一方，第7章の竹之下論文は東アジアの自営業に焦点を当てて，その労働市場の性質をジェンダーとの関係で考察している。マルクスの予言通り，多くの国で自営業主は減少し続けてきたが，オイルショック以降，欧米では不況の際に自ら起業する労働者が現れ，自営業主が増加する国もあり，一定の規模で自営業は存在し続けるという予測のほうが一般的となっている。東アジアでは自営業の減少は続いているものの現在でも自営業の比率は欧米よりもずっと高く，労働市場や社会階層を考える際に無視できない存在である。一般に労働市場では女性が差別されていると考えられるが，これまでの研究の多くは大企業や家庭に焦点を当てており，自営業主の女性についてはあまり研究されてこなかった。自営業は時間の自由がきく場合が相対的に多く，育児や家事の責任を担わざるを得ない女性にとって，ワーク・ライフ・バランスを取りやすい働き方であるという考え方がある。しかし，自営業主が長時間労働をせざるをえないような場合も多いし，従業員や顧客，取引先の差別に女性が苦しむようなケースも存在する。こういった事情が，自営業を続ける期間にどのように影響するのかが分析されている。

　竹之下は日本，韓国，台湾の三ヵ国を比較し，以下のような点を明らかにしている。どの国でも女性の自営業主は，ピアノ教師や家庭教師，理容・理髪，飲食店経営，といった職種が男性に比べて多く，不動産，自動車運転手，製造・建築といった職種で少ない。自営業を継続する確率は男女とも日本がもっとも高く，韓国・台湾と比べると新規開業も廃業も少ない，比較的安定

した労働市場を自営セクターが形成していることが分かる。自営業主をやめる確率は，どの国でも女性のほうが男性よりも高いが，関連する諸変数をコントロールすると，日本と台湾では性別の効果は有意ではないが，韓国では有意である。つまり，日本や台湾で女性が男性よりも自営業をやめやすいのは，女性が飲食店のような比較的離職の多い職種に集中していることに起因していると思われるが，韓国では職種には還元できない理由で女性自営業主のほうが離職しやすいことになる。

　また，韓国と台湾では，既婚女性のほうが未婚女性よりも自営業をやめにくく，既婚女性にとって続けやすい仕事であることをうかがわせる。しかし，日本では特にそのような傾向はみられず，ワークライフバランスの難しさを感じさせる結果となっている。また，日本の男性自営業主は，父親が自営業主であったり妻が家族従業者であると自営業を継続しやすくなる傾向があるが，女性の場合はそのような傾向は見られず，女性の自営業主は家族からの有効な援助が限られていることが示唆されている。これに対して韓国では男女とも日本男性のような傾向は見られず，親からの家業の継承が少なく不安定な零細自営業が多いことが背景にあると考えられる。台湾では男女とも何らかの形で家族の援助が自営業継続を助ける傾向がみられるが，その詳細は男女で異なる結果となっている。

　第8章のチャンほかの論文では，日本，韓国，台湾，中国の階層帰属意識が分析されている。これまでの研究では雇用や労働の客観的側面が分析されてきたが，その主観的側面もあわせて見ることで，より包括的に人々の社会的地位を把握することが可能になる。自分が真ん中あたりの階層に所属していると答える人が大多数を占めるという傾向は東アジアに限らず欧米でも確認されてきた傾向であるが，平均的にみれば経済資本，文化資本，社会関係資本といった要因に影響を受けると考えられている。これらの要因のうちどのような要因の影響を強く受けるのかは，その社会の階層構造によって異なると考えられている。

　チャンたちによれば，日本と中国で階層帰属意識の平均値は高く，台湾と韓国で低い。一人当たりGDPが高い国ほど階層帰属意識が高くなる傾向があるという説とほぼ整合的な分析結果であるが，中国の階層帰属意識の高さ

が説明できない。豊かさの絶対的な水準というよりも，準拠集団の相違や階層イメージの相違で説明したほうが説得力があるが（Fararo and Kosaka 2003），いずれにせよ，今後さらに理論の発展が待たれる問題である。また，音楽の好みが文化資本の指標としてモデルに投入されているが，ほとんど階層帰属意識を高める効果を持っていない。東アジアで階層帰属意識にもっとも影響を与えているのは，本人の学歴と世帯収入の高さであり，学歴の効果は中国と台湾で相対的に高く，韓国と日本ではほとんど有意になっていない[8]。いっぽう世帯収入の効果は韓国と日本で相対的に高い。このように東アジアでは物質的な要因が階層帰属意識を強く規定していることが分かる。

• 参考文献 •

Acker, J. 1973. "Women and Social Stratification: A Case of Intellectual Sexism." *The American Journal of Sociology* 78(4): 936-45.

Alderson, A. S., and F. Nielsen. 2002. "Globalization and the Great U-Turn: Income Inequality Trends in 16 OECD Countries." *American Journal of Sociology* 107(5): 1244-99.

有田伸 2009「比較を通じてみる東アジアの社会階層構造」『社会学評論』59(4): 663-81.

Arum, R., A. Gamoran, and Y. Shavit. 2007. "More Inclusion than Diversion: Expansion, Differenciation, and Market Structure in Higher Education." In Y. Shavit, R. Arum, A. Gamoran, and G. Menahem (eds) *Stratification in Higher Education: A Comparative Study* Stanford, CA: Stanford University Press, pp. 1-35.

Beller, E., and M. Hout. 2006. "Welfare States and Social Mobility: How Educational and Social Policy May Affect Cross-national Differences in the Association between Occupational Origins and Destinations." *Research in Social Stratification and Mobility* 24(4): 353-65.

Bian, Y. 2002. "Chinese Social Stratification and Social Mobility." *Annual Review of Sociology* 28(1): 91-116.

Breen, R. 2005. "Explaining Cross-national Variation in Youth Unemployment." *European Sociological Review* 21(2): 125-34.

Breen, R., and M. Buchman. 2002. "Institutional Variation and the Position of Young

---

[8] 先行研究では韓国と日本では学歴が階層帰属意識を高める効果を持つと言われてきたので，この結果は意外であるが，この分析では英会話力がモデルに投入されており，英会話力は4ヵ国で階層帰属を意識を高める効果を持っている。これが学歴の効果を媒介しているのかもしれない。

People: A Comparative Perspective." *American Academy of Political and Social Science* 580: 288–305.

Breen, R., and R. Luijkx. 2004. "Conclusions." In R. Breen (ed.) *Social Mobility in Europe*. Oxford University Press, pp. 383–410.

Brinton, M. C. 2001. "Married Women's Labor in East Asian Economies." In M. C. Brinton (ed.) *Women's Working Lives in East Asia*. Stanford, CA: Stanford University Press, pp. 1–37.

Brinton, M. C., Y.-J. Lee, and W. L. Parish. 2001. "Married Women's Employment in Rapidly Industrializing Societies: South Korea and Taiwan." In M. C. Brinton (ed.) *Women's Working Lives in East Asia,* Stanford University Press, pp. 38–69.

Cao, Y., and C.-Y. Hu. 2007. "Gender and Job Mobility in Postsocialist China: A Longitudinal Study of Job Changes in Six Coastal Cities." *Social Forces* 85(4): 1535–60.

Castells, M., and A. Portes, 1989. "World Underneath: The Origins, Dynamics, and Effects of the Informal Economy." In A. Portes and M. Castells (eds) *The Informal Economy: Studies in Advanced and Less Developed Countries,* Baltimore, MD: Johns Hopkins University Press, pp. 11–37.

Chang, C.-F., and P. England. 2011. "Gender Inequality in Earnings in Industrialized East Asia." *Social Science Research* 40(1): 1–14.

Chang, K.-S. 1999. "Compressed Modernity and its Discontents: South Korean Society in Transition." *Economy and Society* 28(1): 30–55.

Chang, M. L. 2012. *Shortchanged: Why Women Have Less Wealth and What Can Be Done About It.* Oxford University Press.

Charles, M., and D. Grusky. 2004. *Occupational Ghettos: The Worldwide Segregation of Women and Men.* Stanford, CA: Stanford University Press.

Cheng, Y., and J. Dai. 1995. "Intergenerational Mobility in Modern China." *European Sociological Review* 11(1): 17–35.

Cohen, G. A. 2000. *Karl Marx's Theory of History: A Defence.* Princeton, NJ: Princeton University Press.

Coleman, J. S. 1982. *The Asymmetric Society.* New York: Syracuse University Press.

Davis-Blake, A., and B. Uzzi. 1993. "Determinants of Employment Externalization: A Study of Temporary Workers and Independent Contractors." *Administrative Science Quarterly* 38(2): 195–223.

DiPrete, T. A. 2002. "Life Course Risks, Mobility Regimes, and Mobility Consequences: A Comparison of Sweden, Germany, and the United States." *American Journal of Sociology* 108(2): 267–309.

DiPrete, T. A., P. M. D. Graaf, R. Luijkx, M. Tahlin, and H.-P. Blossfeld. 1997. "Collectivist versus Individualist Mobility Regimes? Structural Change and Job Mobility in Four Countries." *American Journal of Sociology* 103(2): 318–58.

Dore, R. P. 1974. *British Factory - Japanese Factory: The Origin of National Diversity in Industrial Relations,* University of California Press.（＝1987，山之内靖・永易浩一訳『イギリスの工場・日本の工場 —— 労使関係の比較社会学』筑摩書房.）

England, P. 1984. "Wage Appreciation and Depreciation: A Test of Neoclassical Economic Explanations of Occupational Sex Segregation." *Social Forces* 62(3): 726–49.

Erikson, R., and J. H. Goldthorpe. 1992. *The Constant Flux: A Study of Class Mobility in Industrial Societies.* Oxford: Clarendon Press.

Erikson, R., J. H. Goldthorpe, and L. Portocarero. 1982. "Social Fluidity in Industrial Nations: England, France and Sweden." *British Journal of Sociology* 33: 1–34.

Esping-Andersen, G. 1990. *The Three Worlds of Welfare Capitalism.* Princeton, NJ: Princeton University Press.（＝2001，岡沢憲芙・宮本太郎監訳『福祉資本主義の三つの世界 —— 比較福祉国家の理論と動態』ミネルヴァ書房.）

Fararo, T. J., and K. Kosaka. 2003. *Generating Images of Stratification: A Formal Theory.* Dordrecht: Kluwer Academic Publishers.

Featherman, D. L., F. L. Jones, and R. M. Hauser. 1975. "Assumptions of Social Mobility Research in the U.S.: The Case of Occupational Status." *Social Science Research* 4(4): 329–60.

Friedmann, J. 1986. "The World City Hypothesis." *Development and Change* 17(1): 69–83.

藤原翔 2012「きょうだい構成と地位達成 —— きょうだいデータに対するマルチレベルによる検討」『ソシオロジ』57(1): 41-57.

Ganzeboom, H. B. G., R. Luijkx, and D. J. Treiman. 1989. "Intergenerational Class Mobility in Comparative Perspective." *Research in Social Stratification and Mobility* 8: 3–84.

Goodman, R., and I. Peng. 1996. "Welfare States in East Asia." In G. Esping-Andersen (ed.) *Welfare States in Transition: National Adaptation in Global Economy.* Sage pp.192-224.（＝2003，G. エスピン - アンデルセン編，埋橋孝文監訳『転換期の福祉国家 —— グローバル経済下の適応戦略』早稲田大学出版部，225-73頁）.

Greenhalgh, S. 1994. "De-Orientalizing the Chinese Family Firm." *American Ethnologist* 21(4): 746–75.

Grusky, D. B., and R. M. Hauser. 1984. "Comparative Social Mobility Revisited: Models of Convergence and Divergence in 16 Countries." *American Sociological Review* 49(1): 19–38.

服部民夫 2005『開発の経済社会学 —— 韓国の経済発展と社会変容』文眞堂.

Houseman, S. N., A. L. Kalleberg, and G. A. Erickcek. 2003. "The Role of Temporary Agency Employment in Tight Labor Markets." *Industrial and Labor Relations Review* 57(1): 105–27.

Hout, M., and T. A. DiPrete. 2006. "What We Have Learned: RC28's Contributions to Knowledge about Social Stratification." *Research in Social Stratification and Mobility* 24(1): 1–20.

Ishida, H., and S. Miwa. 2011. "Comparative Social Mobility and Late Industrialization." Paper presented at the annual meetings of the American Sociological Association, Las Vegas, U.S.A.

Ishida, H., W. Muller, and J. M. Ridge. 1995. "Class Origin, Class Destination, and Education: A Cross-National Study of Ten Industrial Nations." *American Journal of Sociology* 101(1): 145–93.

Kerckhoff, A. C. 1995. "Institutional Arrangements and Stratification Processes in Industrial Societies." *Annual Review of Sociology* 21: 323–47.

Kerr, C. 1983. *The Future of Industrial Societies: Convergence or Continuing Diversity?* Cambridge, MA: Harvard University Press.（＝1984，嘉治元郎訳『産業社会のゆくえ —— 収斂か拡散か』東京大学出版会.）

Kerr, C., J. T. Dunlop, F. H. Harbison, and C. A. Myers. 1960. *Industrialism and Industrial Man: The Problem of Labor and Management in Economic Growth.* Cambridge, MA: Harvard University Press.（＝1963，川田寿訳『インダストリアリズム —— 工業化における経営者と労働』東洋経済新報社.）

Kim, S.-W. 2009. "Social Changes and Welfare Reform in South Korea: In the Context of the Late-coming Welfare State." *International Journal of Japanese Sociology* 18(1): 16–32.

Koo, H. 1990. "From Farm to Factory: Proletarianization in Korea." *American Sociological Review* 55(5): 669–81.

Korpi, T., and H. Levin. 2001. "Precarious Footing: Temporary Employment as a Stepping Stone out of Unemployment in Sweden." *Work, Employment and Society* 15(1): 127–48.

Kye, B. 2008. "Internal Labor Markets and the Effects of Structural Change: Job Mobility in Korean Labor Markets between 1998 and 2000." *Research in Social Stratification and Mobility* 26(1): 15–27.

Lee, Y.-J., and Y.-W. Ku. 2007. "East Asian Welfare Regimes: Testing the Hypothesis of the Developmental Welfare State." *Social Policy and Administration* 41(2): 197–212.

Lipset, S. M., and R. Bendix (eds) 1959. *Social Mobility in Industrial Society*, Berkeley, CA: University of California Press.（＝1969，鈴木広訳『産業社会の構造 —— 社会的移動の比較分析』サイマル出版会.）

Lu, Y.-h. 2001. "The "Boss's Wife" and Taiwanese Small Family Business." In M. C. Brinton (ed.) *Women's Working Lives in East Asia.* Stanford, CA: Stanford University Press, pp. 263–97.

Mandel, H., and M. Semyonov. 2006. "A Welfare State Paradox: State Interventions and Women's Employment Opportunities in 22 Countries," *American Journal of Sociology* 111(6): 1910–49.

Marshall, T. H., and T. Bottmore. 1987. *Citizenship and Social Class.* Pluto Press.（＝1993，岩崎信彦・中村健吾訳『シティズンシップと社会的階級 —— 近現代を総括するマニフェスト』法律文化社.）

Marx, K., and F. Engels. 1848. *Communist Manifesto*.（＝1971, 大内兵衛・向坂逸郎訳『共産党宣言』岩波書店.）
Mayer, K. U. 1997. "Notes on a Comparative Political Economy of Life Courses." *Comparative Social Research* 16: 203–26.
―――. 2009. "New Directions in Life Course Research." *Annual Review of Sociology* 35(1): 413–33.
McCall, L., and C. Percheski. 2010. "Income Inequality: New Trends and Research Directions," *Annual Review of Sociology* 36(1): 329–47.
McTague, T., K. Stainback, and D. Tomaskovic-Devey. 2009. "An Organizational Approach to Understanding Sex and Race Segregation in U.S. Workplaces." *Social Forces* 87(3): 1499–527.
Meyer, L. B. 2003. "Economic Globalization and Women's Status in the Labor Market: A Cross-National Investigation of Occupational Sex Segregation and Inequality." *Sociological Quarterly* 44(3): 351–83.
Mills, M., and H.-P. Blossfeld. 2005. "Globalization, Uncertainty and Early Life Course: A Theoretical Framework." In H.-P. Blossfeld, E. Klijzing, M. Mills, and K. Kurz (eds) *Globalization, Uncertainty and Youth in Society*, Routledge, pp. 1–24.
Mills, M., H.-P. Blossfeld, and E. Klijzing. 2005. "Becoming an Adult in Uncertain Times: A 14-Country Comparison of the Losers of Globalization." In H.-P. Blossfeld, E. Klijzing, M. Mills, and K. Kurz (eds) *Globalization, Uncertainty and Youth in Society*, Routledge, pp. 423–41.
宮本太郎・イトペング・埋橋孝文 2003「日本型福祉国家の位置と動態」G. エスピン－アンデルセン編『転換期の福祉国家 ―― グローバル経済下の適応戦略』早稲田大学出版部, 295-336頁.
Müller, W., and Y. Shavit. 1998. "The Institutional Embeddedness of the Stratification Process: A Comparative Study of Qualifications and Occupations in Thirteen Countries." In Y. Shavit and W. Müller (eds) *From School to Work: A Comparative Study of Educational Qualifications and Occupational Destinations*. Oxford: Clarendon Press, pp. 1–48.
Neckerman, K. M., and F. Torche. 2007. "Inequality: Causes and Consequences." *Annual Review of Sociology* 33(1): 335–57.
Ochiai, E. 2010. "Reconstruction of Intimate and Public Spheres in Asian Modernity: Familialism and Beyond." *Journal of Intimate and Public Spheres* pilot issue (pilot): 2–22.
Park, H. 2004. "Intergenerational Social Mobility among Korean Men in Comparative Perspective." Research in Social Stratification and Mobility 20: 227–53.
阪口祐介 2011「失業リスクの趨勢分析 ―― 非正規雇用拡大の影響と規定構造の変化に注目して」『ソシオロジ』55(3): 3-18.
Sassen, S. 1991. *The Global City: New York, London, Tokyo*. Princeton, NJ: Princeton University

Press.

Sobel, M. E. 1983. "Structural Mobility, Circulation Mobility and the Analysis of Occupational Mobility: A Conceptual Mismatch." *American Sociological Review* 48(5): 721–7.

Sobel, M. E., M. Hout, and O. D. Duncan. 1985. "Exchange, Structure, and Symmetry in Occupational Mobility." *American Journal of Sociology* 91(2): 359–72.

Sorensen, A. 1994. "Women, Family and Class." *Annual Review of Sociology* 20: 27–47.

Stites, R. 1982. "Small-Scale Industry in Yingge, Taiwan." *Modern China* 8(2): 247–79.

Takenoshita, H. 2007. "Intergenerational Mobility in East Asian Countries: A Comparative Study of Japan, Korea and China." *International Journal of Japanese Sociology* 16(1): 64–79.

第2章 | グローバル化のなかでの失業リスクの変容とジェンダー差
── 日本と台湾の比較からみる制度要因の影響

阪口祐介

1　問題：制度と失業リスクのジェンダー差

　20世紀の後半，多くの先進諸国においてグローバル化が進行し，雇用環境は大きく変化した。雇用者は雇用の柔軟化の圧力をますますうけるようになり，自由に雇用を調整する必要性が高まってきている。その結果，失業率は上昇し，パートや派遣といった非正規雇用が増加することで，被雇用者は失業リスクにさらされやすくなってきていることが想定される。
　しかし，グローバル化のなかで，どのような層でも同じようにリスクが高まるとは必ずしもいえない。グローバル化は，福祉レジーム・教育システム・雇用関係システムといった制度的フィルターを通して人々の職業キャリアに影響を与えるのである（Mills and Blossfeld 2005）。こうした問題関心から，ブロッスフェルドらの研究グループは欧米を中心に国際比較分析を行っている。そして，グローバル化のなかで失業や下降移動のリスクにさらされやすい層は，その国の制度によって異なることを明らかにした（Blossfeld et al. 2005; Blossfeld et al. 2006; Blossfeld and Hofmeister 2006; Blossfeld et al. 2011）。同様の問題関心から，阪口（2011）はグローバル化が進行した1950年から2005年までのあいだに，企業規模・雇用形態・学歴・職業による失業リスクの差がどのように変化したのかについて，日本と台湾の比較分析を行った。男性被雇用者を分析した結果，日本では非正規雇用や小企業にリスクが集中する

労働市場分断的な二重構造は安定的で変化しなかったが，台湾では，高等教育と初等教育のリスク差が拡大し，リスクの規定構造が変化したことがわかった。そして，こうした両国の違いが労働保護規制や労働市場の特徴といった制度要因の違いによって生じていることを指摘した。

上述の阪口（2011）では男性被雇用者を対象として企業規模・雇用形態・学歴・職業によるリスクの差の変化について分析したが，本章では女性も分析対象に含め，ジェンダーによる失業リスクの差に焦点を当てる。グローバル化のなかで，ジェンダーによる失業リスクの差はどのように変化してきているのか，そしてどのような制度要因が，その変化に影響を与えているのかについて，日本と台湾の比較分析から明らかにする。日本と台湾は同じ東アジアの後発産業化国であるが，労働市場の特徴や女性の雇用パターンは大きく異なる。日本では大企業の正社員を中核とする労働市場分断的な二重構造が存在するが，台湾では家族経営の零細小企業の数が多く，それらが経済の中心を担う。また，日本では女性は結婚・出産を機に正規雇用を辞め，その後，非正規雇用で働くというパターンが多くみられるが，台湾では結婚・出産後も仕事を継続する割合が高い。本章では，こうした制度要因の違いが，グローバル化のなかでの失業リスクのジェンダー差にどのような違いをもたらすのかについて問う。

続く2節では，日本と台湾における制度の違いをまとめ，グローバル化のなかで失業リスクのジェンダー差を生む制度要因についての仮説を示す。3節と4節では日台比較分析を行い，5節では，結果をまとめて議論を行う。

2 日本と台湾の制度比較

2-1．日本

はじめに，日本における労働市場の特徴およびジェンダーにかんする制度の違いをまとめる。日本の雇用システムの特徴は，長期雇用，年功序列，企業別組合だと多くの論者によって指摘されている。他の先進諸国に比べて勤

続年数は長く(佐藤 1999),雇用は安定的だといえる。ただし,雇用の安定性は企業規模や雇用形態によって異なる。経済の中心は大企業が担っており,中小企業は大企業の下請けを担うという企業規模間の従属的な関係が存在する(Hamilton and Biggart 1988)。大企業においては内部労働市場が形成されており,そこで働く大企業の正社員の雇用は安定している。そこでは,被雇用者は安定的な長期雇用のなかで仕事の経験を積み,企業特殊技能を身に着けていくことが一般的である。そして,正規雇用においては,雇用者は被雇用者を容易に解雇できない慣行が存在している。しかし,外部労働市場では内部市場に比べて競争にさらされやすく,雇用は不安定である。小企業や非正規雇用では自発的・非自発的な離転職率が高いことが示されている(Takenoshita 2008)。外部労働市場において働く被雇用者は,雇用の柔軟化の圧力のなかで,雇用調整のターゲットとされやすい存在だといえよう。

　労働市場におけるジェンダー構造にかんしては,日本では多くの女性は内部労働市場から排除されている。日本では女性は子育てに専念することを期待されており,雇用者は女性に仕事の訓練や昇進をさせない傾向にある(Brinton 1993)。そのため日本では,多くの場合,女性は結婚や出産を機に正規雇用の仕事を辞め,育児後には非正規雇用として労働市場に戻るキャリアを辿ることが多い。言い換えれば,彼女たちは,ライフコースを通じて正規雇用から非正規雇用へと変わり,外部労働市場へと排除される傾向にある。このような女性における非正規雇用は 1970 年代,80 年代を通じて増加傾向にある。

　さらに,近年における変化としては,中高年女性だけではなく,若年層における非正規雇用,特に若年女性の非正規雇用が増えていることである。2010 年では 2 人に 1 人の中年女性(35 歳から 44 歳)が非正規雇用に就いているが,この傾向は 1990 年代から一貫してみられる。近年の変化は,若年層における非正規雇用が拡大していることである。1990 年から 2010 年の間に,若年(15 歳から 24 歳)の被雇用者における非正規雇用率は,男性では 8.0％から 24.9％へ,女性では 13.3％から 37.8％へと増加している(総務省『労働力調査』)。このように男女両方において若年層における非正規雇用は大きく上昇しているが,その傾向は女性において顕著であることがわかる。女性

は，結婚や出産後の時点だけではなく，学校から職業への移行という職業キャリアの最初の時点においても，非正規雇用に就く可能性が高まっているといえるだろう。

2-2. 台湾

次に台湾についてみていく。台湾では，日本ほどに強固な内部労働市場が形成されていない。日本では経済の中心が大企業であったが，台湾では，家族経営の零細小企業の数が多く，それらが経済の中心を担い，大企業グループとは分離している (Hamilton and Biggart 1988)。また，こうした家族経営の小企業は，低賃金で輸出指向型発展の担い手となり，激しい国際競争にさらされている（隅谷ほか 1992）。このように中小企業が多くを占める台湾では，日本のように大企業の正社員を中心とする二重労働市場が形成されておらず，大企業・正規雇用とその外部の格差は少ないといえる。そして，台湾では日本に比べて雇用保護規制が弱い（隅谷ほか 1992: 77-8）。その影響もあり，離転職率は日本に比べて高く，雇用の流動性が高い。こうした流動性の高い労働市場においては，職業移動に影響する学歴の効果が強く，人的資本的な労働市場の特徴をもつことが指摘されている（神林・竹ノ下 2009: 55）。なお，台湾では戦前の日本独占資本の国有化に由来する官営／民営の二重構造が存在するといわれている（隅谷ほか 1992: 129-35）。

女性の働き方については，台湾女性は日本女性とは違い，結婚・出産後も職業を続ける傾向がある。台湾では，1960 年代から 70 年代にかけて，女性の結婚・出産後の職業継続率が高まってきており，日本のような女性労働力率の 30 代前半における落ち込みがみられなくなった (Yu 2009)。このように台湾女性において労働力率が上昇した要因としては，技能をもった高学歴層の労働力需要が大きかったこと，男性の賃金水準が低かったこと，経済の中心が大企業中心ではなく，家族経営の小企業が中心であったことなどが指摘されている (Brinton et al. 2001; Yu 2009)。

2-3. 仮説：グローバル化と失業リスクの変容

　上述の制度の違いを踏まえて，両国において，グローバル化のなかで失業リスクのジェンダー差がどのように変化したのかについての仮説を示す。ブロスフェルドらはヨーロッパ諸国を比較し，グローバル化のなかでの雇用リスクの変容について次のような仮説を示す (Blossfeld et al. 2011: 13-6)。労働市場の流動性が低い国，たとえばドイツ，スペイン，イタリアなどでは，グローバル化は，男性中心の強固に守られた中核グループと，若年層や女性中心の周縁グループの亀裂を深める。一方，雇用の流動的な国，特にイギリスなどの自由主義レジームでは，そうした中核/周縁の亀裂の拡大は生じないが，他方でスキルや学歴といった個人が有する人的資本が雇用リスクに強い影響を与える。この仮説は次のようなことを示唆している。グローバル化のなかでは，雇用者は雇用の柔軟化の圧力をうけて，自由に雇用を調整する必要性が生じる。このとき，雇用保護規制が強く，雇用の流動性が低い国では，雇用者は現在雇っている被雇用者の雇用を自由に調整することが容易ではないため，周縁層にリスクを転嫁する傾向にある。一方，雇用保護規制が弱く，雇用の流動性が高い国では，雇用者は，現在雇っている被雇用者の雇用を比較的調整しやすいために，周縁層にリスクを転嫁する必要があまりない。ただしその反面，雇用調整が比較的自由にできることから，個人の資源によるリスクの差が生じやすい。

　これらの考察をうけて，「日本では，グローバル化のなかで失業リスクのジェンダー差が拡大するが，台湾では，失業リスクのジェンダー差は拡大しない」という仮説を立てる。日本では，内部労働市場が強固に存在し，そこでの雇用保護規制は強い。こうした国では，雇用者はグローバル化によって雇用の柔軟化の圧力が高まるなかでも，企業内の内部労働市場にいる被雇用者を解雇することは難しい。そのため，たとえば非正規雇用を拡大させるといった形で，外部労働市場において雇用調整を行おうとすると考えられる。佐藤嘉倫 (2009) は，近年の日本における階層研究をレビューし，中核の被雇用者は安定的である一方で，周縁層において流動化が進行したことを指摘している。この点にかんして，若年雇用の不安定化が 1990 年代半ばから進

行したことについては，多くの研究がすでに指摘しており（玄田 2001; 小杉 2003），社会的関心も高い。本章では，こうした若年層ではなく，女性に焦点を当てる。日本では，女性は外部労働市場における非正規雇用に集中するという雇用パターンが存在する。雇用者は，雇用の柔軟化の圧力をうけて雇用を自由に調整する必要性が高まるなかで，女性における非正規雇用をさらに拡大することによって対処しようとしたといえる。これによって，女性はリスクの高い非正規雇用に就きやすくなり，それは結果として女性の失業リスクを拡大させたと考えられる。すなわち，ここで想定するメカニズムは，単に女性において失業リスクが高まったのではなく，リスクの高い非正規雇用が特に女性において拡大したことによって，女性の失業リスクが高まり，ジェンダー差が拡大したというものである。

一方，台湾においては，雇用保護規制が強い内部労働市場が日本ほど強固に形成されておらず，雇用の流動性が高い。そして，女性の結婚・出産後の職業継続率は高く，日本のように女性が非正規雇用に集中するというジェンダー構造もみられない。ゆえに，雇用者はグローバル化による雇用の柔軟化の圧力のなかで，女性における非正規雇用の拡大をする必要はなかったと考えられる。よって，リスクのジェンダー差は存在せず，拡大もしていないと予測できる。以下では，上述の仮説を検証する。

3　データと変数

3-1．データ

本研究で使用するデータは，2005 年に実施された「社会階層と社会移動調査」（SSM 調査）の日本と台湾のデータである。回顧によって回答してもらった職歴データから，パーソン・イヤー・データを作成した。このデータは仕事の各年の状態を示したデータである。50 歳以上になると定年退職が増加するため，50 歳未満を分析対象とした。自営や経営者は除き，被雇用者のみを対象とする。農業も分析から除外する。欠損値を除いたデータは，

日本男性 46,350（2,283 人，仕事数 4,420），日本女性 33,766（2,624 人，仕事数 5,502），台湾男性 32,162（2,270 人，仕事数 6,158），台湾女性 24,974（2,109 人，仕事数 5,359）である。

3-2. 変数

従属変数である失業リスクの指標は，その年に非自発的離転職のイベントに遭ったか否かの2値変数である。2005年SSMの職歴データでは，従業先の変更があった場合に離職理由を尋ねている。非自発的離転職は，その年に従業先を離職または転職しており，離職理由として倒産，廃業，人員整理，契約期間の終了を選んだものとする。

表 2-1 には，パーソン・イヤー・データの度数分布を示す。表から失業リスク（非自発的離転職リスク）をみると日本男性 0.6％，日本女性 0.9％，台湾男性 2.7％，台湾女性 2.7％である。これは職業に就いている人々が1年で失業リスクに遭う可能性を示す。

独立変数は以下の通りである。

企業規模は，小企業（29人未満），中企業（30〜299人），大企業（300人以上），官公庁の4カテゴリに分けた。

雇用形態は正規雇用と非正規雇用に区分した。ただし，日本と台湾では雇用形態の質問が同じではない[1]。日本では，正規雇用，非正規雇用（パート，派遣，契約）に分けた。台湾では被雇用（民間），非正規（一時雇用・パート）に区分した。

職業は，国際職業分類（ISCO）をもとに，専門・管理，事務・販売，技能，組立，単純労務に分けた。

学歴は，初等教育，中等教育，高等教育の3カテゴリに分けた。

企業経験数は，現在の従業先に勤める以前に経験した従業先の数を0回，

---

[1] 日本では経営者・役員，自営業主・自営業者，家族従業者，常時雇用されている一般従業者，臨時雇用・パート・アルバイト，派遣社員，契約社員・嘱託に分かれている。一方，台湾では自営（被雇用者あり），自営（被雇用者なし），家族従業者，被雇用（政府），被雇用（国家），被雇用（国家→民間），民間被雇用，一時雇用・パートタイムに分かれている。台湾では，被雇用の（政府），（国家），（国家→民間）を被雇用（公共）に分けている。

表 2-1　度数分布表　　　　　　　　　　　　　　　　　　　　　　(%)

		日本			台湾	
		男性	女性		男性	女性
失業リスク（非自発的離転職リスク）	その他	99.4	99.1		97.3	97.3
	イベント	0.6	0.9		2.7	2.7
企業規模	29人未満	24.3	34.2		41.4	42.1
	30〜299人	25.3	31.4		18.8	22.1
	300人以上	36.4	24.7		16.7	19.8
	官公庁	14.0	9.6	公共被雇用	23.1	16.0
雇用形態				公共被雇用	23.1	16.0
	正規雇用	96.4	71.9	民間被雇用	67.9	75.6
	非正規雇用	3.6	28.1	非正規雇用	9.0	8.5
職業	専門・管理	26.2	19.6		30.6	24.1
	事務・販売	27.4	53.4		12.9	31.1
	技能	18.8	5.8		29.9	11.2
	組立	22.2	14.8		19.9	19.9
	単純労務	5.4	6.4		6.7	13.8
教育	初等教育	19.6	16.8		37.6	39.6
	中等教育	47.2	48.8		29.1	28.3
	高等教育	33.2	34.4		33.3	32.1
企業経験数	なし	55.6	44.8		28.3	33.6
	1回	25.2	28.4		26.9	26.7
	2回以上	19.2	26.7		44.7	39.7
時代	50-72	20.0	18.0	50-73	11.8	10.9
	73-83	25.8	21.6	74-85	25.3	24.7
	84-93	27.5	27.6	86-94	29.5	29.5
	94-04	26.7	32.8	95-05	33.4	34.9
N		46,350	33,766		32,162	24,974

1回，2回以上に分けた。

　時代は，日本においては，仕事の各年の西暦をもとに次のように4つに分けた。高度経済成長期（1950〜72年），安定成長前期（73〜83年），安定成長後期（84〜93年），バブル崩壊不況期（1994〜2004年）。台湾においては次のように四つに区分した。戦後の経済成長期（1950〜73年），オイルショック以降の不安定成長期（74〜85年），安定成長期（86〜95年），経済不況期（1995〜2005年）。

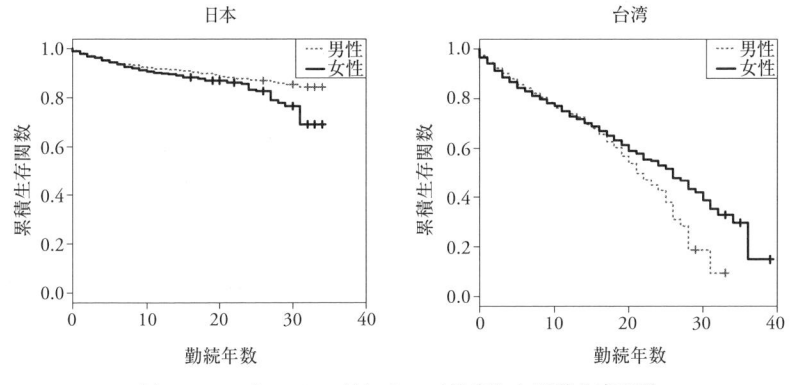

第2章　グローバル化のなかでの失業リスクの変容とジェンダー差

図2-1　Kaplan-Meier法によって推定した累積生存関数

4　分析：失業リスクの日台比較

4-1. 非自発的離転職リスクの水準の比較

　それでは分析を行う。はじめに，日本と台湾それぞれにおいて，被雇用者はどの程度の確率で失業リスクに遭うのかを確認する。図2-1は，それぞれの国で男女別にKaplan-Meier法によって推定した累積生存関数である。両国とも，勤続年数が長くなるほど，非自発的離転職リスクに遭う人は増え，失業リスクに遭わない人の率を示す生存関数が減少することがわかる。ただし，日本と台湾を比較すると，台湾では減少率が高く，非自発的離転職リスクに遭いやすいことが確認できる。一方，日本は生存関数の減少がゆるやかで，台湾に比べて，失業リスクに遭いにくいといえる。男性について両国を比較すると，10年間での失業リスクは日本9%，台湾27%である。これは，台湾の被雇用者は日本の被雇用者に比べて，3倍，非自発的な離転職リスクに遭いやすいことを示す。

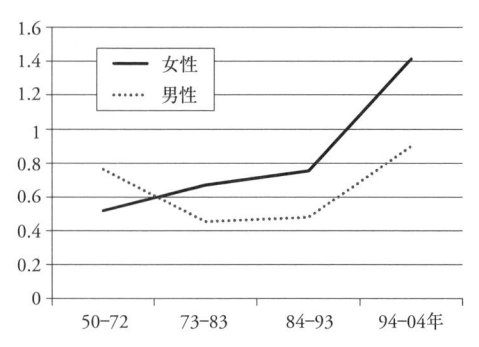

図2-2 時代ごとの非自発的離転職率（%・性別別・日本）

4-2. 日本：拡大する失業リスクのジェンダー差

それでは，失業リスクのジェンダー差が時代によって拡大したかどうかについてみていこう。まずは，日本からみていく。図2-2は，性別ごとに，四つの時代別の非自発的離転職率（1年平均）をプロットしたものである。図では1950年から72年における男性は0.8を指すが，これはこの時代において男性は1年間0.8%の確率で非自発的離転職リスクに遭っていたことを意味する。図から，72年以前に比べて73年以降では，女性のリスクが高まり，男女による失業リスクの差が生じてきていることがわかる。

次に，図から確認した時代によるジェンダー差の拡大について，他の要因を統制した上で確認する。表2-2は，離散時間ロジットモデルによって，非自発的離転職ハザードに影響する独立変数の効果を推定したものである。モデル1の独立変数は，年齢，企業規模，学歴，職業，企業経験数，時代，性別（女性ダミー）である。モデル2では，時代と性別の交互作用項を追加し，モデル3ではさらに非正規雇用ダミーを追加している。

表2-2から，モデル1の女性ダミーの係数は0.23で有意であり，女性の方が失業リスクに遭いやすいことがわかる。そして，モデル2において時代と性別の交互作用効果を確認すると，50〜72年と女性ダミーの交互作用項が有意な負の効果をもっている（−0.74）。これは，73年以降，男性に比べて女性が失業リスクに遭いやすい傾向が生じてきたことを意味する。

第 2 章　グローバル化のなかでの失業リスクの変容とジェンダー差

表 2-2　非自発的離転職ハザードを従属変数とした離散時間ロジット分析（日本）

	モデル 1 係数	s.e		モデル 2 係数	s.e		モデル 3 係数	s.e	
切片	−3.83	0.26	**	−3.88	0.26	**	−4.10	0.26	**
年齢	−0.02	0.01	**	−0.02	0.01	**	−0.02	0.01	**
小企業	0.30	0.10	**	0.30	0.10	**	0.20	0.10	*
中企業（基準）	—			—			—		
大企業	−0.21	0.12	*	−0.21	0.12	*	−0.21	0.12	*
官公庁	0.10	0.16		0.08	0.16		0.05	0.16	
初等	−0.02	0.14		−0.01	0.14		0.00	0.14	
中等	−0.26	0.11	*	−0.26	0.11	*	−0.24	0.11	*
高等（基準）	—			—			—		
専門・管理	−0.71	0.18	**	−0.71	0.18	**	−0.31	0.18	
事務・販売	−0.48	0.15	**	−0.47	0.15	**	−0.20	0.15	
技能	−0.49	0.18	**	−0.49	0.18	**	−0.24	0.18	
組立	−0.36	0.16	*	−0.36	0.16	*	−0.10	0.16	
単純労務（基準）	—			—			—		
他の企業経験なし	—			—			—		
1 回	0.43	0.11	**	0.41	0.11	**	0.27	0.11	*
2 回以上（基準）	0.65	0.12	**	0.61	0.12	**	0.44	0.12	**
50～72 年	−0.59	0.15	**	−0.30	0.18		−0.27	0.18	
73～83 年	−0.59	0.12	**	−0.54	0.17	**	−0.46	0.17	**
84～93 年	−0.53	0.11	**	−0.59	0.17	**	−0.52	0.17	**
94～04 年（基準）	—			—			—		
女性ダミー	0.23	0.09	*	0.33	0.14	*	−0.15	0.14	
50～72 年×女性				−0.74	0.26	**	−0.44	0.26	
73～83 年×女性				−0.11	0.23		0.02	0.23	
84～93 年×女性				0.13	0.22		0.17	0.22	
94～04 年×女性				—			—		
非正規ダミー							1.17	0.11	**
N	80,116			80,116			80,116		

$^*p < 0.05$　$^{**}p < 0.01$

　さて，2 節の仮説では，上記で確認した近年における失業リスクのジェンダー差が，女性における非正規雇用の拡大によって生じているということを予測した．この説を検証するために，モデル 3 では，非正規雇用ダミーを投入し，交互作用項の係数の変化を確かめる．表 2-2 から，モデル 2 とモデ

ル3を比べると，モデル3で非正規雇用を投入することで，モデル2において有意であった交互作用項の係数は−0.74から−0.44減少し，有意ではなくなる。そして，非正規雇用の係数は1.17であり，非正規雇用であると失業リスクが高い。これは，73年以降における失業リスクのジェンダー差は，リスクの高い非正規雇用が女性において拡大したことによって生じたことを意味する。

4-3. 日本：非正規拡大の失業リスクへの影響

次に，日本において，非正規雇用の拡大が人々の失業リスクの上昇に影響を与えたメカニズムについて詳しくみていこう。この点にかんして，次のような想定が可能である。第1に，日本では，1980年代後半より，非正規雇用の割合が増加し，被雇用者が非正規雇用に就きやすくなった。そして，第2に，非正規雇用は正規雇用に比べて非自発的離転職をしやすい（Takenoshita 2008）。このような二つの過程が合わさることで，近年になるほど，被雇用者はリスクの高い非正規雇用に就きやすくなり，そのことで被雇用者がリスクに遭う可能性が高まったということが予測される。

図で示すと，ここでの関心は〈時代→非正規→リスク〉の関係性である（図2-3）。そこで，はじめに，男女別に，〈時代→非正規〉，次に〈非正規→リスク〉の関連を確認する。そして，最後に，近年におけるリスクの高まり（時代→リスク）が，どの程度，非正規雇用の拡大を媒介しているのか（時代→非正規→リスク）について確認する。

まず，〈時代→非正規〉について確認する。図2-4は，時代別に1年間で非正規雇用の状態にいる割合を示したものである。時代と非正規雇用の関連性をみると，男女両方において，非正規雇用率は高まっているが，女性の方がその傾向は顕著である。すなわち，〈時代→非正規〉の関連性が確認でき，女性の方がその関連性は強いといえる。

次に，〈非正規→リスク〉の関連性を確認する。そこで図2-5は，男女それぞれにおいて，雇用形態別に時代ごとの非自発的離転職率（1年平均）を示している。図から，男性の非正規雇用割合が非常に少ないため，ばらつきは

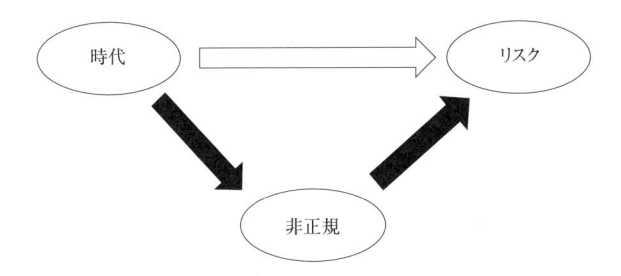

第2章　グローバル化のなかでの失業リスクの変容とジェンダー差

図 2-3　時代・非正規・リスクの関係性

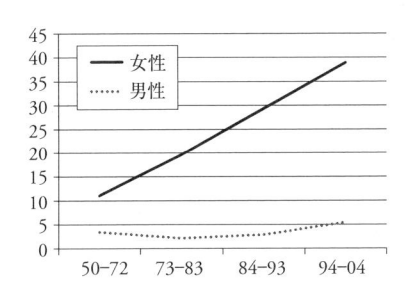

図 2-4　時代ごとの非正規雇用率（%・性別別・日本）

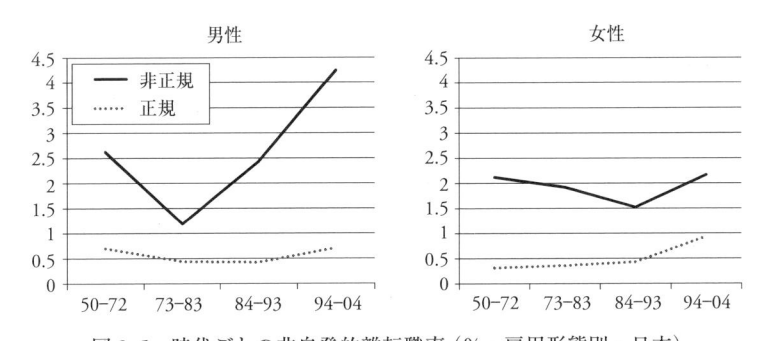

図 2-5　時代ごとの非自発的離転職率（%・雇用形態別・日本）

大きいが，男女ともにどの時代においても非正規雇用は正規雇用に比べて非自発的離転職率が高いことがわかる。

　それでは，最後に，近年の失業リスクの高まりは，どの程度，非正規雇用の拡大を媒介しているのかという〈時代→非正規→リスク〉の関連性につい

45

表2-3 非自発的離転職ハザードを従属変数とした離散時間ロジット分析（男女別・日本）

	男				女			
	モデル1		モデル2		モデル1		モデル2	
	係数	s.e	係数	s.e	係数	s.e	係数	s.e
切片	−3.60	0.36 **	−4.27	0.37 **	−4.03	0.37 **	−4.47	0.38 **
年齢	−0.02	0.01 *	−0.01	0.01	−0.02	0.01 *	−0.02	0.01 **
小企業	0.40	0.15 **	0.35	0.15 *	0.25	0.15	0.11	0.15
中企業（基準）	—		—		—		—	
大企業	−0.36	0.17 *	−0.35	0.17 *	−0.08	0.18	−0.07	0.18
官公庁	−0.89	0.29 **	−0.89	0.29 **	0.91	0.20 **	0.81	0.20 **
初等	−0.01	0.21	−0.02	0.21	−0.03	0.20	0.00	0.20
中等	−0.06	0.16	−0.04	0.16	−0.47	0.15 **	−0.42	0.15 **
高等（基準）	—		—		—		—	
専門・管理	−0.64	0.23 **	−0.32	0.23	−0.85	0.29 **	−0.39	0.29
事務・販売	−0.68	0.22 **	−0.41	0.22	−0.05	0.23	0.21	0.23
技能	−0.92	0.21 **	−0.63	0.22 **	0.23	0.31	0.33	0.31
組立	−0.80	0.21 **	−0.53	0.22 *	0.30	0.25	0.50	0.25 *
単純労務（基準）	—		—		—		—	
他の企業経験なし	—		—		—		—	
1回	0.37	0.15 *	0.35	0.15 *	0.45	0.16 **	0.16	0.17
2回以上（基準）	0.45	0.17 **	0.39	0.17 *	0.71	0.17 **	0.37	0.17 *
50〜72年	−0.26	0.19	−0.11	0.20	−1.04	0.25 **	−0.81	0.25 **
73〜83年	−0.50	0.17 **	−0.38	0.17 *	−0.66	0.18 **	−0.49	0.18 **
84〜93年	−0.57	0.17 **	−0.49	0.17 **	−0.48	0.15 **	−0.36	0.15 *
94〜04年（基準）	—		—		—		—	
非正規ダミー			1.27	0.18 **			1.12	0.14 **
N	46,350		46,350		33,766		33,766	

$^*p < 0.05$　$^{**}p < 0.01$

て分析する。そこで，非自発的離転職リスクを従属変数とした2つのモデルを比較する。すなわち，非正規雇用を独立変数に含まない時代効果のモデルに非正規雇用ダミーを追加することで，時代効果がどの程度，減少するかを確認する。もし，非正規雇用ダミーを追加することで時代効果が減少するようであれば，近年になるほど非正規雇用が拡大することで，リスクが高まるというメカニズムが確認できたことを意味する。

表2-3は，非自発的離転職ハザードを規定する要因の効果を離散時間ロ

ジットモデルによって推定した分析結果である．モデル1の独立変数は，年齢，企業規模，職業，学歴，企業経験数，そして時代である．モデル2は，モデル1の独立変数に非正規雇用ダミーを追加したものである．男女それぞれにおいて，モデル1とモデル2の分析結果を示している．

表2-3から，男女それぞれにおいて，二つのモデルの時代の係数を比較する．まず，男女両方において，モデル1における時代の係数は有意な負の値を示す．これは93年以前では，94年以降に比べて，人々はリスクに遭いにくかったことを示す．逆にいえば，94年以降では，それ以前の時代に比べて，人々は失業リスクに遭いやすくなっている．次に，モデル1に非正規を追加したモデル2における時代の係数をみると，男女両方において，時代の係数が減少する．ここから時代効果の一部が非正規雇用を媒介していることがわかる．なお，時代→非正規→リスクの間接効果の検定を行った結果，有意であった．そして，女性の方が，係数の減少が大きいことがわかる．男女両方において，非正規雇用の拡大によって，失業リスクが高まったといえるが，その傾向は女性の方が顕著である．

4-4. 台湾：拡大しない失業リスクのジェンダー差

次に，台湾についてみていく．まずは，失業リスクのジェンダー差が時代によって拡大したのかについて確認する．そこで，日本と同様に，4つの時代に分けて，男女別に非自発的離転職率の1年間での平均を示した（図2-6）．図から，男女双方においてリスクの水準は70年代から80年代半ばにかけて高まってきているが，両者のリスク差はみられない．そして，近年，その差が拡大している傾向もない．なお，離散時間ロジット分析によって，他の要因を統制した上で，性別の効果および性別と時代の交互作用効果を確認したが，有意な効果はみられなかった（非表示）．

最後に，日本では女性における非正規雇用が拡大していたが，台湾においても日本と同様に非正規雇用が拡大したかどうかについてみておこう．図2-7では，時代ごとに，1年間での非正規雇用の状態にいる割合を示している．図から，台湾では日本と異なり，女性において非正規雇用の割合が拡大して

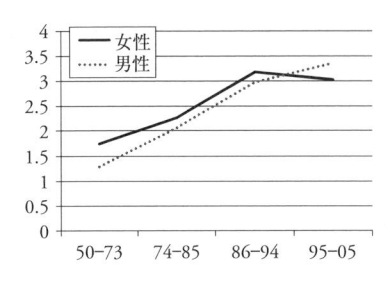

図 2-6　時代ごとの非自発的離転職率（％・性別別・台湾）

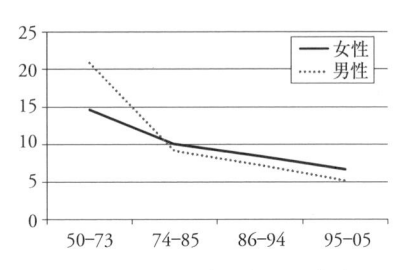

図 2-7　時代ごとの非正規雇用率（％・性別別・台湾）

いるという傾向はみられない。

5　議論：失業リスクのジェンダー差を生む制度要因

　最後に分析結果をまとめて議論を行う。本章では，日本と台湾という異なる制度をもつ国において，グローバル化のなかで失業リスクのジェンダー差がどのように変化したのかについて比較分析した。

　その結果，日本では，ジェンダーによる失業リスクの差が拡大していた。女性はリスクの高い非正規雇用に就きやすくなり，そのことで男性よりも失業リスクにさらされるようになっていた。一方，台湾では，リスクのジェンダー差はみられず，拡大もしていなかった。

　こうした結果は，仮説で示したとおり，日本と台湾の制度要因の違いによって生じたと考えられる。日本では，内部労働市場が強固に形成されており，女性はそこから排除されている。そして雇用者はグローバル化の中で雇用の柔軟化の圧力が高まるなかで，内部の被雇用者に対する雇用調整をしにくい。そこで，雇用者は，女性が非正規雇用に集中するというジェンダーによる不平等をさらに強化する形で，女性における非正規雇用を拡大し，それが女性における失業リスクの拡大につながったと考えられる。

　一方，台湾では，労働市場が日本より流動的で，日本のように内部労働市場が強固に形成されていない。そして，台湾では日本のように女性が非正規

雇用に集中することはなく，内部労働市場から排除されているとはいえない。ゆえに日本のように，女性において非正規雇用が増加することで，ジェンダーによる失業リスクの差が拡大することはなかった。ただし，台湾では女性にリスクが集中する傾向はみられなかったが，その反面，他の層にはリスクが集中したことを指摘しておきたい。本章と同じデータを分析した阪口（2011）によると，男性被雇用者において，台湾では低学歴層におけるリスクが高まり，学歴によるリスクの差が拡大していた。このことは，ブロスフェルドら（2011）が指摘するように，雇用の流動的な国では，グローバル化が進展するなかで，ジェンダーや年齢による亀裂は生じにくいが，学歴やスキルといった個人の有する人的資本によるリスクの差が生じやすいことを示している。

　本章の結論は，雇用の安定性に大きな隔絶が存在する分断的な労働市場と，女性が外部労働市場に偏るというジェンダー不平等が，グローバル化のなかでの失業リスクのジェンダー差を高めているということである。もちろん，本章の知見は2ヵ国の比較分析から得られたものであり，知見を一般化するには日本や台湾以外の国を加えた分析を今後行う必要があるだろう。また，グローバル化のなかで失業リスクのジェンダー差を生む制度要因は，今回示した要因以外にもさまざまなマクロ要因が想定できる。本研究の知見をもとにさらに追加分析や理論の精緻化を行うことで，グローバル化のなかでどのような制度要因が失業リスクのジェンダー差を生むのかについて，その詳細なメカニズムが明らかになっていくだろう。

付記

　2005年SSM調査データの使用については，2005年SSM調査研究会の許可を得ました。関係者の皆様に感謝申し上げます。パーソン・イヤー・データの作成に当たり，保田時男氏のシンタックスを参考にさせていただきました。感謝申し上げます。

●参考文献●

Blossfeld, H.-P., E. Klijzing, M. Mills and K. Kurz (eds) 2005. *Globalization, Uncertainty and Youth in Society.* London and New York: Routledge.

Blossfeld H.-P., M. Mills and F. Bernardi (eds) 2006. *Globalization, Uncertainty and Men's Careers: An International Comparison*. Cheltenham and Northampton: Edward Elgar.

Blossfeld H.-P. and H. Hofmeister (eds) 2006. *Globalization, Uncertainty and Women's Careers: An International Comparison*. Cheltenham and Northampton: Edward Elgar.

Blossfeld H.-P., S. Buchholz, D. Hofäcker and K. Kolb (eds) 2011. *Globalized Labour Markets and Social Inequality in Europe*. Houndmills and New York: Palgrave Macmillan.

Brinton, Mary. C. 1993. *Women and the Economic Miracle: Gender and Work in Postwar Japan*, London: University of California Press.

Brinton, Mary C. (ed.) 2001. *Women's Working Lives in East Asia*. Stanford, CA: Stanford University Press.

玄田有史 2001『仕事のなかの曖昧な不安 ── 揺れる若者の現在』中央公論新社.

Hamilton, G. G. and N. W. Biggart. 1988. "Market, Culture, and Authority: A Comparative Analysis of Management and Organization in the Far East." *The American Journal of Sociology* 94: 52-94.

神林博史・竹ノ下弘久 2009「離職理由からみた日本と台湾の労働市場 ── 自発的移動・非自発的移動の二分法を超えて」『社会学研究』86: 33-63.

小杉礼子 2003『フリーターという生き方』勁草書房.

Mills, M. and H.-P. Blossfeld. 2005. "Globalization, Uncertainty and the Early Life Course: a Theoretical Framework." In H.-P. Blossfeld, E. Klijzing, M. Mills, and K. Kurz (eds), *Globalization, Uncertainty and Youth in Society*, London and New York: Routledge, pp. 1-24.

佐藤博樹 1999「日本型雇用システムと企業コミュニティ」稲上毅・川喜多喬編『講座社会学 6 労働』東京大学出版会，33-73 頁.

佐藤嘉倫 2009「現代日本の階層構造の流動性と格差」『社会学評論』59(4): 632-47.

阪口祐介 2011「失業リスクの規定構造とその変化にかんする日台比較分析 ── グローバル化・制度・リスク」科学研究費補助金（基盤研究 A）研究成果報告書『現代日本の階層状況の解明 ── ミクロ・マクロ連結からのアプローチ 第 1 分冊 社会階層・社会移動』269-89 頁.

隅谷三喜男・劉進慶・涂照彦 1992『台湾の経済 ── 典型 NIEs の光と影』東京大学出版会.

総務省 2012『労働力調査』http://www.stat.go.jp/data/roudou/longtime/03roudou.htm 2012 年 1 月 30 日現在.

Takenoshita, H. 2008.「Voluntary and Involuntary Job Mobility in Japan: Resource, Reward and Labor Market Structure」『理論と方法』23(2): 85-104.

Yu, Wei-Hsin. 2009. *Gendered Trajectories: Women, Work, and Social Change in Japan and Taiwan*. Stanford, CA: Stanford University Press.

第3章 韓国における経済危機,労働市場再編成と職業移動:1998-2008

ファン・ハナム(山下嗣太・太郎丸博訳)

　韓国は,アジア通貨危機による大打撃以前は個人のキャリアにおける職業移動や上昇の機会拡大を伴いながら,急速に成長する経済を特徴としていた。しかし,韓国の急速な経済成長は輸出主導,大企業中心,不均等な産業発展に強く依存しており,その結果,第一次セクター(近代化された産業,労働組合の組織された大企業の領域)対第二次セクター(伝統的産業,労働組合の組織されていない中小企業の領域)という二重経済,労働市場の分断が生じた。第一次セクターは労働組合に守られ,終身雇用,高所得を享受できるような,企業レベルの内部労働市場からなっていた。しかし対照的に,第二次セクターの労働者は外部労働市場にさらされ,雇用状況はインフォーマル,不安定,一時的であり,さらに過酷な労働条件を伴っていた(Grubb, Lee and Tergeist 2007; Kye 2008)[1]。二極化した労働市場構造に埋め込まれた,雇用における「内部/外部」問題のため,セクター間での労働の移動は非常に限定的であった(Lindbeck and Snower 1988)。
　ところが,経済危機によって韓国経済や労働市場の多くの領域で劇的な変化が生じた。特に,労働市場における雇用構造や,企業レベルでの雇用関係において顕著な変化が見られた。量的には,経済危機以降でも経済成長率は上昇し,労働市場において多くの雇用が創出された。しかし,創出された雇用の大部分は一時的雇用の急増や他のフレキシブル,不規則な雇用契約(韓

---

1) 日本のケースについては,Kenn, Brunello and Ohkusa (2000) と Watanabe and Sato (2000) を参照。

表 3-1 終身雇用, 有期雇用, 日雇いの賃金労働者の分布：1986-2010

	賃金労働者		
	終身雇用	有期雇用	日雇い
1986	53.5	29.3	17.2
1987	54.4	28.9	16.6
1988	55.7	28.8	15.6
1989	54.8	28.6	16.6
1990	54.2	29.0	16.8
1991	55.5	28.7	15.7
1992	57.4	27.7	14.9
1993	58.9	26.7	14.4
1994	57.9	27.8	14.3
1995	58.1	27.9	14.0
1996	56.8	29.6	13.6
1997	54.3	31.6	14.1
1998	53.1	32.9	14.0
1999	48.4	33.6	18.0
2000	47.9	34.5	17.6
2001	49.2	34.6	16.2
2002	48.4	34.5	17.2
2003	50.5	34.7	14.8
2004	51.2	34.1	14.7
2005	52.1	33.3	14.6
2006	52.8	33.1	14.2
2007	54.0	32.4	13.6
2008	55.6	31.3	13.1
2009	57.1	31.0	11.9
2010	59.4	29.9	10.7

国では普通「非正規」と呼ばれる）によるものだった。労働市場のフレキシビリティの拡大は、経済不況や失業の拡大を克服するための雇用政策において、重要な要素だと捉えられた（OECD 2005）。

　雇用関係においてフレキシビリティを増すために、韓国企業は労働力の追加需要に対し、非正規、あるいは臨時雇用を用いることを選んだ（Hwang et al. 2010）。その結果、企業の外部にあった労働市場の二重性が、大企業の内部労働市場の中に徐々に内在化されていった。そのため、より多くの企業間

の職業移動が，臨時雇用への移動となっていった。

実際，日雇いと有期雇用の合計は，1995年における全賃金労働者の約42％から，2000年における約52％，2005年における約48％へと増加し，その後2010年における約40％へと減少した。これらはそれぞれ，近年のOECD加盟国中で最速の増加と減少である（KNSO 2011）。女性や低学歴の人々は臨時または非典型雇用契約のうちの大きな割合を占める。退職後も労働市場に残った高齢の労働者の大部分もまた，非正規雇用に従事している。小企業の労働者の大部分もまた，臨時雇用である（OECD 2005）。

多くの企業が経済危機と長い不況を切り抜けるために採用した，柔軟に規模を変化させるための構造調整や人員削減の過程において，臨時雇用だけでなく，多くの正規労働者もまた失業，あるいはより賃金の少ない有期，非正規雇用への格下げのリスクにさらされた。

労働力調査によると，正規労働者と，非正規労働者の間では，賃金格差や賃金以外の手当の大きな差がある。研究によると，データ・ソースや定義によって違いはあるものの，非正規労働者のかなりの割合が，このような種類の職業に追い込まれている。さらに，終身雇用者に対する比較的厳しい雇用保護法をすり抜け，異なるカテゴリーの労働者間の人件費の格差から利益を得るために行われる，韓国企業による雇用や人的資本のマネジメントもまた，臨時雇用の増大の主要原因である。組織的な解雇やリストラは今日一般的であり，終身的な職業の安定を得ることは現実的な目標でなく，多くの労働者は以前よりも移動に積極的になっている（Arthur and Rousseau 1996）。

要するに，経済危機や長引く不況により，韓国の労働市場と雇用構造は，分断し保護されたものから，オープンで競争的なものへと大きく変化した（Choi 2010; Lee and Yoo 2007）。再編成の過程において，外部労働市場が拡大する一方，内部労働市場は縮小してきたと想定することができる。結果として，全体的な雇用の安定性は弱まり，職業移動が増加した。

個人の職業キャリアの道筋は，企業間の移動と同様に，企業内での移動も含むことがある。そのため，職業移動は企業内，あるいは企業間で生じうる。企業内の職業移動はほとんどの場合昇進（高位の職種への上昇あるいは従業上の地位の変化）である一方，企業間の移動は高位の職種への上昇を伴う場合

とそうでない場合がある。企業内でのキャリア移動（「昇進」）は，雇用主の決定によるけれども，企業間の移動とその最適なタイミングは，生涯収入を最大化するような，最適な辞め時を選ぶ個人によって決定される。人的資本論の観点からすると，最適な辞め時と同じく，人的資本への最適な投資は，個人の生涯収入を最大化する（Sicherman and Galo 1990）。

　しかし，この正統派の経済学の観点は，通常の経済や労働市場の下においてのみ適用可能である。非自発的な退職による職業移動の過程と結果は，自発的な退職によるそれとは体系的に異なる。経済的不況や沈滞の時期には，職業移動は雇用契約の非自発的な打ち切りによって強いられたものであることが多い。特に労働市場において不利な労働者のグループにとっては不意で非自発的な移動の高いリスクがある。不意で非自発的な職業移動は，終身雇用よりも臨時雇用の職にとって起こりやすい。本研究では，職業移動を通して，雇用状況の時間的変化を検証する。臨時雇用は罠なのか，それとも終身雇用への足掛かりなのだろうか（Booth, Francesconi and Frank 2002）[訳注1]。

1　労働市場再編成と職業移動についての理論的視点

　まず，集合的なレベルで，いかに経済危機が，労働市場の機会構造を職業移動の面において作り変えたかを検証する（DiPrete et al. 1997; DiPrete and Nonnemarker 1997）。具体的には以下の仮説を検証する。

仮説
(1) 経済危機は韓国の労働市場の持続的な二重性や分断を強化し，それゆえ，セクター間での職業移動や職業上昇の可能性が低下した。
(2) 経済危機はセクター間，企業間での移動障壁を取り除き，あるいは減少させ，セクター間，企業間での移動確率は上昇した。

　次に，個人のレベルでの変化をとりあげる。すなわち，異なる組み合わせの人的資本を持ち，異なる市場に位置する個人が，どのように，そしてどの

程度，構造的変化によって影響を受け，異なる職業移動の道筋を辿ったかを検証する。低学歴，女性，高齢者のようなマイノリティであることや，不利な階級に所属することによる負の影響は，強まったのか，弱まったのか？　もし，保護された中核的なセクターに属する労働者にとって経済危機の衝撃が大きかったなら，この負の影響は弱まったのかもしれない。これは，下方同化仮説，つまり労働市場の二重性の弱まりである。この想定は，労働市場のフレキシビリティの拡大の結果としての，以下で述べる「統合シナリオ」と合致する (Ng et al. 2007)。

具体的には，以下の問題を検討する。
(1) 誰が臨時雇用で働く傾向にあるのか，何が臨時雇用で働く確率の差を説明する要因なのか？
(2) 誰が職業移動において臨時雇用へと移動する可能性が高く，臨時雇用に就く可能性の差を説明する要因は何なのか？

これらの問題に答える，二つのシナリオが考えられる。

統合シナリオ
　統合シナリオとは，経済危機によって分断された労働市場が統合されると予測する仮説のことである。もし，労働市場が統合シナリオに沿って再編成されると，再編成は雇い主と被雇用者の両方に好都合に働く (Giesecke and Groß 2003)。雇い主は市場の需要の変動や生産過程・技術の変化に応じて職員数をより容易に調整することができる。労働市場のフレキシビリティが拡大すると，雇い主は，生産性格差が拡大した時に賃金調整をしやすくなる。労働市場のフレキシビリティ拡大はまた，内部・外部市場の両方において求人数を増やし，留保賃金[訳注2]の低い低熟練労働者にとっての新たな機会を創出する。

　このように，この視点においては，経済全体がフレキシビリティの拡大によって恩恵を受ける。すなわち，よりフレキシブルな労働市場，制度的障壁の減少，労働者の移動の増大は，生産性の上昇，経済成長，失業の減少につ

ながる。もし統合シナリオが正しいなら、労働市場のフレキシビリティの拡大は第一次、第二次セクター間の障壁を減らす（労働市場分断の減少）。1990年代以降の東アジアにおける経済危機（韓国、日本など）は、第一次セクターにおいて一般的に実践されている、いわゆる「終身雇用」の終焉をもたらした（Ahmadjian and Robinson 2001; Grubb, Lee and Tergeist 2007; Choi 2010）。このように、統合シナリオに従えば、経済危機の結果、キャリア移動の機会や収入の面において、有利な第一次セクターと不利な第二次セクターの労働者の格差が狭まるだろう。

分断シナリオ

　分断シナリオとは、経済危機によって、第一次セクターと第二次セクターの間の移動障壁がさらに強まると予測する仮説のことである。労働市場のフレキシビリティの拡大は、雇用関係や労働者のキャリア移動についての、全く異なった結果にもつながりうる。分断シナリオの提案者は、経済危機や労働市場の再編成の時期においては、労働者の交渉力が弱まり、雇用は不安定になると仮定する。労働市場におけるフレキシビリティの拡大は、キャリアの移動に対して新たな機会を創出する一方で、新たな仕事や地位は以前よりも魅力がなく、不安定なものになる。

　もし分断シナリオが正しいならば、経済危機によって労働市場の分断が強まる。このシナリオでは、経済危機や構造変化は、保護されていない第二次セクターの労働者により強い影響を与える傾向にあると考える。その一方で、保護された第一次セクターの労働者は、強い集合的交渉力や行動によって自らの閉鎖的な地位を固めると考えられる。そうすると、第一次・第二次セクター間での職業移動は減少し、臨時雇用は主に「第二次セクター」に影響を与える（Giesecke and Groß 2003）。第一次セクターの職業への移動は難しくなり、なかなか行われなくなる一方で、第二次セクターの内部や労働市場の外への移動は容易になり、頻繁に行われるようになる。このように、分断シナリオに従えば社会経済的格差、労働市場の機会および結果の不平等性が拡大する。相対的にみて、労働市場の不利な地位にいる労働者はより不利になり、有利な地位にいる労働者はより有利になる。

要するに，もし統合シナリオが正しく，労働市場の分断が弱まったら，第一次セクターと第二次セクターの間での労働移動が増加するだろう。反対に，もし分断シナリオが正しければ，労働移動は労働市場のセクター間よりもセクター内で起こる傾向になるだろう。

　これらの労働市場全体のレベルでの予想に加え，労働者一般の労働移動に影響を与え得る，ミクロレベルの個人要因についても予想することができる。もし労働市場のフレキシビリティの拡大により，労働力のセクター間の移動が増加し，相対的に不利な労働者への新たな雇用機会が創出されるなら，時点 t における従業上の地位が労働移動におよぼす影響は，時間がたつにつれてどんどん弱まる（つまり，状態依存性が低下する）だろう。

　一方で，もし労働市場のフレキシビリティの拡大の影響が，分断シナリオが示すように第二次セクターに限定されるなら，状態依存性はどんどん強まり，時点 t における第二次セクターの臨時雇用労働者は，時点 $t+1$ においても臨時雇用の職にとどまる傾向が強まるだろう。そして，時点 t における第一次セクターの臨時雇用労働者は，労働組合の状況や企業の性質によって，時点 $t+1$ においては終身雇用に吸収されるか，失業する傾向がより強いだろう。例えば，公共セクターの雇い主は，民間企業の雇い主と比べると，利益最大化の動機によるプレッシャーを受けないが，強い労働組合によるプレッシャーを受ける傾向にある。それゆえ，公共セクターでは民間企業よりも臨時雇用労働者が，終身雇用に昇進できる傾向にあるだろう。

　個々の労働者の人的資本や就労経験は，労働移動率と移動の方向（上昇，下降，水平，のいずれか）に対して正，あるいは負の影響を与えうる。本章では，個人労働者の労働市場における地位が労働移動に与える影響，そしてその労働移動による雇用状況の変化を探求，検討する。

2　分析戦略

　上記の研究課題に適切に取り組むためには，個々の労働者の職業キャリアと雇用歴について長期的視点で見る必要がある。このような現象は，職業移

行データの動的な分析を通して経験的に検討する必要がある。具体的には，パネル・データを用いたランダム効果ロジット・モデルを使い，経済危機以降の10年間（1997-2008）の個人の職業キャリアの変遷に対する，(1) 個人の人的資本と労働市場経験の効果，(2) 労働市場における構造的位置（産業，職業，労働市場セクター）の効果，(3) 雇用の終了の仕方（自発的か強制的か）の効果，を分析する。

　臨時雇用は給与，仕事の安定性やその他の給与外諸給付の面で不利なため，労働者はこれを避けようとするかもしれない。しかし，交渉力や臨時雇用を避ける能力は，現実的には個人の構造的位置や人的資本によって異なる。労働市場における地位が高く，職業に関する人的資本が大きいほど，臨時雇用に就く確率は減少するだろう。以下では，そのような有期雇用に就く確率に影響を及ぼしうる諸要因について検討する。

2-1．構造的効果（産業，企業規模，労働組合の状況）

産業：臨時雇用に就く可能性は，製造業，公共サービス・行政よりも農業，建設業，個人サービス，商業サービスの方が高く，企業規模が大きくなるにつれて下がるかもしれない。農業と建設業は労働需要の季節的な変動を特徴とするので，臨時雇用になりやすいと考えられる。

　個人労働者の職業は特定の企業に属し，労働組合の状況は個人の働く企業によって決定される。理論上は，大企業はグローバル経済において競争力を維持するために人件費を削減することを強いられるので，有期雇用をより多く採る傾向にある（Giesecke and Groß 2003）。しかし，実際には反対に，韓国や他のアジア諸国では，大企業や公共セクターが逼迫した内部労働市場と強い労働組合を特徴とするため，小さい企業ほど有期雇用を採用しやすい。

企業規模：企業規模は労働市場の強力な指標である。韓国においては，仕事の質と雇用契約に関して，大企業（従業員300人以上）と中小企業の間で大きく明確な差が観察される。公営企業は雇用の質に関して，大企業と多くの点で類似する。

労働組合の状況：企業規模と大きく重複するが，労働組合の状況はもう一つ

の強力な指標である。なぜなら，ほとんどの大企業や公共セクターにおいては労働組合が組織されているが，小企業においては組織されていないからである。二つの指標の変数（企業規模と労働組合の状況）を組み合わせることで，個人労働者が属する労働市場セクターを間接的に測る，新しい指標の変数を構築することができる。

仕事のタイプ：臨時雇用に就く労働者が離職した場合，この労働者は，次もまた別の臨時雇用の職に就く高いリスクに直面することが予想される。さらに，分断シナリオによると，第二次セクターにおける臨時雇用と失業の間の障壁は，経済危機によって小さくなったと想定される。臨時雇用と失業，あるいは非労働力の間の移動が頻繁に観察されるようになるだろう。

2-2. 個人レベルの効果（年齢，性別，教育，職業）

教育：教育は明らかに，臨時雇用の職に就くリスクに強い影響を与えるだろう。低学歴の労働者は臨時雇用に就く可能性が高い一方，企業による特別な訓練や技能はこのリスクを低下させるだろう。しかし，教育が職業移動に対して正の影響を与えるのか，それとも負の影響を与えるのかは明らかでない。学歴の高い労働者はより大きな労働市場と様々な職種の機会を持ち，また，雇用期間中でも失業中でも求職をより効率的に行うため，より多くの就職口を見つける可能性が高い傾向にある。しかし，高学歴の労働者はより高い留保賃金も持つため，出発点における学校教育の影響は曖昧である（Sicherman 1990）。

年齢：年齢は就労経験と蓄積された特定の人的資本の指標である。加えて，第一次セクターにおける年功序列の規則は，終身雇用に就いている高齢者を保護する。そのため，臨時雇用の職を持つことの可能性は年齢の上昇とともに減少すると予測できる。しかし，これはある一定の年齢以上の人には当てはまらない。これは契約期間の初期にある人にも当てはまらない。人的資本論によれば，解雇までの時間が限られているため，雇用者は高齢者に投資することをためらう。そこで，年齢と臨時雇用に就く可能性の関係は非線形であり，特定の点までは減少し，その後年齢とともに上昇する凹形であると予

測する。若年（29歳以下），そして高齢（50歳以上）の人は，職業移動に際して臨時雇用に就く高いリスクに直面するだろう。

韓国では，企業の大半は雇用契約の一部として強制退職が含まれており，退職の平均年齢は約55歳である。多くの高齢の労働者は退職後，新たな職を得ることを望むが，得られる可能性のあるほとんどの職業は臨時雇用で低賃金の職である。

性別：女性やマイノリティは第二次セクターで働くことが多いため，臨時雇用の職を得る高いリスクに直面することが予想される。韓国における女性の労働市場への参加パターンは家族形成段階に依然として強く依存しており，結婚，出産，育児によって労働力率はM字曲線を描く。それゆえ女性のキャリアは多くの場合，不連続で断続的である。結果として，キャリアの中断の後に労働市場へ復帰した時，女性は正規の職を見つけるのに苦労する。女性は，労働市場においてマイノリティであるうえに，家事・育児の責任を担っているため，二重に不利なのである。そこで，女性労働者は労働市場に参入した時，臨時雇用の職を得るかそれに移る傾向にあると予想できる。

職業：転職は職種の変更を伴うこともあるし，伴なわない場合もある。高学歴の人は職業キャリアを高い位置から始めることができる。人的資本論によれば，教育への復帰は，，企業間の移動をともなうにせよ，企業内での昇進となるにせよ，地位の高い職種への上昇につながる可能性が高いと予測される。

キャリアパスは一連の職業によって構成されており，それぞれの職業は技術や職能の移動可能性によって関係づけられている（Sicherman and Galo 1990）。個人の職業的地位が高ければ，その個人は臨時雇用に就く可能性が低いと予想する。しかし，高いレベルの職業の範囲は，低いレベルの職業の範囲よりも狭いため，職業ステータスが臨時雇用への職業移動に正か負どちらの影響を与えるかは明らかでない。

3 分析のデータと方法

3-1. データと変数

(1) データ

　分析には韓国労働収入パネル調査 (KLIPS) のデータを用いた。KLIPS は毎年行われている，韓国の都市部の世帯と，世帯成員に対するパネル調査であり，最初は 1998 年に行われた。現在，11 回の調査結果が利用可能である (1998-2008)。KLIPS データは，調査対象者の詳細な雇用記録や個人の職歴を含んだ，労働市場や労働に関する広範囲の情報を集めている。分析のため，各対象者の長年にわたる労働歴，職業変更歴を追い，従業上の地位のタイプ (有期，日雇い，終身) を特定した。雇用が終了すると，終了の仕方 (自発的，強制的) や，仕事の移行の方向 (新たな職，失業，非労働力)，新たな職における雇用のタイプ (有期，終身) もまた確認した。本研究における分析単位は就業期間 (job spells) と労働していない期間 (失業，非労働力) である。個人の詳細な職歴から，各就業期間がいつ始まり，いつ終わったか，従業上の地位，産業その他の職業の特徴を知ることができる。

　KLIPS のデータは調査対象の個人の回顧による過去の職歴を含んでいるが，本分析においては第一回とそれに続く調査の時点での仕事だけが就業期間データとして含まれている。そのため，第一回調査後に行われた職業移動や雇用移動が移行モデルにおいて分析されている。

(2) 変数
(a) 独立変数

　分析モデルに含まれる独立変数 (あるいはコントロール変数) は，労働市場の構造的変化，個人労働者の労働市場における位置，仕事の種類や質の変化，職業移動後から次のキャリアへ移動するまでの仕事の移行に関する人的資本の変化を捉えることを意図している。

構造的側面や労働市場における位置を捉えるため，産業と職業の変数がモデルに含まれている。産業変数は (1) 農林業, (2) 建設業, (3) 製造業, (4) サービス業, (5) 公共セクターの5カテゴリーからなる。(1) 農林業と (2) 建設業においては, 有期または臨時契約の雇用が非常に多い。

職業的地位は, (1) 上層ホワイトカラー (管理職にある公務員, 高レベルの管理職, 専門職) (2) 下層ホワイトカラー (準専門職, 販売／サービス) (3) 上層ブルーカラー (熟練労働者, 機械操作員) (4) 下層ブルーカラー (下層肉体労働, 下層サービス) に分かれる。

各就業期間において個人が労働市場のどのセクターに属しているかを推測するため, 企業規模と労働組合の状況という, 二つの企業レベルの変数を用いる。二つの変数を組み合わせ, 1＝大企業 (あるいは公共セクター) で労働組合が組織されている, 2＝大企業 (あるいは公共セクター) で労働組合が組織されていない, 3＝小企業で労働組合が組織されている, 4＝小企業で労働組合が組織されていない, というカテゴリカル変数を構成する。第一のカテゴリー (労働組合の組織された大企業) は中核的な第一次セクターに属し, 第二, 第三のカテゴリーは周辺的な第一次セクター, 第四のカテゴリーは第二次セクターに属するとみなす。

経済や労働市場の拡大／縮小の時期に応じて, 観察期間 (1998-2008) を (1) 1998-2000, (2) 2001-2003, (3) 2004-2006, (4) 2007-2008 の四つの期間に分けた。最初の期間はアジア通貨危機が起きた時期であり, 最後の期間はグローバル金融危機が起きた時期である。

個人的特徴は, 教育, 年齢, 性別, 婚姻状況, 居住のような人的資本や人口変数によって捉えられる。教育は (1) 中学校以下, (2) 高校, (3) 短大・大学以上, というカテゴリカル変数として計測される。年齢に関しては, 労働期間の初めにおける年齢を年単位で測定している。年齢の二乗は必要に応じて, 非線形の関係を捉えるのに用いられる。モデルの中には, 年齢変数は, (1) 15-29, (2) 30-49, (3) 50歳以上, というカテゴリカル変数として投入した。個人が蓄積した人的資本 (技術, 職業能力) と企業から雇われうる能力 (employability) を計測するため, 調査がなされた時点での総就労経験年数が時間とともに変化する変数 (time-varying variable) として用いられている。

(b) 従属変数

　分析の第一部において，誰が（終身でなく）臨時に雇われているか，そして，臨時雇用に就く可能性に影響を与える要因は何かに焦点を当てる。有期，あるいは日雇いの労働者は「臨時」として，その他を「終身」として扱う。従属変数は臨時雇用であれば1，そうでなければ0とコードする。

　分析の第二部において，従業上の地位（(1) 終身雇用 (2) 臨時雇用 (3) 自営業 (4) 働いていない）の時間的変化を長期的視点で検証する。時点tにおける従業上の地位をもとに，時点$t+1$において他の地位に移る条件付き確率を推定し，「臨時雇用」への移動と「終身雇用」への移動の違いに注目する。特に，前の従業上の地位が職業移動者の次の従業上の地位にどのくらい，どのような影響を与えるのかを検証する。時点tにおける「臨時」雇用は，時点$t+1$において別の「臨時」雇用につながるのか，あるいは「終身雇用」への足掛かりとなるのだろうか？

　この分析では，各個人がKLIPS調査に加わった時から，調査から脱落した，あるいは最新の調査（2008）までの各個人の従業上の地位を追跡する。従業上の地位間の移行確率は，離散時間で記録，分析される。これは，ハザードが「臨時雇用」へ移動するリスクである離散時間ハザード分析と同じである。従業上の地位の変化は主に企業間の職業移動の結果として生じるだろう。しかし，こういった地位の変化は，同じ雇用主との雇用契約の変化から生じることもある。

　分析では，時点tと時点$t+1$における主な職の従業上の地位を年単位で比較する。これは，連続時間で職歴を見るわけではないので，雇用の不安定性の過小評価，あるいは雇用の安定性の過大評価を招くかもしれない。しかし，これは一年間のあいだに複数の職業移動が起きたときにのみ生じるので，バイアスは顕著ではないと予想する。短期的な求職や失業の期間を除いて，長期的な地位の変化を考慮することができるのがこの方法の利点である。

　表3-2は，分析に用いた変数の定義と，その記述統計である。

表 3-2 使用した変数と記述統計の定義

変数	統計量	比率 / 平均
従属変数		
$Y_1 = \Pr$(臨時雇用)	1 = 臨時雇用；<u>0　その他</u>	1 = 5,782 (18.2%) 0 = 25,914 (81.8%)
$Y_2 = \Pr$(臨時雇用従業上の地位への移動 /Y2 = 1)	<u>(1) 終身雇用</u> (2) 臨時雇用 (有期雇用 + 日雇い) (3) 自営業 (4) 非労働力	(1) 13,143 (29.3%) (2) 5,385 (12.0%) (3) 7,137 (1.9%) (4) 19,235 (42.8%)
独立変数		
性別	1 = 女性；<u>0 = 男性</u>	1 = 51%　0 = 49%；
年齢	(1) 15-29 歳；<u>(2) 30-49 歳</u>；(3) 50 歳以上	(1) 27%；　(2) 41%； (3) 32%
教育	(1) 中学校以下；<u>(2) 高校</u>；(3) 大学以上	(1) 37%； (2) 35%；　(3) 27%
労働市場経験	合計就労経験週数の自然対数	6.16 (sd = 1.20)
職業	(1) 上層ホワイトカラー；<u>(2) 下層ホワイトカラー</u>；(3) 上層ブルーカラー；(4) 下層ブルーカラー	(1) 23%；　(2) 24%； (3) 36%；　(4) 17%
産業	(1) 農林業；(2) 製造業；(3) 建設業；(4) 公共セクター；<u>(5) サービス業</u>	(1) 7.5%；　(2) 21.2%； (3) 8.5%；　(4) 12.8%； (5) 50.0%
大企業	1 = 従業員が <u>300 人以上 0</u>．；0 = 300 人未満	1 = 33%；0 = 67%
労働組合	労働組合が組織されている = 1，<u>されていない = 0</u>	1 = 21%；0 = 79%
労働市場セクター	1．大企業で労働組合が組織されている (第一次セクター)；0．その他 (第二次セクター)	1 = 16.3%；0 = 83.7%
年 期間	調査年 (回)：1998-2008 (1) 1998-2000；　(2) 2001-2003； (3) 2004-2006；　(4) 2007-2008	(1) 28.3%；　(2) 26.7%； (3) 23.6%；　(4) 23.4%

3-2. 分析方法

A. 臨時雇用に就く確率

二値変数（個人が臨時雇用に属するか (1)，終身雇用に属するか (0)）の分析のため，パネル・プロビット・モデルを使用する (Baltagi 2008)。二値の従属変数のためのパネル・プロビット・モデルは，以下のように記述できる。

$$y_{i,t} = \begin{cases} 1, & \text{if} \quad y_{i,t}^* > 0 \\ 0, & \text{if} \quad y_{i,t}^* \leq 0 \end{cases}。$$

$y_{i,t}^*$ は臨時雇用に属する傾向を示す潜在変数である。潜在従属変数 $y_{i,t}^*$ に対して線形回帰分析モデルを想定すると，以下のように表記できる。

$$y_{i,t}^* = \alpha + \beta x_{i,t} + \varepsilon_{i,t}。$$

次に，$y_{i,t} = 1$ となる確率は以下の方程式によって表せる。

$$\Pr(y_{i,t} = 1) = \Pr(y_{i,t}^* > 0) = \Pr(\varepsilon_{i,t} > -\alpha - \beta x_{i,t}) = F(\alpha + \beta x_{i,t})。$$

$F(.)$ は確率変数 $\varepsilon_{i,t}$ の累積分布関数 (CDF) で，標準正規分布する。データのパネル構造を最大限に活用するため，以下のように「個人の観察されない異質性」を表す項 (μ_i) をランダム効果として，時間効果を表す γ_t を固定効果としてモデルに含める。すなわち，

$$y_{i,t}^* = \alpha + \beta x_{i,t} + \mu_i + \gamma_t + \varepsilon_{i,t}。$$

プロビットモデルのための確率変数は以下のように説明できる。すなわち，

$$\Pr(y_{i,t}^* = 1) = \Phi(\alpha + \beta x_{i,t} + \gamma_t + \mu_i)。$$

B. 従業上の地位の移行の動的分析

本分析の第二部における従属変数は，現在の従業上の地位をもとにして，(1) 終身雇用 (2) 臨時雇用 (3) 自営業 (4) 働いていない (失業，あるいは非労働力) の4つの従業上の地位への移行確率である。

分析には多項ロジットモデルを用いる。M 個のカテゴリーを持つ多項モデルにおいては，従属変数の一つの値が基準カテゴリーとなる。

他のカテゴリーに属する確率は，基準カテゴリーに属する確率と比較される。M 個のカテゴリーを持つ従属変数と独立変数群の関係を記述するためには，M－1 個の回帰式の推定が必要である。

それゆえ，第一カテゴリーが基準カテゴリーであれば，$m = 2, ..., M$ に関して，

$$\ln \frac{P(Y_i = m)}{P(Y_i = 1)} = \alpha_m + \sum_{k=1}^{k} \beta_{mk} x_{ik} = Z_{mi} \ 。$$

それゆえ，M－1 個のカテゴリーに関して，基準カテゴリーと比べた場合の対数オッズを予測することになる（ただし，$m = 1$ の時，$\ln(1) = 0 = Z_{1i}$，$\exp(0) = 1$ である）。

この多項ロジット・モデルでは，各従業上の地位へ移行する確率は以下の等式であらわされる。すなわち，$m = 2, ..., M$ に関して，

$$\Pr(Y_i = m) = \frac{\exp(Z_m)}{1 + \sum_{k=1}^{M} \exp(Z_{hi})} \ 。$$

基準カテゴリーについては，次のように表記できる。

$$\Pr(Y_i) = \frac{1}{1 + \sum_{h=2}^{M} \exp(Z_{hi})} \ 。$$

4 結果と議論

4-1. 集合的分析[2]：労働市場の再編成と労働移動

表3-3は，本章の分析単位である雇用期間（employment spell）[訳注3] の分布を示しており，KLIPS（1998-2008）における個人の職歴に基づいて構成されたパネル・データである。全体として，すべての観察されたのべ雇用期間（45,069）のうち，約78％は終身雇用であり，約22％は臨時雇用（有期，日雇い，非正規雇用契約を含む）である。抽出された調査対象者（$N=9,643$）のうち約20％は，観察された期間において終身雇用と臨時雇用の間を移動した。同一対象者内の従業上の地位の安定率は終身雇用においては約90％，臨時雇用においては約70％である。これは，有期から終身雇用への移動は，その逆よりもより多く認められる，ということである。

次に，表3-4は，時点間（$t \rightarrow t+1$，一年）の従業上の地位別の移動率である。終身雇用から臨時雇用への移動は，2～3％という非常に低い年率である一方，臨時から終身への移動は1998-2000年においては年率17.61％，その後は約13％で起きる。1998年の経済危機の直後に大規模な解雇や人員削減が起きたことを思えば，これらは一見したところ皮肉な結果である。しかし，この結果は「分断シナリオ」に，適合的である。つまり，大規模な解雇と人員削減の負の影響を最小化するために，少数の選ばれた臨時雇用の被雇用者が終身雇用への移動を認められたことを示唆する。そして，経済危機以来，正規終身雇用と非正規臨時雇用の分断は強まっただろう。この想定は従業上の地位の非移動の拡大（終身：96.92％→97.61％，臨時：82.39→86.93％）によって部分的に支持される。

表3-3は，企業間移動したかどうかを区別していない。しかし，より動学的なアプローチにおいては，個人の雇用期間は勤め先の変化に応じて複数

---

2) ここでの「雇用期間」とはある主体の雇用されている，失業，あるいは働いていない期間を挟まない期間である。それゆえ，時間差なしに職業移動が行われた場合，雇用期間は複数の就業期間を含んでいるケースもある。

表 3-3　従業上の地位別(終身/臨時)の雇用期間の分布

	全体(期間)		対象者間 ($N=9,643$)		対象者内
終身雇用	35,041	77.8%	7,866	81.6%	89.7%
臨時雇用	10,028	22.3%	3,709	38.5%	69.8%
計	45,069	100.0%	11,575	120.0%	83.3%

表 3-4　終身/雇用間の従業上の地位移動可能性(移動者と留まった者,両方の期間)

期間	従業上の地位間の移行率(%)			
	終身→終身	終身→臨時	臨時→終身	臨時→臨時
1998-2000	96.92	3.08	17.61	82.39
2001-2003	97.99	2.01	13.19	86.81
2004-2006	97.83	2.17	13.32	86.68
2007-2008	97.61	2.39	13.07	86.93

の就業期間に分解できる(すなわち企業内移動と企業間移動を識別できる)[3]。複数の就業期間を含む雇用期間もある。表 3-5 は企業間移動者の,従業上の地位の移動率を表している。これは,企業間移動による従業上の地位の移動を表している。この表を見ると,従業上の地位間の移動は時間につれて明らかに減少した。つまり,「終身」から「臨時」への移動率は 1998-2000 年の約 51％から 2007-2008 年の約 18％へ減少した一方で,「臨時」から「終身」へは同じ期間において約 73％から約 51％へと減少した。これのもう一つの側面として,同じ従業上の地位のままでの企業間移動が増加(「終身」は約 49％から約 82％へ,「臨時」は約 27％から約 49％へ)している。表 3-5 の結果は,労働市場の再編成とその集合レベルでの労働移動への影響について,表 3-4 から得られる観察を補強し,「統合シナリオ」の代わりに「分断シナリオ」を支持する。

　多くのアジア諸国と同様に,韓国労働市場は,雇用の安定性や質が大きく異なる第一次セクターと第二次セクターの間の比較的強い分断を特徴とする。統合と分断を対比させた理論は,労働市場の再編成による,セクター間

---

[3]　分析したパネル・データにおいては,128,678 の職業期間が観察された。そのうち,83,778(65.11%)は留まった者の期間であり,44,990(34.89%)は移動者の期間である。

表 3-5　終身／雇用間の従業上の地位移動可能性（移動者だけの期間）

期間	職業移動者の従業上の地位移動率（％）			
	終身→終身	終身→臨時	臨時→終身	臨時→臨時
1998-2000	49.14	50.86	72.82	27.18
2001-2003	76.35	23.65	66.51	33.49
2004-2006	69.93	30.07	61.33	38.67
2007-2008	81.64	18.36	51.40	48.60

表 3-6　ＴとＴ＋１間における労働市場セクターのパネル分布の変化（移動者のみ）

労働市場セクターの変化	ＴとＴ＋１間における労働市場セクターの変化			
	第一次→第一次	第一次→第二次	第二次→第一次	第二次→第二次
1998-2000	39.29	60.71	4.87	95.13
2001-2003	55.00	45.00	3.69	96.31
2004-2006	47.37	52.63	4.88	95.12
2007-2008	54.17	45.83	2.16	97.84

の労働移動への影響について対照的なシナリオを提起した。表 3-6 は，観察期間を通した労働市場セクター間の職の移行の分布である[4]。

この結果によると，労働市場のセクター間における上昇労働移動は稀にしか起きず（5％未満），また，この希少性は時間とともに強まる（4.87％→ 2.16％）ことがわかる。一方，下降移動ははるかに高い割合で生じるが，その割合もまた 1998-2000 年における 61％から 2007-2008 年における 46％へと減少している。要するに，韓国において経済危機によって始まった労働市場の再編成は，時間が経つにつれてセクター間の障壁を強化して上昇移動の機会を減らしたということがわかる。

---

4) ここでの「第一次」セクターは，企業規模が 300 人以上で，労働組合が組織されているという組み合わせによって定義される。それゆえ，すべての観察された就業期間のうち，16.3％は「第一次」セクターに属し，残りは「第二次」セクターに属する。

4-2. 個人レベルの動的分析

1. 臨時雇用に就くリスクの分析

　表3-7は，ランダム効果ロジット・モデルを用いたパネル・データ分析の推定結果である。分析の目的は，現在どのような位置にいる人が，終身雇用よりも臨時雇用に就きやすいのかを検討することである。それゆえ，従属変数は二値変数ロジット（1＝臨時雇用，0＝その他）である。個人レベルの変数の推定結果は，労働市場論や過去の研究における通常の予想を再確認するものであった。女性，低学歴，若年，高齢の人々は，男性，高学歴，中年の人よりも臨時雇用に就く可能性が高い。しかし，より重要な結果は，従業上の地位にみられる，強い状態依存性である。つまり，前の従業上の地位が現在の従業上の地位に強く影響するということである。他の個人的特徴や労働市場における位置を統計的にコントロールしても，前の従業上の地位が終身雇用である場合よりも，前の従業上の地位が臨時雇用，自営業，非労働力の場合のほうが，現在臨時雇用に就いているリスクがずっと高い。

　個人の労働市場における位置もまた，現在臨時雇用に就いているリスクに対して大きな影響を与えている。大企業に属していると，臨時雇用に就くリスクが非常に高まる一方，労働組合が組織された職場に属しているとこのリスクは大きく下がる。労働組合の影響は大企業に属していることによる影響よりもはるかに大きく，労働組合は大企業における雇用のフレキシビリティに対する抑止効果がある。農業，建設業，サービス産業における労働者は，製造業や公共サービス産業に比べて臨時雇用に就く可能性が高い。下層・上層ブルーカラーの職業階級に属していることもまた，下層・上層ホワイトカラーと比べて臨時雇用に就くリスクを高める。

　要するにこの結果は，理論的観点や，以前に行われた労働力調査から通常予測される結果に沿っている。このことから，我々のパネル・データは韓国の労働市場の現状をよく表しているということがわかる。さらに，$\sigma_u = 0.78$より，転職の過程で顕著な観察されない多様性が存在していることから，ランダム効果パネルモデルはパネル・データをプールして通常の最小二乗法で推定した回帰モデルよりも有効であるということがわかる。

表3-7 臨時雇用に就くリスク：ランダム効果ロジット・モデルの推定値

	係数	SE	Z値
個人変数			
女性	0.555	(0.057)	9.74
年齢 (15-29)	0.090	(0.066)	1.35
(30-49：基準カテゴリー)			
(50+)	0.064	(0.075)	0.86
学歴 (≦中学校)	0.381	(0.072)	5.31
(高校：基準カテゴリー)			
(≧大学)	−0.268	(0.070)	−3.85
従業上の地位 (終身雇用：基準カテゴリー)			
(有期雇用臨時雇用)	4.871	(0.071)	68.81
(自営業)	2.805	(0.108)	25.86
(非労働力)	3.173	(0.067)	47.65
それまでに就いた職の数	0.024	(0.014)	1.74
労働市場変数			
大企業	0.243	(0.067)	3.60
労働組合	−0.501	(0.086)	−5.82
産業 (農業+)	1.146	(0.252)	4.55
(製造業)	−0.634	(0.069)	−9.20
(建設業)	1.293	(0.092)	14.04
(公共セクター)	0.241	(0.081)	2.97
(サービス業：基準カテゴリー)			
職種 (上層ホワイトカラー)	−0.571	(0.087)	−6.55
(下層ホワイトカラー：基準カテゴリー)			
(上層ブルーカラー)	0.674	(0.075)	9.01
(下層ブルーカラー)	1.202	(0.093)	12.88
時期			
1999，基準カテゴリー			
2000	0.409	(0.098)	4.15
2001	−0.058	(0.103)	−0.56
2002	−0.107	(0.101)	−1.06
2003	−0.146	(0.103)	−1.42
2004	−0.154	(0.102)	−1.51
2005	0.042	(0.100)	0.42
2006	−0.001	(0.100)	−0.01
2007	0.065	(0.098)	0.66
$\ln\sigma_u^2$	−0.494	(0.172)	
ランダム効果の標準偏差 σ_u	0.781	(0.067)	
級内相関 rho	0.156	(0.023)	

rho=0 を帰無仮説とした尤度比検定：$X^2(df=1)=54.44, p=0.000$.

2. 臨時雇用への移動のリスクの分析

次に，職業移動時に，臨時雇用の地位に就くリスクを分析する。もともとの従業上の地位にかかわらず，個人は職業移動の結果，(1) 終身雇用，(2) 臨時雇用，(3) 自営業，(4) 非労働力という四つの地位の内の一つに到達することとなる。この分析における関心は，(1) 終身雇用よりも (2) 臨時雇用に属することになる確率が相対的に高いのはどんな移動者か，ということである。しかし，(3) 自営業や (4) 非労働力という別の二つの可能性が存在する。そこで，複数の移動経路を一つのモデルの中で同時に分析するため，多項ロジット・モデルを用いる。(1) 終身雇用を基準カテゴリーとし，3組の係数が推定されるが，(2) 臨時雇用と (3) 自営業の係数だけを提示する。

表3-8に分析結果を示した。この結果によると，職業移動の際には，個人の特徴や就労経験によって，臨時雇用へ移動するリスク（終身雇用への移動と比べた場合）は大きく異なる。一般的に，労働市場において脆弱なグループ（女性，高齢者，低学歴）は臨時雇用へと移動する傾向にある。

前の分析結果と同様に，以前の従業上の地位が職業移動の経路に強く影響する。つまり，労働市場変数をコントロールしたとしても，以前に終身雇用以外に就いていたなら，臨時雇用に移動するリスクが非常に高まる。労働移動の状態依存性が存在することが分かる。また，不安定な職歴（多くの職業移動，少ない職業経験）を持つ者は，職業移動の際に臨時雇用に就く傾向がより強いことも観察された。しかし，自営業へ移動するリスクについてはこの逆が成り立つ。

職業移動者の属する産業や職業の影響は，表3-7における分析結果と類似したパターンを示す。つまり，製造業においては，サービス産業と比べて臨時雇用への移動のリスクが非常に低いということである。もし農業に従事していると，自営業へと移動するリスクは他産業と比べて非常に高い。職業効果の点でも，分析結果は表3-7における分析結果と類似する。上層，下層ブルーカラー労働者はホワイトカラー労働者と比べると臨時雇用に就く傾向が非常に高い。しかし対照的に，下層のブルーカラー労働者は，下層ホワイトカラーと比べて自営業に移動する傾向が低い。このことは，低所得肉体労働者にとっては財政的資源が限られていることを考慮すると理解できる。

表3-8 臨時雇用,自営業へ移動するリスク:ロジットモデル(職業移動者)の推定係数

	臨時雇用		自営	
	係数(SE)	Z値	係数(SE)	Z値
個人変数				
	0.390 (0.050)	7.82	−0.019 (0.053)	−0.36
年齢(15-29)	−0.034 (0.069)	−0.49	−0.781 (0.083)	−9.40
(30-49)(基準カテゴリー)				
(>=50)	0.224 (0.068)	3.31	0.038 (0.067)	0.58
学歴(=<中学)	0.303 (0.063)	4.79	−0.084 (0.067)	−1.25
(高校:基準カテゴリー)				
(>=大学)	−0.178 (0.062)	−2.88	0.036 (0.062)	0.57
従業上の地位(終身:基準カテゴリー)				
(臨時雇用)	3.631 (0.063)	57.48	1.482 (0.083)	17.86
(自営)	2.063 (0.086)	24.10	4.259 (0.061)	69.73
(非労働力)	2.568 (0.066)	38.88	1.746 (0.073)	23.98
以前に就いた職の数	0.067 (0.013)	5.32	−0.031 (0.013)	−2.44
Ln(就労年数)	−0.187 (0.026)	−7.15	0.275 (0.033)	8.24
労働市場変数				
産業(農業)	0.749 (0.189)	3.95	2.975 (0.174)	17.07
(製造)	−0.492 (0.063)	−7.82	−1.260 (0.068)	−18.51
(建築)	1.332 (0.081)	16.43	−0.738 (0.102)	−7.24
(公共セクター)	0.394 (0.077)	5.12	−1.061 (0.092)	−11.48
(サービス:基準カテゴリー)				
職業(上層ホワイト)	−0.432 (0.080)	−5.39	−0.169 (0.072)	−2.34
(下層ホワイト:基準カテゴリー)				
(上層ブルー)	0.577 (0.066)	8.71	0.141 (0.064)	2.20
(下層ブルー)	1.117 (0.081)	13.78	−0.958 (0.101)	−9.47
時代変数				
1998(基準カテゴリー)				
1999	0.736 (0.088)	8.40	0.443 (0.090)	4.90
2000	0.095 (0.093)	1.02	0.097 (0.097)	1.00
2001	0.137 (0.095)	1.45	−0.002 (0.097)	−0.02
2002	0.166 (0.093)	1.79	0.295 (0.094)	3.14
2003	0.138 (0.090)	1.52	0.08 (0.094)	0.85
2004	0.417 (0.090)	4.63	0.081 (0.095)	0.86
2005	0.343 (0.096)	3.58	0.411 (0.097)	4.24
2006	0.299 (0.093)	3.22	−0.11 (0.099)	−1.11
2007	0.291 (0.093)	3.12	0.035 (0.097)	0.36
2008	—		—	
定数項	−2.71 (0.189)	−14.34	−3.586 (0.231)	−15.56

対数尤度=−12702.449, $X^2(52)$=21912.87, p=0.000, Pseudo R^2=0.4631.

5 結論

　1998年に始まった経済危機の結果，韓国の経済と労働市場の多くの領域において劇的な変化が生じた．特に，労働市場のフレキシビリティと不安定な雇用契約の拡大が顕著に現れた．競争力を維持し危機を生き延びるため，多くの産業において，企業はたくさんの労働者を解雇し，追加として必要な労働力については非正規・一時的雇用契約を選択した．その結果，賃金労働者にしめる臨時雇用者の割合が大きく上昇した．

　本章において，以下の問いに取り組んだ．どのように，そしてどの程度，拡大したフレキシビリティや労働市場の再構築は，労働市場の機会構造，つまり危機後十年間の韓国における労働者の職業移動に影響を与えたのか？古い不平等が強化されたのか，あるいは新たな機会が創出されたのか？　正統派の労働経済学の観点からすると，労働のフレキシビリティの増大は内部・外部労働市場の両方において多くの雇用を発生させ，技能を持たない不利な低賃金労働者にとって新たな機会を提供することが予想される．

　集合レベルでの労働市場と移動の関係については，これまでの研究において二つの対照的なシナリオ，統合シナリオと分断シナリオが提案されている．統合シナリオは労働市場のフレキシビリティ拡大の結果，労働市場セクター間（第一次/第二次），企業間（大企業/中小企業）の移動の障壁は弱まり，セクター間，企業間の移動の「新たな機会」が創出されると仮定する．対照的に，分断シナリオは労働市場の持続的な二重性，分断（「古い不平等」）は強化されると仮定する．

　この問いに取り組むため，KLIPS (1988-2008) の個人の職歴データを用いることで，韓国人労働者の職業移動の割合とパターンを分析した．職業移動の結果としての従業上の地位（臨時/終身）の変化に注目し，集合と個人のレベルで分析を行った．集合レベルでは，労働市場のセクター間（第一/第二）における職業移動がどの程度起こるかもまた検証した．

　経済危機から十年以上に及んで，同じ従業上の地位内（臨時から臨時へ，終身から終身へ）での職業移動が増加した一方，従業上の地位間の移動は減少

したことがわかった。また，ほとんどの職業移動がセクター内で起こるように，セクター間の障壁は強まったこともわかった。特に，第二次セクターの労働者の移動は第二次セクター内に留まる一方，第一次セクターから第二次セクターへの下降方向の職業移動が相当数起きている。

集合レベルでは，経済危機に端を発する労働市場のフレキシビリティ拡大は，その後の期間においてセクター間の障壁を強化し，第二次セクターの労働者の上昇移動の機会を減らしたと結論付けられる。

個人レベルでは，職業移動時に，終身雇用よりも臨時雇用に就く確率に対する，個人的特徴や以前の従業上の地位，労働市場における位置の影響を推定するため，パネル・データ（ランダム効果・多項ロジット）モデルを採用した。時点 (t) における臨時雇用は罠なのか，それとも時点 ($t+1$) における終身雇用への足掛かりなのかが関心の焦点である。

分析結果によると，労働市場には，従業上の地位に関して強い状態依存性が存在しており，個人の以前の従業上の地位が職業移動の移行経路に強く影響することがわかった。つまり，労働市場変数をコントロールしても，臨時雇用に就いていることは次もまた臨時雇用に就くリスクを大きく高める。それゆえ，個人レベルの分析結果もまた「分断」シナリオを支持すると考えられる。

臨時雇用に就くリスクに対する「大企業」に属していることの大きな影響を考えると，外部労働市場の二重性が大企業の内部労働市場に内部化されるに違いないという我々の当初の主張は支持されると考えられる。しかし，企業内における臨時（非正規）と終身（正規）雇用の間の障壁がどのように，どの程度強まったのかを考察するため，企業内の職業移動についてのさらなる研究が必要である。

パネル・データ分析による別の重要な発見は，労働組合の影響は大きく，他の構造的変数をコントロールしても，労働市場のフレキシビリティの拡大に対する負の影響を抑止することである。このことは，大企業の雇い主は，費用の高い終身雇用の代替として安い臨時雇用を選ぶ傾向にあるので，もし労働組合の抑止効果がなければ，「大企業」の負の影響が拡大することを意

味する。また,このことは,大企業や公共セクターにおける強い労働組合は,ゲートキーパーとして内部労働市場と職業安定性を強化することで,参入に対する障壁を拡大し,中小企業の労働組合に属していない労働者を遠ざけることも意味する。結果として,第一次セクターにおける内部労働市場は収縮し,逼迫した一方,第二次セクターにおける外部労働市場は拡張,緩和された。

要するに,労働市場の不利な位置にいる労働者は期間の固定された契約をすることになりやすく,個人のキャリア移動において「臨時雇用の連鎖」というパターンがあることがわかった (Booth, Francesconi and Frank 2002)。

本研究では,個人の職業移動の結果としての従業上の地位 (臨時 / 終身) 変化にのみ注目した。しかし,公式の雇用契約の種類は部分的にしか職業の質を反映しないということに注意すべきである。終身雇用の労働者同士の間でさえ,給与,労働時間 (パートタイム / フルタイム),労働状況の大きな違いが一般的に観察される。そのため,より綿密な研究においては,職業移動の結果を分析する上で,職業の実質的な質を考慮に入れる必要がある (Kim, Kim and Choi 2008; Lee and Lee 2007)。

• 参考文献 •

Ahmadjian, Christina L. and Patricia Robinson. 2001. "Safety in numbers: downsizing and the deinstitutionalization of permanent employment in Japan." *Administrative Science Quarterly*, 46(4): 622-654.

Arthur, M. B., & Rousseau, D. M. 1996. Introduction: The boundaryless career as a new employment principle. In M. B. Arthur & D. M. Rousseau (Eds.), *The boundaryless career: A new employment principle for a new organizational era* (pp. 3-20). New York: Oxford University Press.

Althauser, R. P. 1989. "Internal labor markets." *Annual Review of Sociology* 15: 143-161.

Baltagi, Badi H. 2008. *Econometric Analysis of Panel Data*. John Wiley & Sons, Ltd.

Becker, G. S. 1964. Human Capital: *A Theoretical and Empirical Analysis with special Reference to Education*. Columbia University Press, New York.

Blossfeld, Hans-Peter, Melinda Mills, and Fabrizio Bernardi. 2006. *Globalization, Uncertainty and Men's Careers*. Northampton: Edward Elgar Publishing.

Blossfeld, H.-P., G. Gianelli, and K. U. Mayer. 1993. "Is there a new service proletariant?

Then tertiary sector and social inequality in Germany." In Esping-Andersen, G. (ed.) *Changing Classes: Stratification and Mobility in Post-Industrial Societies*. Beverly Hills, CA: Sage, pp. 109–135.

Booth, A. Francesconi, M. and Frank, J. 2002. "Temporary Jobs: stepping stones or dead ends? *Economic Journal* 112 (June), pp. F198-F213.

Cheng, M. Mantsun, and Arne L. Kalleberg. 1996. "Labor market structures in Japan: an analysis of organizational and occupational mobility patterns" *Social Forces* 74(4): 1235–60.

Choi, Seongsoo. 2010. "Occupational Mobility in the Economic Crisis: The Example of South Korea." Paper presented at the ASA, 2010.

DiPrete, Thomas, A and K. Lynn Nonnemarker. 1997. "Structural Change, Labor Market Turbulence and Labor Market Outcomes." *American Sociological Review* 62(3): 386–404.

DiPrete, Thomas A., Paul M. de Graaf, Ruud Luijkx, Michael Tahlin, and Hans-Peter Blossfeld. 1997. "Collectivist versus Individualist Mobility Regimes? Structural Change and Job Mobility in Four Countries," *American Journal of Sociology*, 103(2): 318–58.

Doeringer, P. B. and Piore, M. J. 1985. *Internal Labor Markets and Manpower Analysis*. Armonk, NY: M. E. Sharpe.

Dolton, Peter J. and Michael P. Kidd. 1998. "Job Changes, Occupational Mobility and Human Capital Acquisition: An Empirical Analysis." *Bulletin of Economic Research* 50: 4, 0307–3378.

Giesecke, Jobannes and Martin Grob. 2003. "Temporary Employment: Chance or Risk?" *European Sociological Review*, 19(2): 161–177.

Grubb, David, Jae-Kap Lee, Peter Tergeist. 2007. "Addressing labour market duality in Korea" OECD Social Employment and Migration Working Papers, 61, OECD Publishing.

Heitmueller, Axel. 2004. "Job Mobility in Britain: Are the Scots Different? Evidence from the bhps." *Scottish Journal of Political Economy* 51, (3): 329–358.

Hwang, Soo-Kyung. 2010. "Global Financial Crisis and Labor Market Changes", *in Economic Crisis and Employment*, (eds.) by Hwang et al. (Korean), Korea Labor Institute.

Kalleberg, Arne L. and Aage B. Sorensen. 1979. "The sociology of labor markets" *Annual Review of Sociology*, 5: 351–379.

Kenn, Agisa, Giorgio Brunello and Yasushi Ohkusa. 2000. *Internal Labor Markets in Japan*. Cambridge: Cambridge University Press.

Kim, Hye-won, Kim S. H. and Choi, M. S. 2008. *Labor Market Effects of Job Mobility*. Seoul: Korea Labor Institute.

KNSO. 2011. *A Survey of the Economically Active Population*. Korea National Statistics Office.

Korpi, Tomas and Michael Tahlin. 2006. "The impact of globalization on men's labor market mobility in Sweden." In Blossfeld, Hans-Peter, Melinda Mills, and Fabrizio Bernardi (eds), *Globalization, Uncertainty and Men's Careers*. Northampton: Edward Elgar Publishing.

Lee, Byung-Hee and Sangheon Lee. 2007. "Minding the Gaps: Non-regular employment and labour market segmentation in Korea." International Working Party on Labour Market Segmentation.

Lee, B. and B. Yoo. 2007. "From Flexibility to Segmentation: Changes in Employment Patterns in Korea." Paper presented at the Workshop on Globalization and Changes in Employment Conditions in Asia and the Pacific, Seoul: Korea Labor Institute and ILO.

Lee, Ju-Ho. 1992. *An Empirical Analysis of the Dual Labor Market in Korea*. Korea Development Institute (Korean).

Lindbeck, A. and Snower, D. J. 1988. *The insider-Outsider Theory of Employment and Unemployment*. MIT Press, Cambridge/London.

Ng, Thomas W. H., Kelly L. Sorensen, Lillian T. Eby and Daniel C. Feldman. 2007. "Determinants of job mobility: A theoretical integration and extension." *Journal of Occupational and Organizational Psychology* 80: 363–386.

OECD. 2005. *The Labor Market in Korea: Enhancing Flexibility and Raising Participation*, Economics Department Working Papers No. 469, Paris: OECD.

Rosenfeld, Rachel A. 1992. "Job mobility and career processes." *Annual Review of Sociology* 18: 39–61.

Sicherman, Nachum. 1990. "Education and Occupational Mobility." *Economics of Education Review* 9(2): 163–179.

Sicherman, Nachum and Oded Galor. 1990. "A Theory of Career Mobility." *Journal of Political Economy* 98(1): 169–192.

Sorensen, Aage B. and Nancy B. Tuma. 1981. "Labor market structures and job mobility." *Research in Social Stratification and Mobility* 1: 67–94.

Watanabe, Tsutomu and Yoshimichi Sato. 2000. "Analysis of labor markets in postwar Japan." *International Journal of Sociology* 30(2): 3–33.

Winkelmann, Rainer and Klaus F. Zimmermann. 1998. "Is Job stability declining in Germany? Evidence from count data models." *Applied Economics* 30: 1413–1420.

• 訳注 •

1) 終身雇用の職を望む人々にとって，臨時雇用は，一度はまったら逃れられない罠（trap）なのか，それとも次のより安定した職への足がかり（stepping stone）なのか，という議論がある。一度臨時雇用になると，終身雇用の職への移行が難しくなるならば，臨時雇用の職は，罠として機能する。いっぽう，臨時雇用での経験が終身雇用の職へ移行する際に役に立つならば，臨時雇用は足がかりとして機能する。

2) 留保賃金とは，求職者がそれ以下では働こうと思わない最低限の賃金のこと。
3) この論文では，雇用期間（employment spell）と就業期間（job spell）は区別されて用いられている。雇用期間とは途中で無職になることなく継続して働いていた期間のことであるが，就業期間は同一の職に就いていた期間である。そのため，雇用期間は複数の就業期間からなることがある。

第4章 女性のライフコースと就業パターン
── 変化する日本型雇用システム

大和礼子

1 問題の所在

　経済のグローバル化による国際競争の激化を背景に，1980年代の特に後半から，世界のさまざまな地域で雇用の流動化が進展した（Blossfeld et al. 2006）。日本においても，1980〜90年代には中高年男性の解雇・失業問題が注目され（中谷1987; 野村1994），2000年代に入ると若年層における非正規雇用の増加に注目が集まった（玄田2001; 城2006）。
　ただし日本において人々の関心をより強く喚起したのは，男性の雇用流動化（中高年であれ若年であれ）であった。なぜなら男性の雇用流動化は，第二次世界大戦後の日本社会が築きあげてきた男性稼ぎ主モデル（男性が稼ぎ，女性が家事・育児・介護をする）にもとづく家族・雇用・社会保障等のシステム（大沢1993）を根底から揺るがすからである。一方，女性の雇用流動化は，男性のそれより早くから，そしてより広く深く進行していた。例えば乙部（2006）によると，女性の非正規雇用比率は既に1970年代から増加しているし，男性の非正規雇用比率より一貫してはるかに高い。にもかかわらず女性の雇用流動化は，男性のそれほどには注目されてこなかった。なぜなら上記の諸システムにおいて，女性は稼ぎ主とはみなされず，女性の雇用が不安定になっても問題は少ないと考えられたからである。
　しかしながら，近年の雇用流動化によって男性稼ぎ主モデルが揺らいでい

るとするなら，女性の雇用動向こそが個人・家族生活の安定にとっても，また雇用・社会保障などのシステムにとっても重要である。そこで本章では，2005年社会階層と社会移動（SSM）全国調査の日本データを分析することにより，雇用流動化と，それに深く関連する日本型雇用システムの変化が，結婚・出産時の女性の就業にどのような影響を与えたかについて明らかにする。そしてその結果をもとに，女性のライフコースがどう変化しつつあるかについて論じる。

2 経済のグローバル化は女性の就業をどう変えたか？── 欧米における研究

　欧米での研究によると，経済のグローバル化は女性の就業に次のような影響を与えた。

　第一に，量的側面に注目すると女性の労働参加は，就業する人の割合という点からも，1人当たりの就業期間の長さという点からも増加した。例えばこれまで女性が就業を中断するおもな要因は結婚と出産であったが，1990年代以降になると，結婚による就業中断の傾向は著しく弱まった。さらに，エスピン-アンデルセンの福祉レジーム論（Esping-Andersen 1990, 1999）において自由主義レジームに分類されるアメリカや，社会民主主義レジームに分類されるスウェーデンでは，出産による中断の傾向でさえも弱まっている。そしてたとえ中断しても，再び労働市場に参入する人が増えている。こうした量的拡大の背景として，経済のグローバル化により柔軟（flexible）な雇用機会（パートタイム雇用や有期雇用など）が増えたことがある。このために一方で，女性にとっては仕事と家庭の両立が容易になった。またもう一方で，柔軟な雇用は不安定でもあるため，男性の雇用が不安定化し，パートナーである女性も就労する必要性が高まった。さらに男性の雇用不安定化は離婚などのリスクも高めるので，その点からも女性が就労する必要性が高まった（Blossfeld and Hofmeister 2006）。こうした女性の労働参加の量的高まりにともなう家族・社会の変化を Lewis and Giullari (2005) は "male-breadwinner model family"から"adult worker model family"への転換，また Mayer（2004）は"Fordist model"から"post-Fordist model"への転換ととらえている。

　第二に，質的側面に目を向けると，女性の雇用は不安定化した。例えば以前より失業リスクは高まったし，その後の再就職はより困難になった。さらに，社会経済指標においてより下位の職に移る下降移動は増加する一方で，より上位の職に移る上昇移動は減少した（Blossfeld and Hofmeister 2006; Glover and Kirton 2006）。

　第三に，上記のような雇用不安定化は，すべての女性を同程度のリスクにさらしたわけではない。個々の女性がもつ資源（人的資本，労働市場での位置，家庭環境など）に応じて，女性の就業には二極化の傾向がみられる。人的資本（就業経験，スキル，学歴など）があまり高くない女性，労働市場でより不利な位置にある女性（非正規雇用，民間セクターでの雇用など），そして家庭責任が重い女性（小さな子どもがいるなど）は，雇用不安定化のリスクにさらされやすい。一方，そうでない女性はリスクを回避し，良好な労働条件の仕事を安定して続けやすいので，彼女らの就業面でのライフコースは男性のそれに近づいた。つまり個人の資源に応じて，女性内では多様化が進む一方で，男女間では収斂化の傾向がみられる（Blossfeld and Hakim 1997; Blossfeld and Hofmeister 2006; Glover and Kirton 2006; McRae 2003）。このような状況を Moen らは"Conversing divergence"（収斂化と多様化の並存）と呼んでいる（Moen 2006; Moen and Spencer 2006）。

　第四に，経済のグローバル化は，国ごとの制度を媒介にして個人に影響を及ぼす。したがって制度のあり方により，個人が雇用不安定化のリスクにさらされやすい社会と，さらされにくい社会がある。エスピン‐アンデルセン（Esping-Andersen 1990, 1999）による類型化をもとに，欧米諸国を5類型（社会民主主義，自由主義，保守主義，南欧などの家族主義，そしてポスト共産主義）に分けて比較した研究によると，社会民主主義型の福祉レジームをもつ北欧では，雇用の不安定化も二極化も，他の類型ほど深刻ではない。社会民主主義型の諸制度が，グローバルなリスクから個人を保護しているからだと考えられる（Blossfeld and Hakim 1997; Blossfeld and Hofmeister 2006）。

③ 東アジアの資本主義社会（日本・台湾・韓国）における比較研究

3-1. 日本・台湾・韓国の共通点と相違点

次に，欧米とは文化や資本主義の発展時期が異なる，東アジアの資本主義社会（日本・台湾・韓国）における研究をみよう。日本・台湾・韓国の三社会は，同じ儒教文化圏に属し，家族・ジェンダー関係をはじめとする人間関係の結び方において共通の文化的特徴をもっている。また欧米に比べて資本主義の発展が遅れ，輸出主導の経済であることも共通している。さらに過去の植民地支配の影響もあり，教育をはじめとするさまざまな制度においても共通点がみられる。そして経済グローバル化の影響を受け，特に1990年代以降，雇用の流動化が進んでいることも三社会で共通している（林 2009; 神林・竹之下 2009; 阪口 2011b; 太郎丸 2013; 横田 2003; 呉 2006）。

しかし流動化の度合いやパターンを比べると，三社会の間にかなりの違いがある。第一に，全般的な流動化は台湾や韓国においてより進み，日本においては相対的に抑えられている（林 2009; 神林・竹之下 2009; 阪口 2011b; 太郎丸 近刊）。その理由として日本においては，労働市場の周辺にいる労働者（女性，非正規雇用者，労働市場へ新規に参入する若年層，そして中小企業の従業員など）はたしかに流動化リスクにさらされているが，中核的位置にいる労働者（男性，正規雇用者，大企業の従業員など）の雇用は比較的保護されているため，全体としてみると流動化の度合いはそれほど高くないということがある（香川 2011; 中澤 2011; 阪口 2011a; Takenoshita 2008; 渡邊 2011; 吉田 2011）。こうした日本の状況を，佐藤（2009）は固定化と流動化の並存と論じている（佐藤・林（2011）も参照）。

これと関連する第二の相違点は，台湾や韓国では労働者の人的資本（職業的スキル・学歴など）が流動化リスクの高低に大きな影響を及ぼすが，日本ではそれに加えて労働市場での位置（従業上の地位や従業先の企業規模など）も大きな影響を及ぼす（林 2009; 神林・竹之下 2009; 阪口 2011b; 太郎丸 2013）。つまり台湾や韓国では，労働者がセグメント（segment）化される基準として人

的資本が重要であるが，日本ではそれに加えて労働市場での位置（内部労働市場の中核にどれだけ近いか）も重要である。この点は，収入や階層帰属意識の規定要因を三社会で比較した有田 (2009) による研究でも支持されている。

3-2. 日本・台湾・韓国における雇用システムの違い

　雇用流動化における上記のような違いを生んでいるのは，雇用システムの違いである。台湾・韓国の労働市場では市場メカニズムがより働きやすい（そのために人的資本の影響が大きい）。一方，日本では，高度経済成長期に広まったフォード主義型の雇用システム (Mayer 2004) が，1980年代以降のグローバル化の中でもある程度機能し続けており，これが市場メカニズムを抑制している。そのために人的資本より労働市場での位置の影響が大きい。

　フォード主義型雇用システムは，「男は仕事，女は家庭」という性別役割分業にもとづき，性と婚姻上の地位によって労働者をセグメント化する。この雇用システムの1類型である日本型雇用システムは，以下のような特徴をもつ (稲上 1999; 野村 1994)。表4-1中央の「日本型雇用システム」のパネルに注目して説明しよう。このシステムにおいて労働者は，まず正規雇用 (A) と非正規雇用 (B) に分けられる。正規雇用はおもに新規学卒者から採用され，非正規雇用者はおもに中途採用である。さらに重要な点は，正規雇用の中でも，長期雇用で管理職への昇進を期待される中核雇用 (A1) と，結婚（あるいは出産）までの短期雇用で管理職への昇進は期待されない周辺雇用 (A2) に分けられることである。

　正規の中核雇用 (A1) は男性，正規の周辺雇用 (A2) は未婚あるいは出産前の女性，そして非正規雇用 (B) は周辺雇用で，1970年代頃から1990年代半ばまでは既婚・再就職の女性におもに割り当てられていた。正規の中核雇用者 (A1) は企業への忠誠（たとえば長時間労働や地理的移動をともなう転勤など）を求められるが，その見返りとして長期安定雇用・昇進・昇給・企業内訓練といった有利な労働条件を提供される。一方，正規の周辺雇用 (A2) や非正規雇用 (B) は，上記のような忠誠は求められないが（したがって家庭責任のある既婚女性や，近い将来にそれを担うことが予想される未婚女性は，こ

表 4-1　雇用システムの違い（日本型雇用システムと台湾の比較）

	日本型雇用システム			台湾
従業上の地位	A　正規雇用		B　非正規雇用	正規雇用
企業内労働市場での位置	A1 中核	A2 周辺	周辺	（日本ほど厳密な定義はない）
キャリアトラック	長期雇用,管理職	結婚前雇用,管理職にならない	短期雇用,管理職にならない	
採用	新規学卒		中途,再就職	
ジェンダーと婚姻上の地位	男性	女性（未婚）	女性（既婚）	
雇用の安定性とその他の労働条件(a)	高	低	低	中位
企業への忠誠が要求される度合い(b)	高	低	低	中位
日本型雇用システムの変化　若年男性　若年女性	●------→　←―――●―――→			

(a) 昇進・昇給・企業内訓練など。
(b) 長時間労働・残業・地理的移動をともなう転勤など。

の雇用につきやすいし，割り振られやすい），労働条件は不利・不安定で，長期安定雇用・昇進・昇給・企業内訓練などはあまり期待できない。

　このような日本型雇用システムは，規模がより大きい企業や，ホワイトカラー職においてより適用されやすい（野村 1994）。なぜなら，規模の大きい企業では，不況時においても正規の中核雇用者の雇用を維持できるし，女性就業者が結婚・出産退職をしても新卒の（したがってより低賃金の）女性を次々と補充することが容易だからである。またホワイトカラー職は，長期雇用を経て管理職への昇進を期待される職だからである。

　上記のような日本型雇用システムにおける正規雇用内の性・婚姻上の地位にもとづくセグメント化は，男女雇用機会均等法（1986 年施行）によって，法的には違法とされた。しかしそれ以後も，あからさまな性別ラベルをはずした形で（例えば総合職／一般職というように名称を変えて），こうしたセグメ

ント化は機能し続けている（乙部 2010）。

　日本型雇用システムにおいて正規の中核雇用（A1）は，さまざまな法・慣行によって保護されているため解雇が難しい（野村 1994）。経済のグローバル化によって国際競争が激化し，労働コストの削減を迫られるようになると，多くの企業はすでに雇っている正規の中核雇用者の雇用は維持しつつ，新規に採用する正規雇用の数を減らし，その分，非正規雇用（B）を増やすことによって対応した。まず 1970～90 年代半ばまでは，おもに既婚女性を非正規雇用で雇うことにより，労働力は増やしつつ労働コストを抑えた（乙部 2006）。この調整は男性稼ぎ主型に従ったものであり，日本型雇用システムにとって大きな脅威とはみなされなかった。しかし 1990 年代半ば以降，今まで正規で雇用されていた新期学卒者，しかも女性だけでなく男性までもが，非正規労働者として雇用されるようになった（玄田 2001）。つまり従来型のトラック（若年男性にとっては正規の中核雇用（A1），若年女性にとっては正規の周辺（結婚前）雇用（A2））が縮小され，その代わりに非正規雇用（B）トラックに入るリスクが高まったのである。

　この結果，日本では正規の中核雇用（A1）の数は減ったがその雇用は保護された。しかしその一方で，非正規雇用（B）の数は増え，彼/彼女らは流動化のリスクにさらされることになった。こうして雇用の固定化と流動化が並存する状況が生まれたのである。

3-3. 女性の就業を分析するために必要な視点

　上記のような研究は，おもに男性に注目してきた。たしかに日本型雇用システムはおもに男性の雇用を保護してきたので，そのゆらぎの分析において男性に注目するのは理にかなっている。しかしながら日本型雇用システムでは男女の扱いが大きく異なるので，そのゆらぎの影響も男女で異なると考えられる。したがって女性についての研究では，次のような点を考慮に入れる必要がある。

　第一に，日本型雇用システムにおける男性に焦点を当てた研究では，女性は一括して周辺労働者として扱われる傾向がある。しかし女性も，人的資本，

労働市場での位置，家族状況などにおいて多様である。先にみたように欧米における研究では，これらの要因による女性内での多様化と，男女間での収斂化が指摘されている。したがって女性の中での多様性を考慮する必要がある。

　第二に，日本型雇用システムにおける男性に焦点を当てた研究では，男性の就業に影響を与える要因（人的資本や労働市場での位置など）に大きな関心が払われる一方で，結婚・出産など家族状況については考慮されないことが多かった。しかし結婚・出産は女性の就業に大きな影響を与え，これによる就業中断は，女性の労働市場における周辺的位置づけや雇用不安定化の最も大きな要因である。したがって結婚・出産など家族状況にも注意を払う必要がある。

　これと関連して第三に，特に日本においては，雇用の流動化とほぼ同時期に，女性の就業を支援する制度が発達した。こうした制度は1980年代後半から発達し始め，2000年以降は質的にもそれまでとは異なる展開を見せるようになった。この影響も考慮する必要がある。こうした支援制度は大きく二つに分けることができる。一つは職場における男女の機会均等を促進する法・制度で，もう一つは育児に対する支援制度（育児休業，保育サービスなど）である（Siaroff 1994）。

　一つめの，職場における男女の機会均等については，「女子差別撤廃条約」（国連総会で1979年採択）に日本が批准（1985年）するために，国内法の整備の一貫として「男女雇用機会均等法」が制定された（1986年施行）。ただしこの時点では，定年・退職・解雇については男女間の差別を禁止する規定が盛り込まれたが，募集・採用・配置・昇進については努力義務しか規定されなかったため，機会均等を推し進める力は弱かった。しかし1997年の改正（1999年施行）では，募集・採用・配置・昇進，さらに教育訓練における男女間の差別も禁止規定となり，国などの指導・勧告に従わない企業名を公表できるようになった。またポジティブ・アクションに対して国が相談・援助を行うことができるという規定も盛り込まれた。この改正によって，職場での機会均等がより強く公的に支援されることになった（乙部 2010; 武石 2006）。

もう一方の柱である育児支援については，若年の雇用不安定化に起因する未婚化・少子化（加藤 2011）に対応するため，1990 年代初めから，育児休業法（1992），エンゼルプラン（1994）などによって充実が図られた。しかしこれらの多くは「働く母親」のみを対象にした制度であるため，職場においてこれらを利用する「働く母親」をいわば「例外視」する傾向を抑えることができず，女性たちにとって必ずしも利用しやすいものではなかった。ところが 2000 年代になると，未婚化・少子化傾向に歯止めがかからないことを背景に，支援制度の質的転換が図られた。「働く母親」だけでなく，独身女性や男性（妻が専業主婦である男性も含む）も含めた働き方の見直しが目指されるようになった（たとえば 2002 年「少子化対策プラスワン」，2003 年「少子化社会対策基本法」，2004 年「子ども子育て応援プラン」など）（武石 2006）。こうした質的変化によって，支援制度の利用を「例外視」する傾向は以前より弱まり，働く母親にとっても制度はより利用しやすいものになった（日本放送協会 2011）。

　これらの法・制度の効果について武石（2006）は，おもに 1990 年代〜2000 年代初頭までのデータを用いて，機会均等や育児支援に積極的に取り組んでいる企業のほうがそうでない企業より，女性の勤続年数が長いことを報告している。

　こうした就業支援制度の充実は，先に述べた若年の非正規化とあいまって，日本における若年女性の就業に変化をもたらした可能性がある。しかも若年女性が経験している変化は，若年男性のそれとは異なると考えられる。先に紹介した研究によると，若年男性にとっての変化とは，正規の中核雇用（A1）トラックの縮小にともなう非正規雇用（B）の拡大という，いわば下降の一方向への変化である（表 4-1 の最下段の点線矢印を参照）。しかし若年女性にとっては，正規・結婚前雇用（A2）の縮小にともない，たしかに非正規雇用（B）に入る下降移動のリスクも増えたが，それと同時に，もし上記のような就業支援制度を適用される位置にいるなら，正規・長期雇用（A1）トラックに入るという上昇移動の可能性も高まった（表 4-1 の最下段の実線矢印を参照）。つまり若年女性にとっては，下降と上昇という，相反する二方向の可能性が開けたのである。では上昇移動の可能性が高まったのはどのような女

性だろうか。また下降移動のリスクが高まったのはどのような女性だろうか。

これを考える時に考慮しなければならない点として次のようなことがあげられる。まず日本において、女性の就業支援制度が適用されるのはおもに正規雇用者である。また就業支援制度を整備する資源的な余裕があり、そうするよう法的により強く求められ監視されているのは、より規模の大きい企業である。こうした就業形態や就業先規模の違いも考慮に入れる必要がある。

3-4. 女性の結婚・出産時の就業に注目した東アジア資本主義社会における比較研究

次に、東アジアの資本主義社会（日本・台湾・韓国）における女性を対象にした研究で、3-3で述べた二つの視点、つまり女性の多様性と結婚・出産の影響を考慮した比較研究の知見を検討しよう。

先にみたように日本では、労働市場での中心的位置づけ（男性・正規雇用・大企業勤務など）が雇用の有利さや安定性と強く結びつく。この背景には市場メカニズムより、制度（日本型雇用システム）の影響が強いことがある。それに対して台湾では、人的資本が雇用の有利さや安定性に強く結びつく。つまり制度より、市場メカニズムの影響の方が強い。そして韓国は、日本と台湾の中間に位置づけられる。こうした3社会の位置づけは、女性の雇用についてもあてはまる（Brinton 2001）。そこで以下では、日本の特徴をより浮かび上がらせるために、日本と台湾を比較した研究の知見を検討する。

結婚・出産前後の就業状態において、特に第二次大戦の後に生まれた日本女性と台湾女性は対照的である。出生コーホートごとの年齢別労働力率をみると、戦前生まれについては、20歳代前半に山のある曲線を描く点で、両国において大きな違いはない。しかし戦後生まれから、両国の差は開いていく。台湾ではコーホートが若くなるほど、結婚・出産時も就業を継続するようになるが、日本では結婚・出産時に退職、その後に再就職というM字型ライフコースが定着する（Yu 2009）。つまり台湾では、女性は戦後ますます結婚・出産時も就業を継続するようになったが、日本ではそうならなかった。

なぜか。

その要因として，日本女性のほうが「より保守的な性役割意識をもつ」「人的資本が乏しい」「家族責任が重い」「夫の家計支持力が高い」，日本のほうが「女性の就業を支援する法・制度が乏しい」といった仮説が考えられる。しかしデータによるとこれらはいずれもあてはまらなかった (Yu 2009)。

そこで注目されるのは両国における雇用システムの違いである。以下では，雇用システムと労働力需要における両国の違いが，結婚・出産期の就業における両国の違いを生んだという Wei-hsin Yu (2009) による研究を紹介する。

一般に近代化の進展は，ホワイトカラー職の増加，企業規模の拡大，男性の家計支持力の向上，核家族化といった変化をもたらす。しかしこうしたグローバルな社会変動は，異なる制度のもとでは，異なる影響を女性の就業に与える可能性がある。

まず日本では第二次大戦後，産業における労働集約化が進んだため，深刻な労働力不足は起こらず，女性を中核労働力として雇用する誘因は弱かった。またこの時期に広まった日本型雇用システムにおいては，正規の中核雇用につくと仕事と家庭の両立が難しいので，女性は正規・結婚前雇用トラックに割り振られることが多く，そこでは結婚・出産を機に退職を選択する方向で誘因が働く。さらに日本型雇用システムは事務職や大規模企業でより適用されるので，こうした女性ほど退職しやすいと考えられる。ただし，そうした退職圧力があっても，夫の家計支持力が乏しい女性や，拡大家族世帯の女性（祖父母による家事・育児支援が得られる）は，就業を継続しやすいと予想できる。これは逆にいうと，夫の家計支持力が高い女性や，核家族世帯の女性は，就業を中断しやすいことを意味する。つまりホワイトカラー職の増加，企業規模の拡大，男性の家計支持力の向上，核家族化といった近代化の進展は，日本の文脈においては，すべて女性の就業を中断させるように作用したという仮説が可能である。

一方，台湾では第二次世界大戦後，産業の労働集約化が遅れたため，慢性的な労働力不足を経験した。特に 1980 年代以降は人的資本の高い労働力が不足したため，女性，特に人的資本の高い女性に対する労働需要が高まった。また表 4-1 の右の「台湾」パネルに示したように，性・婚姻上の地位によっ

表 4-2 女性の結婚・出産時における就業継続あるいは退職を促進する要因についての日本と台湾の比較（Yu (2009) による分析結果の要約）

			日本	台湾
産業化	雇用状況	ホワイトカラー職（vs. ブルーカラー職）	退職	就業継続
		従業先が大企業（vs. 小企業）	退職	n. s.[b]
	家族状況	夫の教育年数が長い[a]	退職	n. s.[b]
		核家族（vs. 拡大家族）	退職	n. s.[b]

[a] 夫の家計支持力を反映する代理変数。
[b] No significance（統計的有意差なし）。

て労働者を厳格にセグメント化するような雇用システムは台湾では発達せず，むしろ人的資本にもとづく市場メカニズムの影響力が強かった。したがって日本とは逆に，有利な職をもつ女性（ホワイトカラー職や大企業勤務など）には仕事を続けるという誘因が働く。さらに日本に比べて小規模企業が支配的なため，職場文化はよりインフォーマルで個々人の状況に応じた交渉がしやすく，仕事と家庭の両立が容易である。したがって，夫の家計支持力が高くても低くても，また祖父母の支援があろうとなかろうと，有利な職をもつ女性はそれを続けると予想できる。つまりホワイトカラー職の増加，企業規模の拡大，男性の家計支持力の向上，核家族化といった近代化がもたらす社会変動は，台湾の文脈においては，日本とは逆方向，つまり女性の就業継続を容易にする（あるいは少なくとも退職を促進することはない）方向に作用したという仮説を立てることができる。

表 4-2 は Yu (2009) による，1995 年までのライフヒストリーデータを用いた分析の結果である。これによると上記の仮説はほぼ支持された。日本では，ホワイトカラー職・大企業勤務・家計支持力の高い夫・核家族といった属性は，結婚・出産時における女性の退職を促進した。逆に台湾ではこうした属性は就業継続を促すか，あるいは少なくとも退職を促進することはなかった。つまり近代化というグローバルな変化は，日本においては結婚・出産時において女性が退職するように作用し，逆に台湾においては働き続けるように作用した。

④ 問いと仮説：日本型雇用システムの変化は女性の就業にどのような影響を与えたか？

　前項でみた Yu (2009) による研究は 1995 年までしかカバーしていない。しかしながらそれ以降，日本の労働市場と雇用システムは大きく変化した。1つは未婚・若年女性における非正規雇用の増加であり，もう1つは女性の就業支援制度の量的・質的充実である (3-3 を参照)。そこで本研究では 2005 年に行われた調査のデータを用いて，この2側面からなる日本型雇用システムの変化が，女性の結婚・出産時の就業にどんな影響を与えたかについて分析する。

　まず若年女性の非正規化の効果については二つの仮説が可能である。一つめは，非正規雇用はそれ自体が不安定な上，日本では就業支援制度が適用されないことが多いので，非正規化により若年女性はますます退職するという仮説（非正規化による退職仮説）である。しかし逆に二つめとして，非正規雇用は正規雇用に比べて時間的に柔軟で仕事と家庭を両立しやすいので，結婚・育児期に非正規雇用に就くことによって仕事を継続できるという仮説（非正規化による就業継続仮説）も可能である。

　次に就業支援制度の効果についても二つの仮説を立てることができる。1つめは，こうした制度は結婚・出産時における就業継続を促進するという仮説（支援制度による就業継続仮説）である。しかし逆に二つめとして，支援制度は見せかけにすぎず実際には利用しづらいため，就業継続を促進する効果はあまりないという仮説（支援制度の効果なし仮説）も可能である。

　実際のデータでは，どの仮説が支持されるだろうか。また支持される仮説は，結婚時と出産時で異なるだろうか。さらに，あるグループの女性にはある仮説があてはまるが，別のグループの女性にはその仮説はあてはまらないといったことはあるだろうか。

5 データと方法

本研究では 2005 年社会階層と社会移動（SSM）全国調査の日本データを用いる。日本調査は全国の満 20～69 歳の人々（2005 年 9 月 30 日現在）を対象に 2005 年 11 月～2006 年 4 月に実施され，有効サンプル数は 5,742（有効回収率 44.1%）である。

本研究では離散イベントヒストリーモデルを用いる（Yamaguchi 1991）。分析対象は以下のサンプルである。まず結婚前後の退職についての分析では，25～59 歳で，結婚経験があり，結婚 1 年前の時点で就業していた女性（1,323 ケース）を対象とする。これらのケースについて，結婚年～結婚 3 年後までの 4 年間についてパーソンイヤーデータ（person-year data）[1]を作り，この期間内で退職した年までについて分析する（つまり退職の翌年以降については分析対象から除く）。ただし若年コーホートでは，職業が農業というパーソンイヤーオブザベーションの数が少なく推測がゆがめられる可能性があるので，職業が農業というパーソンイヤーオブザベーションは除く[2]。また欠損値があるものものぞく。こうして得られた分析対象となるパーソンイヤーオブザベーションは 2,905 である。

次に出産前後の退職についての分析では，第 1 子出産の時点に注目する。25～59 歳で，結婚経験があり，子どもがあり，第 1 子出産の 2 年前（つまり妊娠する前）の時点で就業していた女性（1,078 ケース）を対象とする。これらのケースについて，出産 1 年前～3 年後までの 5 年間についてパーソンイヤーデータを作り，この期間内で退職した年までについて分析する（つまり退職の翌年以降については分析対象から除く）。ただし若年コーホートでは，職業

---

1) 各対象者（person）について各年齢時（year）の情報を 1 ケース（1 パーソンイヤーオブザベーション）とするデータセット。
2) 本研究と同様の分析を，農業のパーソンイヤーオブザベーションも含めたデータセットと，自営部門と農業のパーソンイヤーオブザベーションを除いたデータセット（日本型雇用システムや女性の就業支援制度は，自営部門や農業での就業とは関連が弱いため）についても行った。また出産前後の退職についても同様のことを行った。これらの結果はともに，本研究で示したものとほぼ同じだった（分析結果は省略）。

が農業というパーソンイヤーオブザベーション数が少なく推測がゆがめられる可能性があるので，農業のパーソンイヤーオブザベーションは除く。また欠損値があるものも除く[2]。こうして得られた分析対象となるパーソンイヤーオブザベーションは 2,834 である。

　従属変数は退職 (1)，就業継続 (0) のダミー変数とする。

　独立変数は，まず日本型雇用システムの直接的影響を示す変数として，女性本人の職業，従業先の企業規模，そして従業上の地位（いずれも前年のもの）を用いる。職業については，マニュアル職を基準カテゴリーとし，専門職，技術・準専門職，事務職，販売・サービス職，農業というダミー変数を用いる。企業規模については，従業員 1〜9 人を基準カテゴリーとし，10〜99 人，100〜499 人，500 人以上，公的セクター，不明というダミー変数を用いる。従業上の地位については，正規雇用を基準カテゴリーとし，非正規雇用，自営部門（経営者・自営業・家族従業員・内職）というダミー変数を用いる。

　日本型雇用システムの間接的影響を示す変数としては家族状況に注目し，夫の家計支持力と家族形態を用いる。夫の家計支持力は，結婚時あるいは出産時の夫の収入についてのデータがないので，夫の教育年数を代理変数として用いる。一般に男性の教育年数と収入は相関しており，日本の男性においてもこの傾向はあてはまるからである（有田 2009）。家族形態については，核家族 (1)，夫方あるいは妻方の親のうち少なくとも 1 人が同居している拡大家族 (0) とする。

　次に女性の就業支援制度については，その発達を反映する代理変数として，出生コーホートを用いる。1946〜50 年生まれを基準カテゴリーとし，1951〜60 年生まれ，1961〜70 年生まれ，1971〜80 年生まれというダミー変数を投入する。2 番目に若い 1961〜70 年生まれのコーホートは支援制度が導入され始めた 1990 年時点で 20 歳代，また一番若い 1971〜80 年生まれのコーホートは支援制度が質的にも充実し始めた 2000 年時点で 20 歳代であり，これら二つのコーホートは支援制度のもとで初就職〜家族形成期を過ごした世代にあたる。

　コントロール変数としては，まず結婚・出産の両時点の分析に共通する変数として，女性本人の教育年数と，現在の居住地を用いる。現在の居住地は

結婚・出産時の居住地の代理変数で，都市部 (1)，それ以外 (0) とする。これら二つの共通変数に加えて，結婚時の分析では，二種類のタイミングを示す変数を用いる。一つめは，結婚年を基準カテゴリーとし，結婚1年後，2年後，3年後というダミー変数で，もう一つは，その年が第一子出産年にあたる (1)，あたらない (0) という変数である。また出産時の分析では，前述の女性の教育年数と居住地という共通変数に加えて，出産1年前を基準カテゴリーとして出産年，出産1年後，2年後，3年後というタイミングを示すダミー変数と，結婚状態にある (1)，ない (0) という変数を用いる。

　本分析では，結婚時と出産時の両時点について，次の3つのモデルを推定する。モデル1は，Yu (2009) と同じモデル，つまり従業上の地位を除くすべての独立変数を投入したモデルである。次にモデル2は，モデル1に従業上の地位を加えたモデルである。最後にモデル3では，女性の就業支援制度によって日本型雇用システムがどう変化したのかをみるために，モデル2に加えて本人の職業とコーホート，企業規模とコーホート，そして家族形態とコーホートの交互作用項を投入した。ちなみに，夫の教育年数とコーホート，女性本人の従業上の地位とコーホートの交互作用項を加えたモデルでも推定を行ったが，これらの交互作用はどちらも統計的に有意でなく，かつモデルの有意な改善もみられなかったので，この分析結果は示していない。

6　分析結果

6-1．結婚・出産年齢の上昇と非正規雇用の増加

　図4-1は，分析対象のうち，a) 結婚1年前，b) 第一子出産2年前という2つのライフステージで有職の人について，コーホート別の従業上の地位を示したものである。どちらのライフステージでも若いコーホートで，非正規雇用は多く，逆に自営部門での就業は少ない。非正規雇用の不安定性という側面に注目すると，若いコーホートほど就業を継続しにくいと予想できる。さらに自営部門は仕事と家庭の両立が容易で就業を継続しやすいが，これは

第4章　女性のライフコースと就業パターン

```
         a) 結婚1年前                    b) 第一子の出産2年前
1946-50年                          1946-50年
(n=262)                            (n=234)
1951-60年                          1951-60年
(n=447)                            (n=377)
1961-70年                          1961-70年
(n=373)                            (n=283)
1971-80年                          1971-80年
(n=241)                            (n=184)
     0% 20% 40% 60% 80% 100%          0% 20% 40% 60% 80% 100%
     ▨ 正規 □ 自営部門 ■ 非正規         ▨ 正規 □ 自営部門 ■ 非正規
```

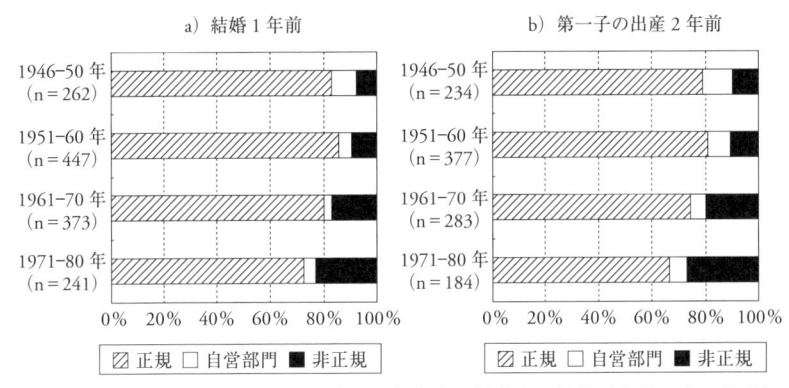

図 4-1　出生コーホート別の結婚・出産前後の従業上の地位（有職の人に限定）
注：農業の人も含む。

若いコーホートで少なく，この点からも若いコーホートほど就業を継続しにくいと予想できる。つまり従業上の地位の分布からは，若いコーホートほど，結婚・出産後の就業継続が難しくなっているという可能性が考えられる。実際はどうだろうか。

6-2. 1995年と2005年の比較（モデル1の結果から）

以下では結婚・出産前後の退職の規定要因について，分析結果をみていこう。詳しい結果はAppendix 1（結婚時）とAppendix 2（出産時）に示し，その要約を表4-3a〜3cにまとめた。

まずモデル1の結果をもとに，日本型雇用システムの影響について検討しよう。表4-3aは，Yu (2009) による1995年データの結果と，本研究における2005年データの結果を，比較して要約したものである。表に示したように1995年までは，日本型雇用システムの影響パターンは結婚時と出産時でほぼ同じだった。ところが2005年の分析では，同システムの影響は結婚時と出産時で異なるようになった。以下で詳しくみよう。

まず日本型雇用システムの直接的影響として，同システムは事務職や大規模企業でより適用されるので，こうした背景をもつ女性はより退職しやすい

表 4-3a　結婚・出産時の退職に対する日本型雇用システムの影響

	モデル 1			
	1995 (Yu 2009)		2005	
	結婚時 ≒ 出産時		結婚時 ≠ 出産時	
日本型雇用システムの直接的影響				
事務職　　（vs. マニュアル職）	+	+	n.s.	+
中～大企業（vs. 小企業）	+	+	n.s.	+
日本型雇用システムの間接的影響（家族状況）				
夫の教育年数	+	+	n.s.	n.s.
核家族　　（vs. 拡大家族）	+	+	+	+
女性本人の教育年数	−	n.s.	n.s.	n.s.

注：退職を促進（+），抑制（−），有意な効果なし（n.s.）。

表 4-3b　結婚・出産時の退職に対する非正規雇用の影響

	モデル 2 (2005)	
	結婚時	出産時
非正規雇用　　　（vs. 正規雇用）	n.s.	+
若年コーホート（vs. 年長コーホート）	−	n.s.
中～大企業　　　（vs. 小企業）	n.s.	n.s.

注：退職を促進（+），抑制（−），有意な効果なし（n.s.）。

表 4-3c　結婚・出産時の退職に対する女性の就業支援制度の影響

	モデル 3 (2005)	
	結婚時	出産時
中企業（vs. 小企業）	+	+
*若年コーホート	−	−
核家族（vs. 拡大家族）	+	+
*若年コーホート	−	n.s.[a]

(a) ただし 10% 水準では有意に − だった。
注：退職を促進（+），抑制（−），有意な効果なし（n.s.）。

と考えられる。1995年の分析では，まさにこうした効果がみられた。しかし2005年になると，こうした効果は結婚時では消え，出産時でのみ残るようになった。次に間接的影響として，日本型雇用システムの下では仕事と家庭責任の両立が難しいので，夫の家計支持力が高い女性や，核家族世帯の女性は，特に退職しやすいと考えられる。1995年の分析では，まさにこうした効果がみられた。しかし2005年になると，夫の家計支持力の効果は結婚・出産いずれの時点でもみられなくなった。以上から，2005年になると，日本型雇用システムの直接・間接の影響は，結婚時では大幅に弱まり，出産時においてのみ（弱まりつつも）残るようになった。

さらに2点めとして，女性が高学歴であることは，1995年には結婚退職を抑制する効果があった。しかし2005年になると，結婚・出産のどちらにおいても効果がなくなった。つまり2005年になると，人的資本（学歴）より労働市場での位置（従業上の地位や企業規模など）の方が，結婚・出産時の就業により強い影響力を持つようになったと考えられる。このことから日本において，女性の就業を規定するメカニズムが，男性のそれ（本章の3-1，3-2を参照）に近づいたということができる（以上についての詳しい結果はAppendix 1と2のモデル1を参照）。

6-3. 非正規雇用の影響（モデル2の結果から）

次に，従業上の地位を投入したモデル2の結果を検討しよう。表4-3bに要約したように，非正規雇用についていることは，結婚時の就業には影響を及ぼさないが，出産時においては退職リスクを高める。

また従業上の地位をコントロールしたことにより，しなかった場合（モデル1）に比べていくつかの変数で変化が見られた。第一に，年長コーホートと比較して若年コーホートのほうが，結婚時の退職が抑制される（逆にいうと就業を継続しやすい）という結果が得られた。これは，若年では非正規雇用が多く自営部門は少ないという従業上の地位の効果を取り除いたことにより，同じ従業上の地位なら，若年コーホートの方が就業継続しやすいという傾向が顕在化したと解釈できる。

第二に，企業規模の効果が，出産時においても有意でなくなった。つまり従業上の地位が同じなら，「規模の大きい企業で退職しやすい」という日本型雇用システムの特徴は，結婚時でも出産時でもみられなくなった（以上についての詳しい結果は Appendix 1 と 2 のモデル 2 を参照）。

6-4. 女性の就業支援策の効果（モデル 3 の結果から）

最後にモデル 3 で，コーホートと企業規模・家族形態との交互作用に注目して，女性の就業支援策の効果について検討しよう（表 4-3c を参照）。日本型雇用システムにおいては，小規模企業に比べて大規模企業で，また拡大家族世帯に比べて核家族世帯で，女性は結婚・出産時に退職しやすい傾向がある。しかしこのような傾向は若いコーホートで有意に弱まっている。つまり年長コーホートに比べて，若いコーホートの女性は，規模がより大きい企業でも核家族世帯でも，就業を継続する傾向がみられる。これらの結果から，日本型雇用システムの影響の弱まりは，おもに若いコーホートで生じているといえる。そしてこの背景には，女性に対する就業支援制度の発達があると考えられる（以上についての詳しい結果は Appendix 1 と 2 のモデル 3 を参照）。

7 結論と含意：日本型雇用システムの変化が女性のライフコースと社会階層的地位に与えた影響

7-1. 結論

本研究では 2005 年までの状況をカバーしたデータを用いて，日本において①若年女性の非正規化と，②女性の就業支援制度の充実，そしてこの 2 つによって表わされる日本型雇用システムの変化が，女性の結婚・出産時の就業にどんな影響を与えたかについて分析した。その結果，以下のことがわかった。

まず非正規化の効果については，女性が非正規雇用についていることは結

婚時の退職には影響を及ぼさないが，出産時においては退職を促進した（この点においてコーホート間で差はなかった）。したがって若年女性の非正規化が進むと，たとえ結婚時には仕事を続けても，出産時には退職する女性が増加する。つまり「非正規化による退職」仮説が支持された。

次に女性の就業支援制度の効果についてみると，1995年データでは日本型雇用システムの影響によって，事務職，中〜大企業に勤務，夫の家計支持力が高い，核家族世帯といった背景をもつ女性は，より結婚・出産退職しやすいという傾向があった。しかし2005年データによると，まず結婚時については（核家族世帯の効果を除き）こうした傾向がみられなくなったし，出産時においてもその傾向は弱まった。さらに若年コーホートに限ると，核家族世帯で就業中断しやすいという効果も消えた（あるいは弱まった）。これらの結果から2005年になると，日本型雇用システムの影響は弱まった（特に結婚時と若年コーホートにおいて弱まった）といえる。そしてこの背景には，女性の就業支援制度の発達があったと考えられる。以上から「支援制度による就業継続」仮説も支持された。

ちなみに台湾については，表4-2に要約した1995年時点での傾向，つまりホワイトカラーや大企業に勤めている人ほど結婚・出産時に就業を継続しやすく，またそれは家族状況（夫の家計支持力や家族形態）に左右されないという傾向は，2005年時点でも同様だった[3]。台湾の労働市場は市場メカニズムが作用しやすく，雇用流動化により適合的である。したがって1995年から2005年の間に，グローバル化にともなって，女性の就業における量的変化は多少あっても，質的転換といえるような変化は起こっていないと考えられる。

7-2. 女性の就業とライフコースへの含意

以下では本研究の含意について論じたい。まず一点めとして，欧米で報告されている女性の就業における二極化が，日本においても生じつつある。本

---

3) Yamato (2012) を参照。

研究で確認されたように，非正規雇用の女性は就業を中断しやすい。そして他の研究によると，一度中断してしまうと正規雇用に戻ることは難しい（大和 2011; Yu 2009）。しかしその一方で，就業支援制度を利用できる女性にとっては，就業継続の可能性が高まっており，制度を利用できるのはおもに正規雇用である。したがって正規雇用女性と非正規雇用女性の間で，前者は安定継続就業，後者は不安定就業という二極化が生じていると考えられる。そしてこの二極化傾向は，非正規雇用の比率が高まっている若いコーホートにおいて特に顕著だと思われる。

　二点めとして，上記のような傾向が今後も続くならば，日本女性にとっての就業継続型ライフコースと中断型ライフコースの，社会階層的な意味合いが逆転する可能性がある。台湾女性にとっては，結婚・出産時の就業継続が「恵まれた」階層的位置にある女性のライフコースである（なぜなら Yu (2009) の結果から，就業継続は，小企業より大企業，そしてブルーカラーより専門職やホワイトカラーの女性で生じやすいからである）。これと対照的に日本型雇用システムにおいては，就業中断こそが「恵まれた」階層的位置にある女性のライフコースであった（なぜなら 1995 年データによると，大企業，事務職，あるいは夫の家計支持力が高いといった「恵まれた」背景を持つ女性で，就業中断が生じやすかったからである）。しかし 2005 年データで明らかになったのは，日本においても台湾と同様に，就業継続が「恵まれた」女性のライフコースになる可能性である。なぜなら変化した日本型雇用システムのもとでは，正社員といういわば「恵まれた」階層的位置にある女性で，就業継続が生じやすいからである。しかも夫の家計支持力の高さは，かつてほどには影響しないからである。

　そして三点めとして，日本女性のライフコースを規定する要因として，夫の社会的地位より，女性自身の地位の影響が強まる可能性がある。本研究では，結婚・出産時に就業を継続するかどうかに対して，夫の家計支持力の影響は弱まる一方，女性自身の地位（日本では特に従業上の地位）の影響が強まっていることが示された。台湾女性については 1995 年時点ですでに「夫の地位より女性本人の地位」といった傾向がみられたが，日本女性もこうした状況に近づいていく可能性がある。さらに別の研究によると，日本では結婚に

ついても，非正規雇用より正規雇用の女性のほうが結婚しやすいことが明らかにされている（永瀬 2002; 太郎丸 2011）。女性のライフコースにおいて「夫の甲斐性より女性本人の甲斐性のほうが重要」という時代が日本においてもやって来るかもしれない。

謝辞

　本研究では 2005 年に行われた社会階層と社会移動（SSM）全国調査の日本データを，許可を得て使用した。分析においては保田時男氏によるパーソンイヤーデータ作成のためのシンタックスを参照した。また研究会のメンバーからは本研究について貴重なアドヴァイスをいただいた。これらの方々に心から感謝いたします。

● 参考文献 ●

有田伸 2009「比較を通じてみる東アジアの社会階層構造」『社会学評論』59(4): 663-680.
Blossfeld, Hans-Peter and Catherine Hakim (eds.) 1997. *Between Equalization and Marginalization: Women Working Part-Time in Europe and the United States of America*. Oxford: Oxford University Press.
Blossfeld, Hans-Peter and Heather Hofmeister (eds.) 2006. *Globalization, Uncertainty and Women's Careers: An International Comparison*. Cheltenham: Edward Elgar.
Blossfeld, Hans-Peter, Melinda Mills and Fabrizio Bernardi (eds.) 2006. *Globalization, Uncertainty and Men's Careers: An International Comparison*. Cheltenham: Edward Elgar.
Brinton, Mary C. 2001. *Women's Working Lives in East Asia*. Stanford, CA: Stanford University Press.
Esping-Andersen, Gøsta. 1990. *The Three Worlds of Welfare Capitalism,* Cambridge: Polity Press. (＝2001，岡沢憲芙・宮本太郎監訳『福祉資本主義の三つの世界——比較福祉国家の理論と動態』ミネルヴァ書房.)
―――. 1999. *Social Foundations of Postindustrial Economies*, Oxford and New York: Oxford University Press. (＝2000，渡辺雅男・渡辺景子訳『ポスト工業経済の社会的基礎 —— 市場・福祉国家・家族の政治経済学』桜井書店.)
玄田有史 2001『仕事のなかの曖昧な不安 —— 揺れる若年の現在』中公文庫.
Glover, Judith and Gill Kirton (eds.) 2006. *Women, Employment and Organizations*. Milton Park: Routledge.
林雄亮 2009「日韓労働市場の流動性と格差 —— 転職とそれにともなう収入変化の比較分析」『社会学研究』86: 7-31.
稲上毅 1999「総論　日本の産業社会と労働」稲上毅・川喜多喬編『講座社会学

6 労働』東京大学出版会，1-31 頁.
城繁幸 2006『若者はなぜ３年で辞めるのか？ ―― 年功序列が奪う日本の未来』光文社.
香川めい 2011「日本型就職システムの変容と初期キャリア ――「包摂」から「選抜」へ？」石田浩・近藤博之・中尾啓子編『現代の社会階層 2　階層と移動の構造』東京大学出版会，189-203 頁.
神林博史・竹ノ下弘久 2009「離職理由からみた日本と台湾の労働市場 ―― 自発的移動・非自発的移動の二分法を超えて」『社会学研究』86: 33-63.
加藤彰彦 2011「未婚化を推し進めてきた２つの力 ―― 経済成長の低下と個人主義のイデオロギー」『人口問題研究』67(2): 3-39.
Lewis, Jane and Susanna Giullari. 2005. "The Adult Worker Model Family, Gender Equality and Care: The Search for New Policy Principles and the Possibilities and Problems of a Capabilities Approach." *Economy and Society* 34(1): 76-104.
Mayer, Karl Ulrich. 2004. "Whose lives? How History, Societies, and Institutions Define and Shape Life Courses." *Research in Human Development* 1(3): 161-187.
McRae, Susan. 2003. "Constraints and Choices in Mothers' Employment Careers: A Consideration of Hakim's Preference Theory," *British Journal of Sociology* 54(3): 317-338.
Moen, Phyllis. 2006. "Foreword." In Hans-Peter Blossfeld and Heather Hofmeister (eds.), *Globalization, Uncertainty and Women's Careers: An International Comparison*. Cheltenham: Edward Elgar, pp. xvi-xx.
Moen, Phyllis and Donna Spencer. 2006. "Conversing divergences in age, gender, health, and well-being: Strategic selection in the third age." In Robert H. Binstock and Linda K. George (eds.), *Handbook of Aging and the Social Sciences (6th edition)*. San Diego: Academic Press, 127-144.
永瀬伸子 2002「若年層の雇用の非正規化と結婚行動」『人口問題研究』58(2): 22-35.
中谷巌 1987『転換する日本企業』講談社.
中澤渉 2011「分断化される若年労働市場」佐藤嘉倫・尾嶋史章編『現代の社会階層 1　格差と多様性』東京大学出版会，51-64 頁.
日本放送協会 (NHK) 2011「ウーマノミックスが社会を変える」『クローズアップ現代』2011 年 1 月 11 日放送.
野村正實 1994『終身雇用』岩波書店.
大沢真理 1993『企業中心社会を越えて ―― 現代日本を〈ジェンダー〉で読む』時事通信社.
乙部由子 2006『中高年女性のライフサイクルとパートタイム ―― スーパーで働く女性たち』ミネルヴァ書房.
―――― 2010『女性のキャリア継続 ―― 正規と非正規のはざまで』勁草書房.
阪口祐介 2011a「失業リスクの趨勢分析 ―― 非正規雇用の拡大の影響と規定構造の

変化に注目して」『ソシオロジ』55(3): 3-18.
——— 2011b「失業リスクの規定構造とその変化にかんする日台比較分析 —— グローバル化・制度・リスク」『現代日本の階層状況の解明 —— ミクロ・マクロ連結からのアプローチ　第 1 分冊　社会階層・社会移動』科学研究費補助金基盤研究（A）研究成果報告書（研究課題番号：20243029），研究代表者：佐藤嘉倫，269-289.
佐藤嘉倫 2009「現代日本の階層構造の流動性と格差」『社会学評論』59(4): 632-647.
佐藤嘉倫・林雄亮 2011「現代日本の格差の諸相」佐藤嘉倫・尾嶋史章編『現代の社会階層 1　格差と多様性』東京大学出版会，3-17 頁.
Siaroff, Alan. 1994. "Work, Welfare and Gender Equality: A New Typology." In Diana Sainsbury (ed.), *Gendering Welfare States*. London: Sage.
武石恵美子 2006『雇用システムと女性のキャリア』勁草書房.
Takenoshita, Hirohisa. 2008. "Voluntary and Involuntary Job Mobility in Japan: Resource, Reward and Labor Market Structure."『理論と方法』[*Sociological Theory and Methods*], 23(2): 85-104.
太郎丸博 2011「若年非正規雇用と結婚」佐藤嘉倫・尾嶋史章編『現代の社会階層 1　格差と多様性』東京大学出版会，131-142 頁.
——— 2013「正規／非正規雇用の賃金格差要因 —— 日・韓・台の比較から」落合恵美子編『変容する親密圏／公共圏　親密圏と公共圏の再編成 —— アジア近代からの問い』京都大学学術出版会，155-175 頁.
呉学殊 2006「韓国の非正規労働者問題」『DIO』206: 17-23.
渡邊勉 2011「職歴からみる雇用の流動化と固定化 —— 職業経歴の多様性」石田浩・近藤博之・中尾啓子編『現代の社会階層 2　階層と移動の構造』東京大学出版会，173-187 頁.
Yamaguchi, Kazuo. 1991. *Event History Analysis*. Newbury Park: Sage.
大和礼子 2011「女性の M 字型ライフコースの日韓比較 —— 出産後の再就職に注目して」佐藤嘉倫・尾嶋史章編『現代の階層社会 1　格差と多様性』東京大学出版会，161-175 頁.
Yamato, Reiko. 2012. "How has economic globalization, mediated by country-specific institutions, influenced women's employment at marriage and childbirth? A Comparison between Japan and Taiwan." Presented at the Symposium on Asian Perspectives on Social Stratification and Inequality, 28 October 2012, Tohoku University, Sendai, Japan.
横田伸子 2003「韓国における労働市場の柔軟化と非正規労働者の規模の拡大」『大原社会問題研究所雑誌』No. 535（2003.6），36-54.
吉田崇 2011「初期キャリアの流動化と所得への影響」佐藤嘉倫・尾嶋史章編『現代の社会階層 1　格差と多様性』東京大学出版会，19-34 頁.
Yu, Wei-hsin. 2009. *Gendered Trajectories*. Stanford, CA: Stanford University Press.

Appendix 1. 日本女性の結婚時における退職の規定要因についての離散時間イベントヒストリー分析の結果（職種が農業のものは除く）

	Model 1			Model 2			Model 3		
	B	SE	Exp (B)	B	SE	Exp (B)	B	SE	Exp (B)
出生コーホート：1946-50 年 (ref.)									
1971-80 年	-0.233	(0.157)	0.792	-0.387*	(0.161)	0.679	1.152	(0.607)	3.166
1961-70 年	-0.060	(0.137)	0.941	-0.163	(0.140)	0.85	0.565	(0.527)	1.76
1951-60 年	-0.138	(0.132)	0.871	-0.208	(0.133)	0.812	-0.379	(0.510)	0.684
都市部に居住	0.330**	(0.105)	1.391	0.303**	(0.106)	1.354	0.313**	(0.108)	1.367
結婚年 (ref.)									
結婚 1 年後	-0.864**	(0.114)	0.421	-0.815**	(0.115)	0.443	-0.793**	(0.117)	0.452
2 年後	-1.353**	(0.151)	0.258	-1.330**	(0.152)	0.265	-1.330**	(0.154)	0.264
3 年後	-1.473**	(0.173)	0.229	-1.436**	(0.176)	0.238	-1.419**	(0.178)	0.242
第 1 子出産	0.735**	(0.123)	2.085	0.773**	(0.125)	2.165	0.794**	(0.127)	2.213
夫の教育年数	0.040†	(0.024)	1.041	0.044†	(0.024)	1.045	0.050*	(0.025)	1.051
核家族世帯	0.331**	(0.105)	1.393	0.356**	(0.106)	1.427	0.802**	(0.263)	2.229
女性本人の教育年数	-0.023	(0.034)	0.977	-0.003	(0.035)	0.997	-0.010	(0.036)	0.99
職種：マニュアル職 (ref.)									
管理・専門職	-0.551**	(0.206)	0.576	-0.597**	(0.210)	0.551	-0.446	(0.643)	0.64
技術・準専門職	-0.187	(0.193)	0.829	-0.254	(0.197)	0.776	-1.208**	(0.461)	0.299
事務職	0.258†	(0.141)	1.294	0.229	(0.143)	1.257	0.210	(0.280)	1.234
販売・サービス職	0.192	(0.161)	1.212	0.214	(0.163)	1.238	-0.363	(0.353)	0.696
従業先規模：1-9 人 (ref.)									
10-99 人	0.183	(0.138)	1.201	-0.182	(0.149)	0.833	-0.053	(0.339)	0.948
100-499 人	0.292†	(0.163)	1.339	-0.065	(0.172)	0.937	0.908**	(0.395)	2.478
500 人以上	0.136	(0.146)	1.146	-0.235	(0.159)	0.791	-0.024	(0.360)	0.977
公的セクター	-0.675**	(0.232)	0.509	-1.076**	(0.239)	0.341	-0.891	(0.587)	0.41
不明	0.472*	(0.186)	1.604	0.084	(0.195)	1.087	0.537	(0.435)	1.711
従業上の地位：正規雇用 (ref.)									
非正規雇用				0.209†	(0.127)	1.233	0.229†	(0.130)	1.257
経営・自営・家族従業者				-1.484**	(0.276)	0.227	-1.489**	(0.279)	0.226
職種：マニュアル職*55-60 歳 (ref.)									
*25-34 歳							-0.537	(0.835)	0.585
*35-44							-0.301	(0.713)	0.74
*45-54							0.347	(0.710)	1.415

第4章　女性のライフコースと就業パターン

	Model 1			Model 2			Model 3		
技術・準専門職*25-34歳							0.207	(0.690)	1.23
*35-44							0.795	(0.569)	2.215
*45-54							2.214**	(0.575)	9.149
事務職*25-34歳							-0.219	(0.483)	0.803
*35-44							-0.142	(0.381)	0.868
*45-54							0.405	(0.365)	1.5
販売・サービス職*25-34歳							0.690	(0.545)	1.994
*35-44							0.475	(0.473)	1.608
*45-54							0.952*	(0.463)	2.591
従業先規模：1-9人*55-60歳 (ref.)									
10-99人*25-34歳							-0.649	(0.472)	0.522
*35-44							-0.095	(0.422)	0.909
*45-54							-0.021	(0.421)	0.979
100-499人*25-34歳							-1.863**	(0.536)	0.155
*35-44							-1.223*	(0.496)	0.294
*45-54							-0.630	(0.498)	0.533
500人以上*25-34歳							-0.629	(0.513)	0.533
*35-44							-0.120	(0.443)	0.887
*45-54							-0.176	(0.443)	0.839
公的セクター*25-34歳							-0.275	(0.802)	0.759
*35-44							-0.119	(0.710)	0.888
*45-54							-0.275	(0.717)	0.76
不明*25-34歳							-1.224*	(0.617)	0.294
*35-44							-0.403	(0.570)	0.668
*45-54							-0.359	(0.542)	0.698
核家族世帯*55-60歳 (ref.)									
*25-34							-0.964*	(0.400)	0.381
*35-44							-0.671*	(0.323)	0.511
*45-54							-0.271	(0.314)	0.762
定数	-1.435**	(0.394)		-1.315**	(0.396)		-1.761**	(0.539)	0.172
χ^2	291.752**			42.940**			55.249**		
-2 Log likelihood	2,992.334			2,949.394			2,894.145		
Nagelkerke R^2	0.141		0.238	0.161		0.268	0.186		
Person-year spells, n	2905			2905			2905		
Events, n	734			734			734		

** $p<.01$; * $p<.05$; † $p<.1$

Appendix 2. 日本女性の第一子出産時における退職の規定要因についての離散時間イベントヒストリー分析の結果（職種が農業のものは除く）

	Model 1			Model 2			Model 3		
	B	SE	Exp (B)	B	SE	Exp (B)	B	SE	Exp (B)
出生コーホート：1946-50 年 (ref.)									
1971-80 年	0.189	(0.172)	1.208	−0.001	(0.176)	0.999	1.595*	(0.690)	4.929
1961-70 年	0.215	(0.156)	1.240	0.110	(0.158)	1.117	0.787	(0.613)	2.198
1951-60 年	−0.048	(0.147)	0.953	−0.095	(0.149)	0.909	0.305	(0.569)	1.357
都市部に居住	0.415**	(0.116)	1.514	0.376**	(0.117)	1.456	0.395**	(0.121)	1.485
タイミング：出産 1 年前 (ref.)									
出産年	−0.279*	(0.119)	0.757	−0.217†	(0.120)	0.805	−0.199	(0.122)	0.819
出産 1 年後	−1.152**	(0.162)	0.316	−1.065**	(0.164)	0.345	−1.020**	(0.165)	0.361
2 年後	−1.944**	(0.222)	0.143	−1.850**	(0.224)	0.157	−1.821**	(0.225)	0.162
3 年後	−2.467**	(0.275)	0.085	−2.413**	(0.278)	0.090	−2.389**	(0.279)	0.092
婚姻状態にあり	0.803**	(0.179)	2.232	0.822**	(0.181)	2.274	0.851**	(0.184)	2.341
夫の教育年数	0.040	(0.027)	1.041	0.058**	(0.028)	1.059	0.057*	(0.029)	1.059
核家族世帯	0.324**	(0.113)	1.382	0.366**	(0.115)	1.441	0.732**	(0.279)	2.080
女性本人の教育年数	−0.024	(0.039)	0.976	−0.016	(0.040)	0.984	−0.016	(0.041)	0.984
職種：マニュアル職 (ref.)									
管理・専門職	−0.266	(0.222)	0.766	−0.263	(0.228)	0.769	−0.885	(0.833)	0.413
技術・準専門職	0.086	(0.215)	1.089	0.068	(0.218)	1.070	−0.649	(0.512)	0.522
事務職	0.529**	(0.159)	1.697	0.538**	(0.162)	1.713	0.558†	(0.319)	1.748
販売・サービス職	0.447*	(0.184)	1.564	0.518**	(0.187)	1.678	0.305	(0.421)	1.357
従業先規模：1-9 人 (ref.)									
10-99 人	0.506**	(0.152)	1.658	0.042	(0.163)	1.043	0.248	(0.398)	1.282
100-499 人	0.497**	(0.183)	1.644	0.046	(0.193)	1.047	1.030*	(0.461)	2.801
500 人以上	0.446**	(0.164)	1.561	−0.033	(0.179)	0.968	0.623	(0.435)	1.865
公的セクター	−0.450†	(0.244)	0.638	−0.975**	(0.252)	0.377	−0.525	(0.657)	0.591
不明	0.900**	(0.215)	2.460	0.414†	(0.224)	1.513	1.152*	(0.507)	3.166
従業上の地位：正規雇用 (ref.)									
非正規雇用				0.393**	(0.140)	1.482	0.381**	(0.144)	1.463
経営・自営・家族従業者				−1.843**	(0.310)	0.158	−1.905**	(0.312)	0.149
職種：マニュア ル職*55-60 歳							−0.494	(1.029)	0.610
*25-34 歳							0.964	(0.904)	2.621
*35-44							0.847	(0.890)	2.331
*45-54									

第4章 女性のライフコースと就業パターン

	Model 1			Model 2			Model 3		
技術・準専門職*25-34歳							-0.084	(0.739)	0.920
*35-44							0.871	(0.640)	2.389
*45-54							1.448*	(0.647)	4.255
事務職*25-34歳							-0.634	(0.549)	0.530
*35-44							0.052	(0.446)	1.054
*45-54							0.207	(0.409)	1.230
販売・サービス職*25-34歳							-0.084	(0.634)	0.919
*35-44							0.215	(0.564)	1.240
*45-54							0.326	(0.533)	1.386
従業先規模：1-9人*55-60歳 (ref.)									
10-99人*25-34歳							-0.544	(0.536)	0.581
*35-44							-0.085	(0.492)	0.918
*45-54							-0.340	(0.482)	0.712
100-499人*25-34歳							-1.428*	(0.605)	0.240
*35-44							-1.078†	(0.576)	0.340
*45-54							-1.155*	(0.573)	0.315
500人以上*25-34歳							-0.866	(0.605)	0.420
*35-44							-0.520	(0.533)	0.594
*45-54							-0.993†	(0.518)	0.370
公的セクター*25-34歳							0.123	(0.903)	1.131
*35-44							-0.770	(0.786)	0.463
*45-54							-0.572	(0.776)	0.565
不明*25-34歳							-0.752	(0.693)	0.471
*35-44							-1.120	(0.691)	0.326
*45-54							-0.997	(0.632)	0.369
核家族世帯*55-60歳 (ref.)									
*25-34							-0.712†	(0.416)	0.491
*35-44							-0.663†	(0.350)	0.515
*45-54							-0.131	(0.336)	0.877
定数	-2.861**	(0.485)	0.057	-2.764**	(0.488)	0.063	-3.385**	(0.643)	0.034
χ^2	417.753**			65.398**			34.514		
-2 Log likelihood	2,454.744			2,389.345			2,354.831		
Nagelkerke R^2	0.215			0.246			0.262		
Person-year spells, n	2834			2834			2834		
Events, n	580			580			580		

**$p<.01$; *$p<.05$; †$p<.1$

第5章 積極的労働市場政策は親密性の自殺予防効果を高めるか
―― 1980年から2007年における日韓を含むOECD27ヵ国の動学的パネル分析

柴田　悠

　1980年代後半以降，自殺率はほとんどのOECD諸国で減少している。しかし，日本と韓国では，1990年代後半に急激に上昇し，現在においてもなお依然高いレベルを維持している。なぜこのような変遷をたどっているのだろうか。自殺率の変化の原因は何なのだろうか。とりわけ，人々を自殺に追い込まれることから守り，国民の自殺率を下げることができるのは，どのような社会政策なのか。そしてその社会政策は，どのようにして人々を自殺から救うのか。人々を自殺から救うことのできる社会政策を立案するためには，以上の問いに答えなければならない。

　自殺率の国際比較を行った先行研究によると，自殺率の主な要因には，失業率の変化や，離婚率，（新規）結婚率，積極的労働市場政策（Active Labor Market Policies: ALMP）（公的な職業訓練・雇用助成・雇用サービスなど）への公的支出，などが含まれる。離婚率と結婚率は親密圏に属し，ALMPは公共圏に属すると考えられる。では，親密圏（離婚・結婚）と公共圏（ALMP）は，自殺との関係においてどのように相互に関係しているのだろうか。もしこの問いに答えることができれば，社会政策がいかに人々を自殺から救うかを，より詳細に説明することができるだろう。しかし，この問いを扱った先行研究はいまだ見当たらない。

　そこで本研究では，上記の問いに答えるため，新たにつぎの二つの仮説を設定した。

　第一の仮説（仮説1）は，「ALMP支出と結婚率の交互作用は，自殺率に対

して負の効果を示す（ALMPは結婚率のもつ自殺率抑制効果を高める）」という仮説である。この仮説の理論的根拠は，ALMPが，人々に無料の職業訓練や職場変更の機会を提供して，彼らを現在の職場への依存から解放し，彼らのワーク・ライフ・バランスを向上させ，余暇において結婚関係をより享受することを可能にし，結婚関係のもつ自殺予防機能を高める，と考えられることにある。

　第二の仮説（仮説2）は，「ALMP支出と離婚率の交互作用は，自殺率に対して負の効果を示す」（ALMPは離婚率のもつ自殺率上昇効果を弱める）という仮説である。この仮説の理論的根拠は，ALMPが，人々のワーク・ライフ・バランスを向上させ，余暇において結婚関係以外の社会関係（友人関係など）を広げることを可能にし，離婚後の孤独と自殺を予防する，と考えられることにある。

　本研究では，これらの仮説を検証するために，現在入手可能な最多国数かつ最多年数のパネル・データ（1980年から2007年までの日本と韓国を含むOECD27ヵ国）と，動学的一階階差一般化積率法推定を用いることで，自殺率に対するALMP支出と結婚率や離婚率との交互作用効果を，推定した。その結果，両方の交互作用効果はともに有意に負であり，仮説1と仮説2は共に支持された。

　つぎに，上記の知見の信頼性を確かめるために，翌年の自殺率に対するALMP支出と結婚率や離婚率との交互作用効果を推定した。加えて，上記の知見が日本と韓国の自殺率の変化をどの程度説明することができるのかを確かめるために，日本ダミーや韓国ダミーと失業率変化率，離婚率，結婚率，ALMPとの交互作用効果を推定し，日本と韓国の自殺率の予測値を計算した。

　以上の結果にもとづき，限界はあるが，つぎのように解釈できた。（1）ALMPは自殺を予防し，結婚の自殺予防効果を高め，離婚の自殺促進効果を弱める可能性がある。しかし，失業率上昇の自殺促進効果を弱めることはなさそうである。（2）ALMPと結婚の自殺予防効果や，失業と自殺の自殺促進効果については，日本も韓国も例外ではない。（3）しかし，少なくとも日本と韓国では，自殺率に対するALMPの影響は，失業率変化率や離婚率の影響よりもはるかに小さいものであっただろう。そして，1990年代以降の日

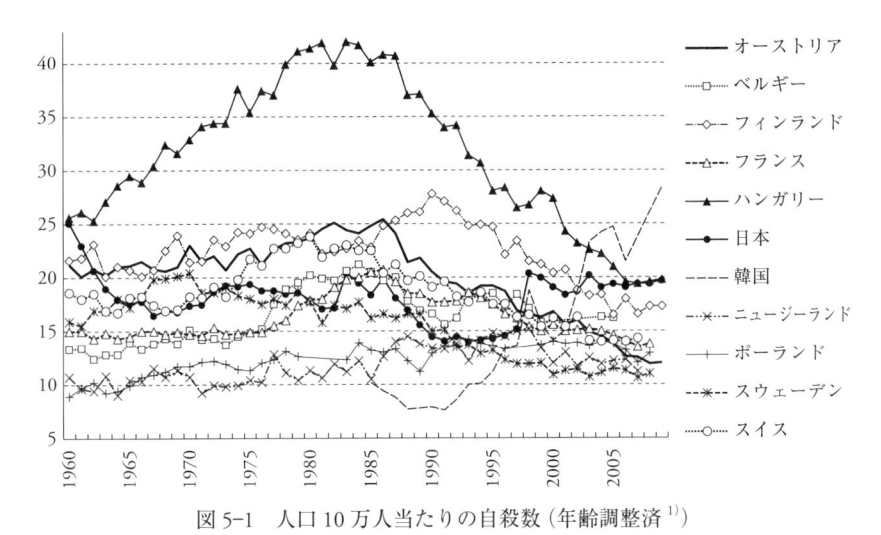

図5-1 人口10万人当たりの自殺数（年齢調整済[1]）

注：データはOECD（2012）*Health Data 2011*による。ここでは2005年から2009年までの自殺率の平均値における上位11ヵ国（本分析から除外されているチェコ、エストニア、スロヴァキア、スロヴェニアを除く）のみを示している。なお上記4ヵ国の自殺率は、1990年代後半以降減少しており、2004年以降は韓国よりも低く、2007年以降は日本よりも低い。

本と韓国での実際の自殺率の変化については、「自殺率上昇のリスクは、失業率・離婚率の上昇と結婚率の低下によって高まったが、ALMPによって実際に抑制されることはほとんどなかった」と説明することができるだろう。

1　先行研究 ── 自殺率を下げる社会政策は何か

　国レベルでの自殺率を精緻に分析するために、先行研究は、国ダミーや年ダミーを統制しながら、国レベルのパネル分析を行ってきた。このような研

---

[1] 年齢によって標準化された人口10万人当たりの自殺による死亡数。参照人口を1980年のOECD諸国の全人口として、OECDによって計算されている。年齢調整死亡率は、人口の年齢構造の違いを統制できているため、死亡率を国家間や時系列で比較する上で必要である（OECD *Health Data 2011*）。

究の中で最も多くの国々を対象としているのは Neumayer (2003) であった。そこでは，静学的な最小二乗ダミー変数推定を用いて，1980 年から 1990 年までの 68 ヵ国（日本と韓国を含む）のデータが分析された。その結果によると，失業率・女性労働参加率・離婚率・アルコール消費量は自殺率を上昇させ，出生率・結婚率は自殺率を低下させる傾向にあった (Neumayer 2003: 318-9, 321)。

しかしながら，Neumayer による推定は静学的なものであり，前年の自殺率を統制できていなかった。Stack (1996) によるマクロな分析と，Hedström et al. (2008) によるミクロな分析によると，他者の自殺（前年のものを含む）が自己の自殺に与える影響（自殺の「感染性」）は，無視できるものではない。

加えて，Neumayer (2003) の用いた最小二乗ダミー変数推定は，誤差の系列相関や独立変数の内在性を統制することができない。これらをある程度統制するためには，動学的な一階階差一般化積率法 (Generalized Method of Moments: GMM) 推定を用いることができる。その回帰式は下記のとおりである。ただし推定時は，各説明変数についての操作変数として，$w_{i,t} = (y_{i,0}, ..., y_{i,t-2})$ と $z_{k,i,t} = (x_{k,i,1}, ..., x_{k,i,t-1})$ $(t = 2, ..., T)$ を用いる (Wooldridge 2010: 213-6, 372)。

$$y_{i,t} = \alpha_0 + \alpha_1 y_{i,t-1} + \beta_1 x_{1,i,t} + \beta_2 x_{2,i,t} + ... + \beta_k x_{k,i,t} + \mu_t + \eta_i + \delta_i(t - 1960) + \varepsilon_{i,t}$$
$$(i = 1, ..., N; t = 2, ..., T)$$

ここで，i は個体（国），t は時点（年），N は個体の数，T は同一個体における時点の最大数，k は独立変数の数，$y_{i,t}$ は時点 t における個体 i の従属変数の値，$x_{k,i,t}$ は時点 t における個体 i の独立変数 x_k の値，α_0 は定数，α_1 と $\beta_1 \sim \beta_k$ は係数，μ_t は年 t に固有な平均値 0 の固定効果（年に特有のグローバルな状況），η_i は国 i に固有な平均値 0 の固定効果（国に特有の時間不変的な状況），δ_i は国 i に固有な線形（単調増加あるいは単調減少）の時間傾向，$\varepsilon_{i,t}$ は平均値 0 で分散 σ_ε^2 で独立同分布の誤差，をそれぞれ表す。ただし，従属変数と独立変数と誤差は，推定の前に一階階差がつけられている。そのため，推定結果を解釈するときには，考察対象とできるのは各国の時系列的差分のみであるということに留意しなければならない。

自殺率に関する最近の研究の中で，Neumayer (2004) は動学的な一階階差GMM 推定を用いていた。しかしその回帰式は，独立変数として失業率しか含んでおらず，観測対象はドイツ国内に限られていた。

Stucker et al. (2009) は，動学的な一階階差推定を用いながら，1980～2003年の欧州 17 ヵ国において，ALMP が失業率上昇率の自殺促進効果を弱める傾向があることを指摘した。つまり ALMP は，失業者を職業訓練などにおける新たな社会関係に再統合するため，彼らの自殺を予防すると考えられるのである。しかし，Stucker et al. (2009) の推定では，操作変数が用いられておらず，独立変数の（逆の因果による）内在性を統制できていなかった。さらに，回帰式は失業率変化率を含んでいたが，Neumayer (2003) で有意な効果が認められたその他の独立変数 —— すなわち結婚率や出生率，離婚率，女性労働参加率，アルコール消費量 —— を含んではいなかった。

社会政策の影響を考慮したこれまでの自殺率の量的先行研究において，Neumayer (2003) での有力な変数を統制しながら動学的一階階差 GMM 推定を用いた先行研究は，一国内のみを対象とした研究を視野に入れたとしても，見つけることができなかった (Andrés 2005; Chen et al. 2009; Fishback et al. 2007; Flavin and Radcliff 2009; Gerdtham and Ruhm 2006; Helliwell 2007; Hooijdonk et al. 2008; Kelly et al. 2009; Maimon and Kuhl 2008; Ruhm 2000; West 2003; Yoon and Bruckner 2009; Zimmerman 1992, 1993, 1995, 2002)。

2　目的 ── 「公共圏と親密圏の相互作用」に着目する

そこで本研究では，現在入手可能な最多国数かつ最多年数のパネル・データ（1980 年から 2007 年までの日本と韓国を含む OECD27 ヵ国[2]）を用いて，国レベル自殺率の規定要因に関する動学的一階階差 GMM 推定を行うことを目

---

2) ただしここでは，チェコ，エストニア，スロヴァキア，スロヴェニアのデータを除外した。なぜなら，これらの国は，他の OECD 諸国と比べて，独立国家として社会政策を運用した期間が短すぎるからである。さらにここでは，ドイツの 1980 年から 1990 年までのデータもまた使用しなかった。なぜなら，この時期，ドイツのデータは西ドイツのみから構成されており，1991年から 2007 年までのデータ（統一ドイツ）とは比較できないからである。

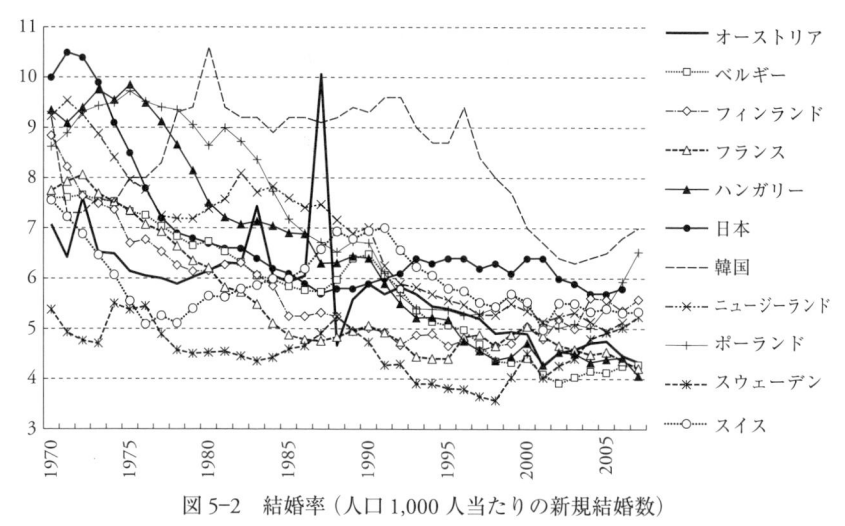

図 5-2 結婚率（人口 1,000 人当たりの新規結婚数）

注：データは OECD（2010）*Society at a Glance 2009* による。自殺率の上位 11 ヵ国のみを示している（図 5-1 の注を参照）。

的とした。

　推定では，前年自殺率と，国特有線形時間傾向，年特有固定効果，失業率変化率，Neumayer（2003）における有力変数，各領域への一般政府による（つまり公的な）社会支出，さらに理論的観点から見て自殺率と関連する可能性を想定できたその他の変数（労働時間，労働組合組織率，税収率，税構造など），を統制した。

　さらに本研究では，新たな理論的探求を試みた。先行研究によると，自殺率の主な要因には，離婚率と結婚率（Neumayer 2003），ALMP 支出（Stucker et al. 2009）が含まれる。離婚率と結婚率は親密圏に属し，ALMP は（失業者を「公的」な職業訓練などに再統合するため）公共圏に属すると考えられる。では，親密圏と公共圏は，自殺との関係においてどのように相互に関係しているのだろうか。具体的にいえば，結婚や離婚の自殺への影響に対して，ALMP はどのような影響を与える傾向にあるのだろうか。

　エミール・デュルケーム（Durkheim 1897）が自殺について研究して以来，親密性は，人々を，社会的に孤立したり人生の意味を喪失したり自殺に追い

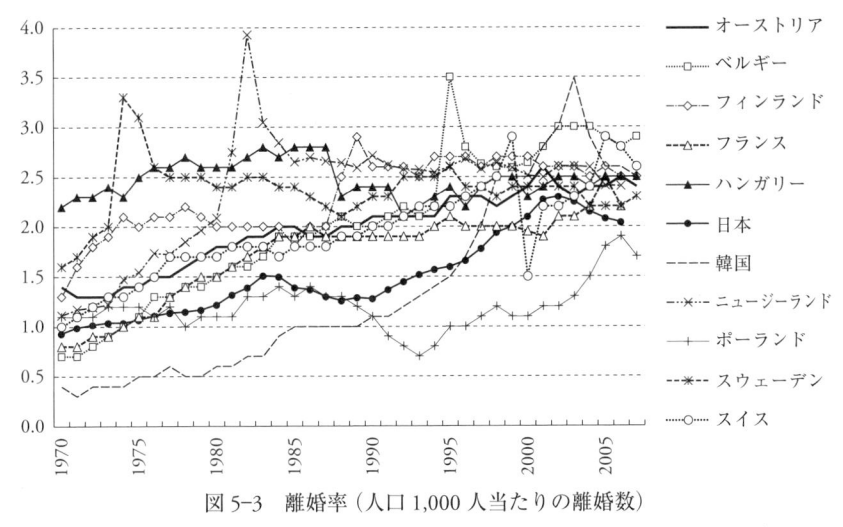

図 5-3　離婚率（人口 1,000 人当たりの離婚数）

注：データは OECD（2010）*Society at a Glance 2009* による。自殺率の上位 11 ヵ国のみを示している（図 5-1 の注を参照）。

込まれたりすることから守る可能性がある，ということがよく知られている。20 世紀後半や 21 世紀初頭のアメリカ・イタリア・オーストラリア・日本のデータにおいても，離婚した人の自殺率は，結婚している人の自殺率よりも高い（Stack 1990; Masocco et al. 2008; Wyder et al. 2009; Japan Ministry of Health, Labour and Welfare 2010: 6）。

　よって，結婚や離婚の自殺への効果に対する ALMP の影響についての上記の問いに，もし答えることができれば，ALMP がどのようにして人々を自殺から救うのかを，より詳細に説明できるようになるだろう。とりわけ日本と韓国では，1990 年代後半から新規結婚数が減少し，離婚数は増加している。そのため，結婚や離婚と自殺との連関に対する ALMP の影響について調べることは，両国にとってきわめて重要である。しかし，これに取り組んだ先行研究は見つけることができない。そこで本研究は，この ALMP の影響（とりわけ日本と韓国における影響）を調べ，上記の問いに答えることを目的とした。

3 仮説 ── 積極的労働市場政策と親密性の相互作用

そこで本研究では，ALMPの影響を調べるために，つぎの二つの仮説を新たに設定した。

第一の仮説（仮説1）は，「ALMP支出と結婚率の交互作用は，自殺率に対して負の効果を示す（ALMPは結婚率のもつ自殺率抑制効果を高める）」という仮説である。この仮説の理論的根拠は，ALMPが，人々に無料の職業訓練や職場変更の機会を提供して，彼らを現在の職場への依存から解放し，彼らのワーク・ライフ・バランスを向上させ，余暇において結婚関係をより享受することを可能にし，結婚関係のもつ自殺予防機能を高める，と考えられることにある。

第二の仮説（仮説2）は，「ALMP支出と離婚率の交互作用は，自殺率に対して負の効果を示す」（ALMPは離婚率のもつ自殺率上昇効果を弱める）という仮説である。この仮説の理論的根拠は，ALMPが，人々のワーク・ライフ・バランスを向上させ，余暇において結婚関係以外の社会関係（友人関係など）を広げることを可能にし，離婚後の孤独と自殺を予防する，と考えられることにある。

3-1. データと方法

これらの二つの仮説を検証するために，先述のパネル・データ（1980年から2007年までの日韓を含むOECD27ヵ国）（表5-1，表5-3）と動学的一階階差GMM推定を用いて，自殺率に対するALMP支出と離婚率・結婚率とのあいだの交互作用効果を推定した。

なお，交互作用効果を推定する場合，その交互作用項のもととなる独立変数を，国内の平均値に中心化（集団平均中心化）すれば，その交互作用項とその独立変数とのあいだの相関を弱めるので，それらのあいだの多重共線性を回避することに役立つ。そこで，独立変数を集団平均中心化し，集団平均中心化の前と後で上記の相関を比較した。

表 5-1 変数の定義と出典

変数	定義	出典
自殺率	人口10万人当たりの自殺数（年齢調整済[3]）	OECD (2012) *Health Data 2011*（2000年の英国のデータについてはOECD (2010) *Society at a Glance 2009*)
一人当たりGDP	一人当たり実質GDP（2005年基準購買力平価）	World Bank (2010) *World Development Indicators 2010*
失業率	労働力人口に占める失業者数の割合（％）	OECD (2010) *Factbook 2010*
失業率の年次変化率	％	
労働時間	実際の平均労働時間（一人一年当たり雇用時間）	
労働組合組織率	被用者のうち労働組合に加入している者の割合（％）	OECD (2010) *Employment Database 2010*
女性労働参加率	15歳以上女性人口に占める女性労働人口の割合（％）	World Bank (2010) *World Development Indicators 2010*
男性人口率	人口全体における男性人口の割合（％）	
年少人口率	人口全体における0-14歳人口の割合（％）	
老年人口率	人口全体における65歳以上人口の割合（％）	
結婚率	粗結婚率（人口1,000人当たりの新規結婚数）	OECD (2010) *Society at a Glance 2009*
出生率	合計特殊出生率（女性一人当たりの生涯出産数）	World Bank (2010) *World Development Indicators 2010*
離婚率	粗離婚率（1,000人当たりの離婚数）	OECD (2010) *Society at a Glance 2009*
アルコール消費	15歳以上の一人当たりアルコール消費（リットル）	OECD (2012) *Health Data 2011*
税収	一般政府への義務的・一方的支払（社会保険料を含む）（GDPにおける％）	OECD (2010) *Factbook 2010*
付加価値税率	一般売上税（％）	OECD (2010) *Tax Database*
基礎的（非標的）法人所得税率	％	
社会支出以外の公的支出	一般政府支出から公的社会支出を除いたもの（GDPに対する％）	OECD (2010) *Factbook 2010*, OECD (2012) *Social Expenditure Database*
高齢者への公的支出	GDPに対する％	OECD (2012) *Social Expenditure Database*
保健医療への公的支出	GDPに対する％	
障害への公的支出	GDPに対する％	
家族への公的支出	GDPに対する％	
ALMPへの公的支出	GDPに対する％	
失業への公的支出	GDPに対する％	
遺族への公的支出	GDPに対する％	
住宅への公的支出	GDPに対する％	
公的扶助やその他の社会政策領域への公的支出	GDPに対する％	

表 5-2 交互作用項と独立変数の相関係数

	集団平均中心化前			集団平均中心化後		
	ALMPへの公的支出	結婚率	離婚率	ALMPへの公的支出	結婚率	離婚率
結婚率＊ALMPへの公的支出	0.9542	−0.1870		−0.4883	0.0030	
離婚率＊ALMPへの公的支出	0.9548		0.4474	0.4320		0.1943

3) 年齢調整自殺率は，年齢構造についての国家間の差異と時系列での差異を統制できる，という大きな利点を持つ（Neumayer 2003: 316）。

表5-3 記述統計量（集団平均中心化前の1980〜2007年平均値）

国	自殺率	一人当たりGDP	失業率	失業率の年次変化率	労働時間	労働組合組織率	女性労働参加率	男性人口率	年少人口率	老年人口率	結婚率	出生率
オーストラリア	12.5	27366	6.1	3.3	1783	39.7	51.8	50.0	24.6	10.4	5.6	2.2
オーストリア	20.1	27679	4.2	0.2	1653	50.9	45.8	47.6	19.8	14.7	5.8	1.8
ベルギー	16.5	26650	7.7	4.0	1601	49.7	39.8	48.9	20.1	14.7	5.8	1.9
カナダ	12.0	28795	7.5	0.4	1792	31.5	57.2	49.8	24.0	10.2	6.6	2.1
デンマーク	19.1	27761	6.0	-2.4	1601	70.3	59.9	49.4	20.3	14.0	6.3	1.9
フィンランド	22.4	24206	6.8	6.7	1807	64.1	57.5	48.5	21.3	12.1	5.7	1.9
フランス	16.2	25320	9.0	1.9	1735	14.7	47.3	48.7	21.8	14.1	5.5	2.1
ドイツ*	11.7	29774	8.3	4.3	1486	25.9	49.4	48.8	15.4	16.9	5.0	1.3
ギリシャ	3.2	19601	8.7	0.6	2117	28.8	37.6	49.1	20.7	13.3	6.2	1.8
ハンガリー	31.7	13033	8.1	-1.0	2032	24.4	44.4	48.1	20.1	13.0	6.5	1.8
アイスランド	12.2	27366	3.3	4.1	1883	78.3	73.1	50.4	27.6	10.1	5.9	2.5
アイルランド	7.3	23839	10.6	-2.1	1830	46.3	40.7	50.1	27.6	11.1	5.6	2.8
イタリア	6.0	24475	8.6	0.9	1856	37.6	34.7	48.5	19.6	14.3	5.5	1.7
日本	18.1	25959	2.6	0.7	1997	28.3	49.2	49.1	20.7	11.4	6.8	1.7
韓国	13.7	14612	3.4	5.8	2643	13.2	47.1	50.0	31.0	5.1	8.3	2.4
ルクセンブルク	14.1	48601	3.0	3.5	1687	45.8	38.0	49.1	19.4	13.2	5.5	1.7
メキシコ	3.1	11031	3.5	1.9	1872	18.3	36.8	49.7	40.6	4.3	6.8	4.5
オランダ	8.7	28736	5.1	5.3	1377	30.2	47.6	49.6	22.2	11.9	6.1	2.0
ニュージーランド	11.8	20650	3.7	29.4	1818	43.5	55.9	49.7	26.6	10.2	6.8	2.4
ノルウェー	10.8	37256	3.4	3.2	1546	56.4	58.3	49.6	21.7	14.3	5.4	2.1
ポーランド	12.3	11206	14.4	-3.0	1981	33.1	52.4	48.6	24.3	9.9	7.1	2.0
ポルトガル	8.4	16748	6.4	0.9	1832	32.6	50.5	48.0	23.0	12.3	7.3	2.1
スペイン	5.7	21374	13.2	3.0	1812	13.9	36.4	48.9	22.1	12.6	5.8	2.0
スウェーデン	15.6	26011	4.5	6.3	1596	76.1	60.2	49.6	19.2	15.9	4.6	1.9
スイス	18.6	32633	3.6	1.8	1674	26.0	57.5	48.8	19.7	13.5	5.9	1.7
イギリス	7.6	25767	6.8	2.7	1766	38.7	51.2	48.6	20.8	14.6	6.5	2.0
アメリカ	11.5	34146	5.8	1.1	1833	19.9	56.9	49.1	24.1	11.3	9.4	2.2
平均	13.2	24704	6.3	3.9	1807	39.5	48.8	49.2	23.6	11.8	6.3	2.2

注：＊ドイツのデータは1991〜2007年（統一ドイツ）のみ。

第 5 章　積極的労働市場政策は親密性の自殺予防効果を高めるか

離婚率	アルコール消費	税収	付加価値税率	基礎的(非標的)法人所得税率	社会支出以外の公的支出	高齢者への公的支出	保健医療への公的支出	障害への公的支出	家族への公的支出	ALMPへの公的支出	失業への公的支出	遺族への公的支出	住宅への公的支出	公的扶助とその他の社会政策領域への公的支出
2.7	10.9	26.8	1.8	37.3	21.3	3.7	4.8	1.8	2.0	0.4	1.0	0.3	0.2	0.2
2.0	13.7	39.4	13.1	38.0	25.9	10.2	5.9	2.7	2.8	0.5	1.1	2.2	0.1	0.3
2.0	11.5	41.0	13.1	40.3	27.4	6.8	6.5	3.0	2.6	1.1	3.1	2.5	0.0	0.4
2.4	8.6	32.6	2.4	42.0	27.2	3.8	6.4	1.1	0.8	0.5	1.4	0.4	0.6	2.6
2.7	10.7	43.7	15.3	36.3	28.6	7.3	5.2	3.7	3.2	1.4	3.9	0.0	0.6	1.0
2.3	7.5	39.6	6.7	38.5	23.8	7.6	5.8	4.2	3.0	1.0	2.1	1.0	0.3	0.5
1.7	16.8	40.2	12.9	40.1	24.8	9.7	6.8	2.2	2.8	0.9	1.4	1.8	0.8	0.5
2.2	10.7	36.3	15.8	47.5	21.2	8.4	8.0	2.2	2.1	1.2	1.6	2.5	0.4	0.5
0.8	10.7	25.7	7.7	39.4	25.0	8.7	4.5	1.2	0.7	0.2	0.4	1.0	0.4	0.5
2.5	12.4	39.9	10.4	24.9	27.4	7.5	5.8	2.7	3.3	0.4	0.9	1.2	0.5	0.5
0.7	4.7	32.7	9.3	20.3	26.5	3.6	6.1	2.0	2.6	0.1	0.4	0.0	0.1	0.5
1.8	9.8	30.9	14.8	33.7	27.6	3.5	5.3	1.8	1.8	1.0	1.7	1.0	0.5	0.2
0.5	13.6	34.4	12.0	42.5	25.9	9.9	5.8	1.9	1.0	0.5	0.7	2.3	0.0	0.0
1.5	7.5	24.8	1.6	44.6	20.6	5.5	5.3	0.7	0.6	0.3	0.5	1.1	0.0	0.2
1.4	8.7	18.5	5.9	29.0	18.5	1.2	2.2	0.4	0.1	0.1	0.1	0.2	0.0	0.3
1.7	14.1	34.7	8.8	31.7	18.7	6.4	5.3	3.4	2.5	0.3	0.6	1.9	0.1	0.3
0.5	4.7	16.2	8.1	35.8		0.6	2.0	0.0	0.4	0.0	0.0	0.2	0.7	0.5
1.9	9.5	40.0	12.3	36.7	28.0	5.8	5.5	5.0	1.8	1.2	2.3	0.6	0.4	0.9
2.3	10.0	31.9	5.3	35.9	25.2	5.9	5.7	2.4	2.4	0.7	1.1	0.2	0.5	0.2
1.9	5.0	40.2	14.6	37.0	26.3	6.8	4.9	4.6	3.0	0.8	0.7	0.4	0.2	0.7
1.2	8.8	34.7	6.7	30.4	22.7	8.1	4.3	4.3	1.4	0.4	1.0	2.0	0.1	0.3
1.1	15.7	26.1	7.5	39.8	26.5	5.5	4.6	2.3	0.8	0.5	0.6	1.1	0.0	0.1
0.8	15.0	26.5	6.4	34.5	21.2	7.0	5.1	2.5	0.6	0.6	2.6	1.2	0.1	0.1
2.4	6.4	45.5	15.9	38.6	29.3	9.1	7.1	5.1	3.8	1.9	1.3	0.6	0.0	0.7
1.9	12.7	25.2	2.2	27.8	16.6	6.2	4.7	2.5	1.1	0.5	0.6	0.4	0.0	0.7
2.6	9.3	34.7	10.4	34.7	25.7	5.1	5.5	2.1	2.5	0.5	1.0	0.7	1.3	0.4
4.5	9.1	26.7		41.7	21.7	5.3	5.5	1.1	0.6	0.2	0.5	0.9	0.0	0.5
1.8	9.9	32.3	9.0	36.9	24.8	6.1	5.3	2.4	1.8	0.6	1.2	1.0	0.3	0.5

3-2. 結果と予測値

交互作用項とそれを構成する独立変数とのあいだの相関係数を，表 5-2 に示す。この表で示されたように，相関係数はすべて，集団平均中心化後のほうが集団平均中心化前よりも小さかった。そのため，本分析では集団平均中心化を採用した。

分析の結果を表 5-4 に示す。この分析の目的は，自殺率や，失業率上昇率・離婚率の自殺促進効果，そして結婚率の自殺抑制効果に対して，ALMP がいかなる影響を示すのかを推定することにあった。その推定のための最終モデルは，この表におけるモデル 7 である[4]。このモデルでは，係数が有意なすべての変数（失業率変化率，年少人口率，結婚率，結婚率と ALMP の交互作用，離婚率，離婚率と ALMP の交互作用，ALMP，遺族支出）に関して，考慮すべき多重共線性は生じていないように思われる。というのも，モデル 1～6 からモデル 7 へと移る途中で，これらの変数の係数の符号はいずれも，（正から負へ，または負から正へといったように）逆転しなかったからである。

この最終モデル（モデル 7）において，自殺率に対する ALMP と結婚率との交互作用効果は，有意に負（p＜0.01）であると推定された。これは，仮説 1 を支持するものである。また，自殺率に対する ALMP と離婚率との交互作用効果もまた，有意に負（p＜0.001）であると推定された。これもまた，仮説 2 を支持するものである。

そこでつぎに，これらの知見がどれほど信頼できるかを確かめるために，別の追加的な分析を行った。

第一に，自殺率に対する ALMP と結婚率・離婚率との負の交互作用効果がどの程度頑健なのかを調べるために，翌年の自殺率に対するこれらの交互作用効果を推定した。その際，動学的な固定効果個体内（Fixed-Effects Within-Group: FE-WG）推定を用いた。というのもこの推定は，本分析のデータ（25～

---

[4] モデル 7 における年少人口率と遺族支出の有意係数については，つぎのような解釈が可能だろう。つまり，老年人口率を統制した上での年少人口率の上昇は，生産年齢人口率を減少させるが，それにより，労働者たちや稼ぎ手たちの一人当たりの経済的負担を重くさせ，彼らの自殺を増やすかもしれない。また，何らかの原因による死亡数増加は，遺族の数を増やすとともに，稼ぎ手を失った彼らの自殺を増やすかもしれない。

27ヵ国，1980〜2007年）のように「時点数（年数）＞個体数（国数）」である場合には，動学的一階階差一般化積率法推定よりも，従属変数ラグ項の係数推定量の偏り（バイアス）が小さいからである (Alvarez and Arellano 2003)。モデル8とモデル9は，この動学的 FE-WG 推定の結果を示している。そこでの最終モデルはモデル9である[5]。このモデルでは，ALMP と結婚率の交互作用効果は，翌年の自殺率に対して有意に負である。しかし，ALMP と離婚率の交互作用効果は，有意ではない[6]。これらの結果は，「結婚」「ALMP」「結婚時の ALMP」の自殺予防効果は少なくとも1年間は続くが[7]，「離婚」の自殺促進効果や「離婚時の ALMP」の自殺予防効果は1年も続かないだろう，ということを示唆している。

　第二に，主な独立変数（失業率変化率・結婚率・離婚率・ALMP）の効果において，日本に固有な傾向があるかどうかを確かめた。そのために，自殺率に対する日本ダミーとそれらの主な変数との交互作用効果を推定した。多重共線性を避けるために，モデル10〜14に示したように，交互作用項は一つずつ別々に投入した。最終モデルはモデル14である。というのも，モデル1〜7・10〜13からモデル14へと移るなかで，有意な係数の符号はいずれも逆転しなかったからである。最終モデル（モデル14）は，主な独立変数の有意な効果に関して，日本もまた例外ではないだろうということを示している。というのも，日本ダミーとの交互作用の有意係数の符号はいずれも，主な独立変数の有意係数の符号と一致していたからである。

---

5) モデル9における法人所得税率・障害支出・公的扶助等支出の有意係数については，つぎのような解釈が可能だろう。つまり，法人所得税率の引き上げは，翌年に失業者を増やし，彼らの自殺を増やすかもしれない。また，深刻な傷害を受けて障害者となった労働者が増えると，同年の障害支出と翌年の彼らの自殺数が共に増えるかもしれない。また，貧しい人々が増えると，公的扶助支出と彼らの自殺数が共に増えるかもしれない。
6) 多重共線性を疑って，モデル9で係数が有意だったがモデル7で係数が有意ではなかった独立変数（出生率・法人所得税率・障害支出・公的扶助等支出）を取り除いたとしても，結婚率とその ALMP との交互作用の係数は，依然有意に負のままであり，離婚率とその ALMP との交互作用の係数は，依然非有意のままである。
7) なお，翌々年の自殺率についても，モデル9のすべての独立変数の係数を推定してみた。すると，結婚率と ALMP の交互作用の係数は，依然有意に負であった。また，自殺率（ラグ項）と，失業率変化率と ALMP の交互作用の係数もまた，依然有意に正であった。しかし，その他の独立変数（結婚率・離婚率・それらと ALMP との交互作用を含む）の係数は，すべて非有意であった。

表 5-4　自殺率の動学的一階階差一般化積率法推定の結果（ロバスト標準誤差，OECD27 ヵ国 1980〜2007 年）

モデル	モデル1	モデル2	モデル3	モデル4	モデル5	モデル6	モデル7	モデル8	モデル9	モデル10	モデル11	モデル12	モデル13	モデル14	モデル15	モデル16	モデル17	モデル18	モデル19
推定法	GMM	GMM	GMM	GMM	GMM	GMM	GMM	FE-WG	FE-WG	GMM	GMM	GMM	GMM	GMM	GMM	GMM	GMM	GMM	GMM
前年の自殺率	0.525***	0.492***	0.448***	0.331***	0.303***	0.225*	0.214*	0.379***	0.355***	0.233*	0.226*	0.200*	0.225*	0.186	0.243*	0.258*	0.254*	0.255*	0.209*
一人当たり GDP[c]						0.000226	0.000204	6.45E-06	2.77E-05	0.000254	0.000237	0.00031	0.000223	0.000292	0.000187	0.00017	0.000178	0.000199	0.000141
(一人当たり GDP[c])[2]						-4.94E-09	-3.74E-09	-1.68E-08	-1.49E-08	-5.71E-09	-5.42E-09	-3.65E-09	-4.85E-09	-9.81E-10	-4.50E-09	-5.82E-09	-4.83E-09	-5.30E-09	-4.05E-09
失業率						-0.0325	-0.0498	-0.00913	-0.0374	-0.0288	-0.0334	-0.0192	-0.0326	-0.0324	-0.0296	-0.0258	-0.0316	-0.0286	-0.0441
失業率変化率[c]	0.00709	0.0105*	0.0110***	0.0139***	0.0136***	0.0128**	0.0128***	0.00118	7.65E-05	0.0112**	0.0123***	0.0131**	0.0127***	0.0123***	0.0110*	0.0115*	0.0115*	0.0115*	0.0123**
失業率変化率[c]×ALMP支出[c]					0.00746	-0.000197			0.0142					0.000926					-0.000181
失業率変化率[c]×日本ダミー										0.0812***				0.0564**	0.01***				0.148***
失業率変化率[c]×韓国ダミー																			-0.000174
労働時間						-0.00239	-0.00156	-0.00134	-0.00149	-0.0016	-0.0022	-0.00199	-0.0024	-0.00108	-0.00216	-0.00154	-0.00206	-0.00219	-0.000174
労働組合組織率						0.0363	0.0549	0.00898	0.0271	0.0362	0.0361	0.0481	0.0364	0.0701	0.0423	0.039	0.0426	0.0392	0.0571
女性労働参加率						0.0935	0.1	0.057	0.0411	0.097	0.0937	0.1	0.0934	0.106	0.113*	0.110*	0.115*	0.105	0.116
男性人口率						-1.313	-1.116	4.121	3.651	-1.973	-1.592	-3.048	-1.256	-2.917	-0.875	-0.596	-0.801	-0.829	-0.733
年少人口率						0.601*	0.561*	0.253	0.204	0.688*	0.650*	0.733*	0.592*	0.638*	0.565*	0.563*	0.575*	0.588*	0.476*
老年人口率						1.231	1.134	0.887	0.733	1.195	1.229	0.863	1.24	0.715	1.135	1.116	1.133	1.175	0.953
結婚率[c]		-0.387	-0.415	-0.590*	-0.567*	-1.023**	-0.933**	-0.647**	-0.624*	-1.059**	-1.055**	-1.134**	-1.022**	-1.038**	-0.997**	-0.939**	-0.975**	-0.983**	-0.853*
結婚率[c]×ALMP支出[c]					-1.173**	-1.550**	-1.550**		-1.430***			1.256		-1.549**					-1.574**
結婚率[c]×日本ダミー														-1.973**					-13.90**
結婚率[c]×韓国ダミー															-5.949***				
出生率						0.658	0.608	-1.862*	-2.334**	0.706	0.731	0.586	0.647	0.281	0.479	0.694	0.499	0.682	0.447
離婚率[c]			1.268**	1.173***	1.394***	1.675***	1.821***	0.851	0.905	1.595***	1.640***	1.456***	1.679***	1.575***	1.427***	1.338***	1.365***	1.434***	1.590***
離婚率[c]×ALMP支出[c]				-4.037***	-3.554***				-0.461					-3.155**					-3.221**
離婚率[c]×日本ダミー												6.623***		7.990**					
離婚率[c]×韓国ダミー																	3.067***		-2.663**
アルコール消費量						0.187	0.187	0.294	0.316	0.162	0.178	0.162	0.189	0.173	0.205	0.183	0.184	0.202	0.166
税収						0.0775	0.0576	0.00439	0.00559	0.0983	0.0843	0.0921	0.0765	0.0744	0.0633	0.0613	0.0589	0.0643	0.0525
付加価値税						0.0266	0.0299	-0.00761	-0.00529	0.0254	0.0278	0.0281	0.0263	0.0262	0.0245	0.0249	0.0254	0.0258	0.0258
基礎的法人所得税率						0.0213	0.0157	0.0508*	0.0434*	0.021	0.0209	0.0272	0.0214	0.0239	0.0228	0.023	0.023	0.0217	0.0195
社会支出以外の公的支出						0.0715	0.0618	-0.0598	-0.0487	0.0602	0.0696	0.0538	0.0712	0.0345	0.0525	0.0547	0.052	0.0619	0.0398
高齢者への公的支出						-0.204	-0.149	-0.0632	-0.0295	-0.13	-0.174	-0.266	-0.204	-0.225	-0.204	-0.193	-0.206	-0.189	-0.161

124

第 5 章　積極的労働市場政策は親密性の自殺予防効果を高めるか

変数														
保健医療への公的支出					-0.0935	-0.113	0.144	0.0256	-0.142	-0.12	-0.128	-0.0903	-0.133	-0.07	-0.0353	-0.0642	-0.0727	-0.0321
障害への公的支出					-0.104	-0.064	0.368*	0.400*	-0.157	-0.129	-0.144	-0.03	-0.101	-0.0548	-0.0571	-0.0448	-0.0696	-0.0333
家族への公的支出					0.348	0.398	0.379	0.365	0.382	0.347	0.525	0.35	0.641	0.389	0.346	0.365	0.323	0.507
ALMPへの公的支出 c			-0.691*	-0.519	-0.878**	-1.400**	-0.392	-1.278***	-0.784**	-0.850**	-0.732	-0.878*	-1.254**	-0.771	-0.744	-0.759	-0.793*	-1.305*
ALMP支出×日本ダミー c												-2.525	-19.73***				-18.34***	50.57**
ALMP支出×韓国ダミー c																		
失業への公的支出					0.129	0.115	0.196	0.176	0.0983	0.117	0.0645	0.13	0.0945	0.124	0.1	0.112	0.119	0.0855
遺族への公的支出					1.888*	1.926*	-0.0781	0.0576	1.967*	1.929*	1.867*	1.886*	1.874*	1.835*	1.833*	1.826*	1.859*	1.875*
住宅への公的支出					-0.362	-0.55	-0.99	-0.906	-0.276	-0.34	-0.285	-0.365	-0.401	-0.456	-0.5	-0.48	-0.437	-0.658
公的扶助やその他の領域への公的支出					-0.466	-0.0993	0.276	0.386*	-0.471	-0.467	-0.478	-0.468	-0.148	-0.456	-0.412	-0.398	-0.451	-0.0878
年特固定効果	含む	含む	含む	含む	含む	含む	含む	含む	含む	含む	含む	含む	含む	含む	含む	含む	含む	含む
国特有線形時間傾向	含む	含む	含む	含む	含む	含む	含む	含む	含む	含む	含む	含む	含む	含む	含む	含む	含む	含む
日本特有線形時間傾向	0.0384***	-0.296*	-0.468**	-1.163***	-0.13	-0.0915	0.00458	0.0587	-0.0703	-0.0981	-0.283	-0.148	-0.419	-0.061	-0.0385	-0.0515	-0.0862	0.0391
韓国特有線形時間傾向	0.521***	0.152	-0.105	-0.949*	0.724*	0.704	0.52	0.543	0.695	0.712	0.742	0.725*	0.733	0.335	0.606	0.795*	0.0602	1.634***
定数	7,082**	14.59***	19.31***	40.24***	40.89	30.97	-211.2	-183.9	70.18	53.11	127.5	38.2	123.2	19.85	4.106	15.21	16.73	11.28
観測数	616	561	548	479	366	366	390	390	366	366	366	366	366	366	366	366	366	366
国数	27	27	27	27	25	25	25	25	25	25	25	25	25	25	25	25	25	25
操作変数の数（一括[内積指定し標準型]）	617	562	549	480	367	367				367	367	367	367	367	367	367	367	367
過剰識別制約のSargan検定（有意確率 p）	0.2264	0.2582	0.1425	0.1277	0.0946	0.114		0.135	0.1076	0.1271	0.0927	0.1869	0.1851	0.1542	0.1694	0.18	0.1078
一階階差における系列相関のArellano-Bond検定（2次自己相関の有意確率 p）	0.6089	0.248	0.1371	0.1972	0.3338	0.6243		0.5298	0.6461	0.5588	0.5886	0.4896	0.5126	0.5938	0.6368	0.5899	0.6178
個体特有効果の標準偏差							14.17	13.41										
攪乱項の標準偏差							0.808	0.803										
級内相関 ρ（全変動に占める個体変動の割合）							0.997	0.996										
個体内変動の決定係数							0.000838	0.00306										
個体間変動の決定係数							0.878	0.88										
全変動の決定係数							0.0063	0.0118										

注：† $p < 0.1$、* $p < 0.05$、** $p < 0.01$、*** $p < 0.001$。[c] は集団平均中心化された変数。[E−n] は「×10^−n」を表す。動学的一階階差一般化積率法（GMM）推定では、階差回帰のためのGMM型操作変数を作るために用いられた変数の最小/最大ラグ数は、2/無制限、階差回帰のためのGMM型操作変数を作るために用いられた操作変数は、自殺率。自殺率だけでなくその他のすべての独立変数もまた、前年値（1年ラグ）になっている。

第三に，主な独立変数の効果において，韓国に固有な傾向があるかどうかを確かめた。そのために，自殺率に対する韓国ダミーとそれらの主な変数との交互作用効果を推定した。多重共線性を避けるために，モデル15～19に示したように，交互作用項は一つずつ別々に投入した。その結果，モデル19は最終モデルではないことが判明した。というのも，モデル17からモデル19へと移る途中で，韓国ダミーと離婚率の交互作用の有意係数の符号が（正から負へと）逆転し，また，モデル18からモデル19へと移る途中で，韓国ダミーとALMPの交互作用の有意係数の符号が（負から正へと）逆転したからである。これらの逆転はいずれも，モデル19において，考慮すべき多重共線性が生じていることを示唆している。よって，韓国についての最終モデルとしては，モデル19ではなくモデル7（韓国ダミーとの交互作用を投入する前の最終モデル）を採用した。ただその一方で，モデル15～18における韓国ダミーとの交互作用効果は，主な独立変数の有意な効果に関して，韓国もまた例外ではないだろうということを示している。というのも，韓国ダミーとの交互作用の有意係数の符号はいずれも，主な独立変数の有意係数の符号と一致していたからである。

　最後に，日本と韓国における自殺率の予測値を推定した。日本の最終モデル（モデル14）と韓国の最終モデル（モデル7）での推定値を用いて，日本と韓国における自殺率の予測値を推定するための式を立てた[8]。日本については，モデル14にもとづく予測値の式はつぎのとおりである。

$$
\text{自殺率予測値}_t = \text{自殺率}_{t-1} + (0.0123 + 0.0564) \times \Delta\text{失業率変化率}^c_t + 0.638 \times \Delta\text{年少人口率}_t - (1.038 + 1.973) \times \Delta\text{結婚率}^c_t - 1.549 \times \Delta(\text{結婚率}^c_t \times \text{ALMP}^c) + (1.575 + 7.990) \times \Delta\text{離婚率}^c_t - 3.155 \times \Delta(\text{離婚率}^c_t \times \text{ALMP}^c_t) - (1.254 + 19.73) \times \Delta\text{ALMP}^c_t + 1.874 \times \Delta\text{遺族支出}_t + \text{年特有固定効果}_t - \text{年特有固定効果}_{t-1}
$$

---

8) 年特有固定効果については，できるだけなだらかに反映させるため，当該モデルにおいて10％水準の有意性が認められたもののみを，以下の予測式に導入する。なお，モデル14でもモデル7でも，日本・韓国ともに，国特有線形時間傾向は非有意であったため，国特有線形時間傾向は以下の予測式に導入しない。また，定数項も非有意であったため，定数項は以下の予測式に導入しない。

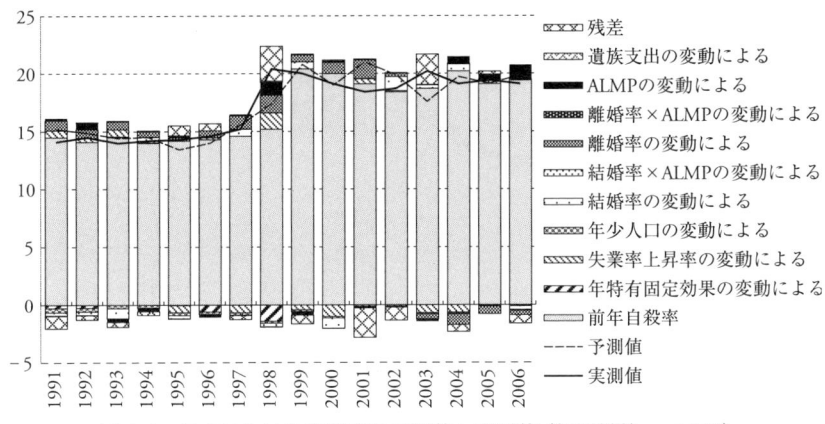

図 5-4　日本における自殺率の予測値と実測値（相関係数 $r=0.864$）

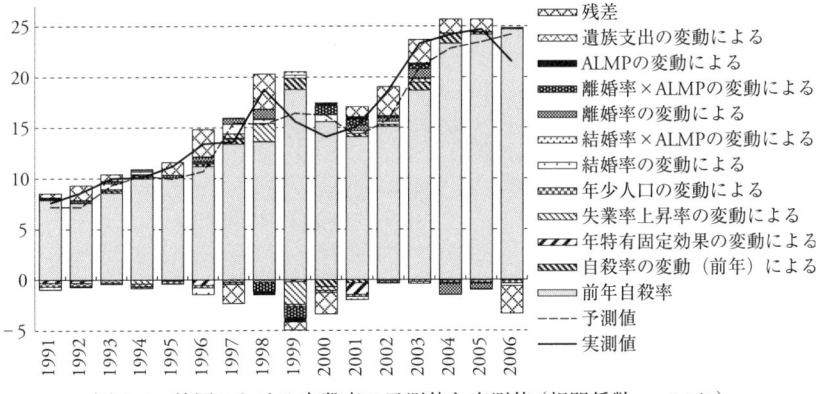

図 5-5　韓国における自殺率の予測値と実測値（相関係数 $r=0.947$）

また，韓国については，モデル 7 にもとづく予測値の式はつぎのとおりである。

自殺率予測値$_t$ = 自殺率$_{t-1}$ + 0.214 × Δ自殺率$_{t-1}$ + 0.0128 × Δ失業率変化率^c_t + 0.561 × Δ年少人口率$_t$ − 0.933 × Δ結婚率^c_t − 1.550 × Δ(結婚率^c_t × ALMP^c_t) + 1.821 × Δ離婚率^c_t − 3.554 × Δ(離婚率^c_t × ALMP^c_t) − 1.400 × ΔALMP^c_t + 1.926 × Δ遺族支出$_t$ + 年特有固定効果$_t$ − 年特有固定効果$_{t-1}$

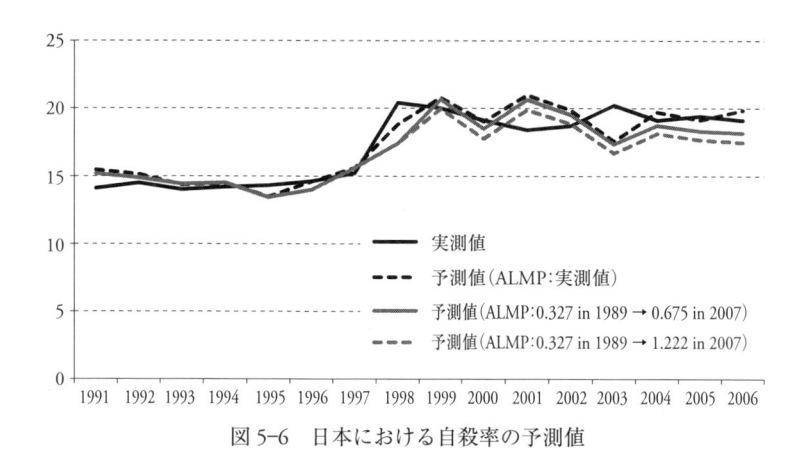

図 5-6　日本における自殺率の予測値

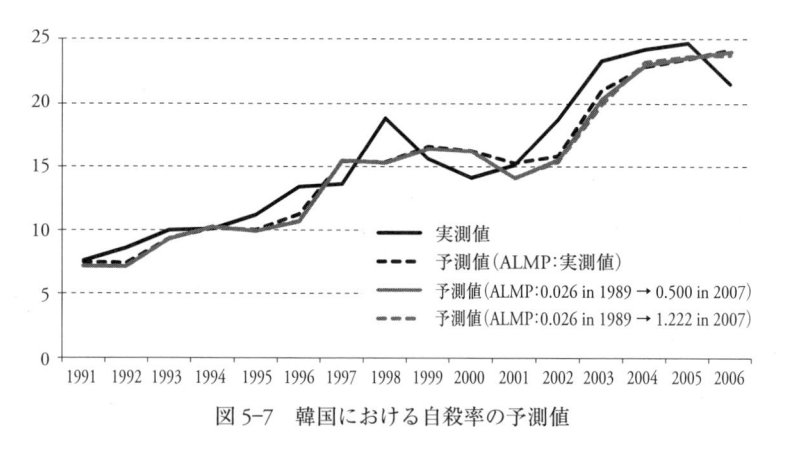

図 5-7　韓国における自殺率の予測値

　これらの式を用いて，日本と韓国における自殺率の予測値を推定した。その予測値は，図 5-4 と図 5-5 に描かれたとおりである。予測値と実測値の相関係数は，日本では 0.864（前年値と実測値の相関係数は 0.845），韓国では 0.947（同 0.914）である。よって，両国において自殺率は一定以上有効に予測されたといえるだろう。
　つぎに，ALMP 支出が 1989 年から 2007 年にかけて，実測値以上の水準へと徐々に（一定の増加率で）増える，という仮定のもとで，予測値を推定し

た。日本については，ALMP 支出が 1989 年の 0.327（実測値）から 2007 年の 0.675（オーストリアの水準）または 1.222（ベルギーの水準）へと徐々に増えると仮定した（図 5-6）。韓国については，ALMP 支出が 1989 年の 0.026（実測値）から 2007 年の 0.500（ポーランドの水準）または 1.222（ベルギーの水準）へと徐々に増えると仮定した（図 5-7）。図 5-6 と図 5-7 が示唆するのは，日本においても韓国においても，自殺率に対する ALMP の影響は，（たとえ ALMP がベルギーの高い水準にまで高まっていたとしても）あまり大きなものではなかっただろう，ということである。図 5-4 と図 5-5 を見れば分かるように，自殺率に対する失業率変化率と離婚率の影響は，ALMP の影響よりもはるかに大きかったと考えられる。

4 解釈 —— 冒頭の問いへの答え

以上の結果から，つぎのように解釈することができる。

1. 近年の OECD 諸国においては，ALMP は，自殺を予防し，結婚の自殺予防効果を高め，離婚の自殺促進効果を弱める可能性があるが，失業率上昇の自殺促進効果を弱めることはなさそうである。
2. ALMP と結婚の自殺予防効果や，失業と離婚の自殺促進効果に関して，日本も韓国もいずれも例外ではないだろう。
3. しかしながら，少なくとも日本と韓国においては，自殺率に対する ALMP の影響は，失業率変化率や離婚率の影響よりもはるかに小さかったであろう。

この解釈にもとづけば，本章の冒頭で示した以下の問いに暫定的に答えることができる。問 1：なぜ日本と韓国では，1990 年代後半に自殺率が急激に上昇し，現在においてもなお依然高いレベルを維持しているのか。問 2：自殺率の変化の要因は何なのか。とりわけ，人々を自殺に追い込まれることから守り，国民の自殺率を下げることができるのは，どのような社会政策な

のか。問3：そしてその社会政策は，どのようにして人々を自殺から救うのか。

問2に関していえば，自殺率を高める主な要因は，失業率（公共圏からの排除）と離婚率（親密圏の喪失）の上昇であろう。他方で，自殺率を下げる主な要因は，結婚率（新たな結婚による親密圏への再統合）とALMP（職業訓練や再就職による公共圏への再統合）の上昇であろう（問2への答え）。

問3に関していえば，ALMPは，失業した人々に無料の職業訓練などを提供し，彼らを職業訓練などにおける新しい社会関係へと再統合し，彼らの孤独と自殺を予防するだろう。さらにALMPは，働いている人々に職場を変える機会を提供し，彼らを現在の職場への依存から解放し，彼らのワーク・ライフ・バランスを向上させ，余暇において結婚関係やその他の社会関係をより享受することを可能にし，多様な社会関係の自殺予防機能を高めるだろう（問3への答え）。

問1に関していえば，自殺率上位11ヵ国（図5-1参照）では，1990年代以降につぎのような経緯を経たと考えられる。

1. 日本と韓国において失業率が上昇し（図5-8），オーストリア・ベルギー・スイス・日本・韓国・ポーランドにおいて離婚率が上昇し（図5-3），フィンランド・スウェーデン以外のすべての国において結婚率が減少した（図5-2）。それゆえ，オーストリア・ベルギー・スイス・ポーランドにおいて，そしてとりわけ日本と韓国において，自殺率上昇のリスクが高まった。
2. ALMPへの公的支出は，日韓を含むほとんどの国で徐々に減少しているが，オーストリア・スイス・ポーランドでは少しずつ増加している（図5-9）。ALMPの自殺予防効果により，自殺率上昇のリスクはこれらの3ヵ国では抑制されている。一方で，自殺率上昇のリスクが高まったその他の諸国（ベルギー・日本・韓国）においては，自殺率上昇のリスクは抑制されていない。
3. 上記1と2の結果，自殺率上昇のリスクはとりわけ日本と韓国で高まった。

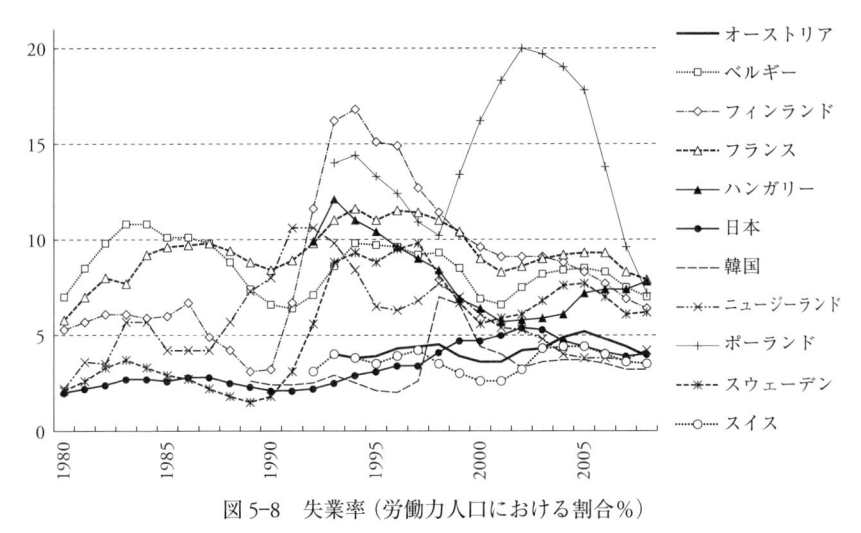

第 5 章　積極的労働市場政策は親密性の自殺予防効果を高めるか

図 5-8　失業率（労働力人口における割合%）

注：データは World Bank (2010) *World Development Indicators 2010* による。自殺率の上位 11 ヵ国のみを示している（図 5-1 の注を参照）。

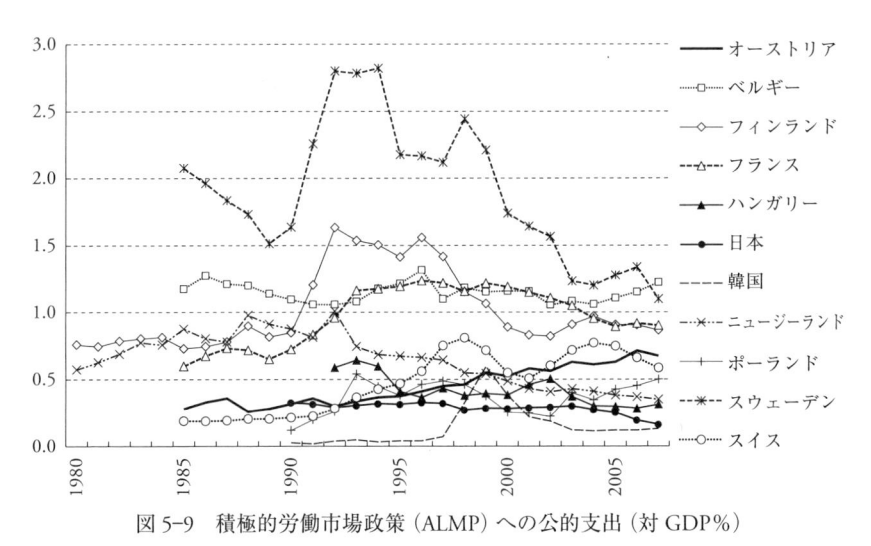

図 5-9　積極的労働市場政策（ALMP）への公的支出（対 GDP%）

注：データは OECD (2012) *Social Expenditure Database* による。自殺率の上位 11 ヵ国のみを示している（図 5-1 の注を参照）。

したがって，日本と韓国で自殺率が1990年代後半に急激に上昇し現在においても依然高いレベルを維持している理由は，つぎのように説明できる。「日本と韓国では，自殺率上昇のリスクは，失業率・離婚率の上昇と結婚率の低下によって上昇したが，ALMPによって抑制されることはほとんどなかった」（問1への答え）。

5　結論 ── 積極的労働市場政策は親密性の自殺予防効果を高める

以上の分析の結果，つぎのように解釈することができる。(1) ALMPは自殺を予防し，結婚の自殺予防効果を高め，離婚の自殺促進効果を弱める可能性がある。しかし，失業率上昇の自殺促進効果を弱めることはなさそうである。(2) ALMPと結婚の自殺予防効果や，失業と自殺の自殺促進効果については，日本も韓国も例外ではない。(3) しかし，少なくとも日本と韓国では，自殺率に対するALMPの影響は，失業率変化率や離婚率の影響よりもはるかに小さいものであっただろう。これらの解釈に依拠すれば，1990年代以降の日本と韓国での自殺率の変化については，「自殺率上昇のリスクは，失業率・離婚率の上昇と結婚率の低下によって高まったが，ALMPによって抑制されることはほとんどなかった」と説明することができるだろう。

しかしながら，本分析にはいくつかの限界がある。

第一に，生態学的誤謬に注意しなければならない。国レベルでの離婚率と自殺率との関係は，必ずしも個人レベルでの離婚と自殺の関係を意味したり支持するわけではない。そこで，今後の研究においては，ALMPに関する公共サービス（例えば無料の職業訓練）の利用に関する個人レベルでのパネル分析，あるいは，国レベルのALMPと個人レベルの離婚や自殺に関するマルチレベル分析を行う必要がある。

第二に，それぞれの独立変数の有意な効果は，本分析の回帰式に含まれていない何らかの第三変数によって生じたバイアス（疑似相関）を含んでいる可能性がある。そこで，今後の研究においては，より多様な独立変数を追加

しなければならない。加えて，本研究のデータは1980年から2007年に限られており，いまだ公開されていない2008年以降のデータも今後加えなければならない。

最後に，本分析で用いた一階階差GMM推定は，「Sargan過剰識別制約検定」（すべての操作変数の外生性に関する検定）と「一階階差誤差における自己相関に関するArellano-Bond検定」に基づいている。どちらの検定においても，GMM推定は，帰無仮説を棄却できないという結果を必要とする。しかし，サンプル数が少なすぎるがゆえに，検定力が弱すぎるとき，帰無仮説を棄却するのは常に困難となってしまう。それゆえ，たとえその二つの検定のどちらにおいても帰無仮説を棄却できなかった場合でも，検定力が弱すぎるために，いくつかの操作変数が内生的であったり，一階階差誤差において自己相関があったりする可能性がある。そのため今後は，両方の検定について，検定力分析を行わなければならない。

●参考文献●

Alvarez, Javier and Manuel Arellano. 2003. "The Time Series and Cross-section Asymptotics of Dynamic Panel Data Estimators." *Econometrica* 71(4): 1121−59.

Andrés, Antonio Rodríguez. 2005. "Income Inequality, Unemployment, and Suicide: A Panel Data Analysis of 15 European Countries." *Applied Economics* 37: 439−51.

Chen, Joe, Yun Jeong Choi, and Yasuyuki Sawada. 2009. "How is Suicide Different in Japan?" *Japan and the World Economy* 21(2): 140−50.

Durkheim, Émile. 1897. *Le suicide: Etude de sociologie*. Paris: Presses Universitaires de France.

Fishback, Price V., Michael R. Haines, and Shawn Kantor. 2007. "Births, Deaths, and New Deal Relief During the Great Depression." *Review of Economics and Statistics* 89(1): 1−14.

Flavin, Patrick and Benjamin Radcliff. 2009. "Public Policies and Suicide Rates in the American States." *Social Indicators Research* 90(2): 195−209.

Gerdtham, Ulf-G. and Christopher J. Ruhm. 2006. "Deaths Rise in Good Economic Times: Evidence from the OECD." *Economics and Human Biology* 4(3): 298−316.

Hedström, Peter, Liu Ka-Yuet, and Monica K. Nordvik. 2008. "Interaction Domains and Suicide: A Population-based Panel Study of Suicides in Stockholm, 1991−1999." *Social Forces* 87: 713−40.

Helliwell, John F. 2007. "Well-being and Social Capital: Does Suicide Pose a Puzzle?" *Social Indicators Research* 81(3): 455−96.

Hooijdonk, Carolien van, Mariël Droomers, Ingeborg M. Deerenberg, Johan P. Mackenbach, and Anton E. Kunst. 2008. "The Diversity in Associations between Community Social Capital and Health per Health Outcome, Population Group and Location Studied." *International Journal of Epidemiology* 37(6): 1384–92.

Japan Ministry of Health, Labour and Welfare. 2010. *An Analysis on the Features of Suicides Based on Population Survey Report*（人口動態統計に基づいた自殺の特徴に関する分析）. http://ikiru.ncnp.go.jp/ikiru-hp/pdf/1003301.pdf（2011 年 2 月 1 日閲覧）.

Kelly, Brendan D., Mary Davoren, Áine Ní Mhaoláin, Eugene G. Breen, and Patricia Casey. 2009. "Social Capital and Suicide in 11 European Countries: An Ecological Analysis." *Social Psychiatry and Psychiatric Epidemiology* 44(11): 971–7.

Maimon, David and Danielle C. Kuhl. 2008. "Social Control and Youth Suicidality: Situating Durkheim's Ideas in a Multilevel Framework." *American Sociological Review* 73: 921–43.

Masocco, Maria, Maurizio Pompili, Monica Vichi, Nicola Vanacore, David Lester and Roberto Tatarelli. 2008. "Suicide and Marital Status in Italy." *Psychiatric Quarterly* 79 (4): 275–85.

Neumayer, Eric. 2003. "Are Socioeconomic Factors Valid Determinants of Suicide? Controlling for National Cultures of Suicide with Fixed-effects Estimation." *Cross-Cultural Research* 37(3): 307–29.

Neumayer, Eric. 2004. "Recessions Lower (Some) Mortality Rates: Evidence from Germany." *Social Science and Medicine* 58(6): 1037–47.

OECD. 2010. *Employment Database 2010* (http://www.oecd.org/document/34/0,3343, en_2649_33927_40917154_1_1_1_1,00.html), *Factbook 2010* (http://www.oecd-ilibrary.org/economics/oecd-factbook-2010_factbook-2010-en), *Society at a Glance 2009* (http://www.oecd.org/document/24/0,3343,en_2649_34637_2671576_1_1_1_1,00.html), *Tax Database* (http://www.oecd.org/document/60/0,3746, en_2649_34897_1942460_1_1_1_1,00.html)（すべて 2010 年 12 月 20 日閲覧）.

OECD. 2012. *Health Data 2011* (http://stats.oecd.org/index.aspx?DataSetCode=HEALTH_STAT), *Social Expenditure Database* (http://www.oecd-ilibrary.org/content/datacollection/socx-data-en)（双方とも 2012 年 1 月 15 日閲覧）.

Ruhm, Christopher J. 2000. "Are Recessions Good for Your Health?" *Quarterly Journal of Economics* 115: 617–50.

Stack, Steven. 1990. "New Micro-level Data on the Impact of Divorce on Suicide, 1959–1980: A Test of Two Theories." *Journal of Marriage and Family* 52(1): 119–27.

―――. 1996. "The Effect of the Media on Suicide: Evidence from Japan, 1955–1985." *Suicide and Life-Threatening Behavior* 26(2): 132–42.

Stuckler, David, Sanjay Basu, Marc Suhrcke, Adam Coutts, and Martin McKee. 2009. "The Public Health Effect of Economic Crises and Alternative Policy Responses in Europe:

An Empirical Analysis." *Lancet* 374: 315-23.
West, Mark D. 2003. "Dying to Get out of Debt: Consumer Insolvency Law and Suicide in Japan." *Michigan Law and Economics Research Paper* 03-015; *U of Michigan Law, Public Law Working Paper* 37, http://papers.ssrn.com/sol3/papers.cfm?abstract_id=479844 (2010年12月20日閲覧).
Wooldridge, Jeffrey M. 2010. *Econometric Analysis of Cross Section and Panel Data. Second Edition*. Cambridge, MA: The MIT Press.
World Bank. 2010. *World Development Indicators*. http://databank.worldbank.org/ddp/home.do?Step=12&id=4&CNO=2 (2010年9月1日閲覧).
Wyder, Marianne, Patrick Ward, and Diego De Leo. 2009. "Separation as a Suicide Risk Factor." *Journal of Affective Disorders* 116: 208-13.
Yoon, Jangho and Tim A. Bruckner. 2009. "Does Deinstitutionalization Increase Suicide?" *Health Services Research* 44(4): 1385-405.
Zimmerman, Shirley L. 1992. *Family Policies and Family Well-being: The Role of Political Culture*. Newbury Park, CA: Sage.
―――. 1993. "Political Culture, Policy Choices, and Unmet Needs." In A. Leenaars, (ed.) *Suicidology: Essays in Honor of Edwin Shneidman*. Northvale, NJ: Jason Aronson, Inc, pp. 42-60.
―――. 1995. "Psychache in Context: States' Spending for Public-welfare and Their Suicide Rates." *Journal of Nervous and Mental Disease* 183: 425-34.
―――. 2002. "States' Spending for Public Welfare and Their Suicide Rates, 1960 to 1995: What is the Problem?" *Journal of Nervous and Mental Disease* 190: 349-60.

第6章 性別職域分離は地域によって
どう異なるか
── 日本における分析

織田曉子・大和礼子・太郎丸博

1 はじめに

　第二次世界大戦後，欧米資本主義諸国の多くでは女性（特に既婚女性）の労働参加が進み，その結果として労働力率や勤続年数でみる限り男女間の格差はかなり縮小した。しかしその一方で，賃金における男女間格差は相対的に大きいまま維持されている（職場における権威・権力についても同様だろう）。表6-1にはエスピン・アンデルセンによる福祉レジームの3類型（Esping-Andersen 1990）を代表する3ヵ国（社会民主主義のスウェーデン，保守主義のドイツ，自由主義のアメリカ）と日本についての統計を示した。欧米3ヵ国については明らかに労働力率・勤続年数における格差の縮小と，賃金における格差の相対的維持がみてとれる。

　では，賃金（そしておそらく職場における権威・権力）の男女間格差が維持されているのはなぜか。その要因として，欧米における研究の多くが性別職域分離に注目する。ここで性別職域分離とは，ある種の仕事には男性が集中し，別の種の仕事には女性が集中する状態（例えば医者には男性が多く，看護師には女性が多い），およびそのような状態を引き起こす社会過程を意味する。

　一方，日本では，女性の労働力率や勤続年数は男性に比してまだかなり少なく（表6-1を参照），このことが女性の低賃金の主要な要因となっている。そのため日本では，労働力率や勤続年数を縮める要因である結婚・出産時の

表6-1 労働力率，勤続年数，賃金における男女比（男性を100とした場合）

	スウェーデン	ドイツ	米国	日本
労働力率 [1]	92.3	80.5	87.6	70.4
勤続年数 [2]	97.2	80.2	86.1	67.2
賃金 [3]	88.4	73.6	76.5	65.7

注：1) 2003年。
　　2) 同一使用者あたりの平均。U.S.は1996年，日本は2004年，その他は1995年。
　　3) 1ヵ月あたりの平均。U.S.は1999年，日本は2004年，その他は2001年。
出典：労働政策研究・研修機構 2006『データブック　国際労働比較（2006年版）』。

退職や，逆にそれらを高める要因である再就職についての研究（中井 2009; 大沢真知子 1993; 乙部 2010; 武石 2006; 脇坂・冨田 2001; 大和 2009）は多く蓄積されている一方で，性別職域分離の研究は相対的に手薄である。しかしながら日本において，女性が結婚・出産を機に仕事を辞めやすいことの背景には，続けるほどの魅力がない仕事にしかつけないといった性別職域分離の影響もあるかもしれない。

　本章では日本の女性労働をより多様な視点から分析するために，性別職域分離に注目する。具体的には，2000年代以降の欧米で注目されているCharles and Grusky（2004）によるモデルを用いて，ジェンダー平等主義の広まりや脱工業化の進展といったグローバルな社会変動が，日本における性別職域分離にどのような影響を与えているかを分析する。そして日本の分析結果と欧米のそれを比較し，グローバルな社会変動の影響が，社会・経済・文化的文脈（本研究では日本と欧米）によってどう異なるかについて考察する。

2　性別職域分離についての研究枠組み

2-1. 仕事のどの側面に注目するか

　ひとくちに性別職域分離の研究といっても，仕事のどの側面（職域）に注目するか，分析単位をどこに定めるか，分離をどう概念化し測定するか等々の点で多様である。ここではさまざまな研究枠組について整理し，本研究の

第6章　性別職域分離は地域によってどう異なるか

位置づけを明らかにする。まず仕事のどの側面に注目するかについては，産業 (industry)，公的／私的セクター (public/private sector)，職業 (occupation)，企業規模 (firm size)，従業上の地位 (employment status) やキャリアトラック (career track) に注目する研究などに分けられる。このような基準に従って以下では日本の性別職域分離の特徴について概観する。

(1) 産業

まず，産業に注目して性別分離をとらえることができる。表6-2は，表6-1と同じ欧米3ヵ国と日本について，産業別に就業者の男性比を示したものである。これによると欧米では，男性が集中する産業は第一次～第三次産業まで幅広いのに対し，女性が集中する産業は「宿泊・飲食サービス業」「保健衛生・社会事業」「教育」など少数に偏る傾向が見られる。EU15ヵ国についての分析 (2002年) でも同様の傾向が示されている (Glover and Kirton 2006)。これら女性の比率が多い産業は，パートタイマーを多く雇用する産業である。さらに女性がこうした少数の産業に集中する結果，女性は経済変動の影響を集中して受けやすく，雇用が不安定である (Glover and Kirton 2006)。

一方，日本について同じ表6-2でみると，産業の性別分離は欧米より弱い。たしかに日本においても「ホテル・レストラン業」「保健衛生・社会事業」「教育」における女性比率は高い。しかし「農業，狩猟業，林業」「鉱業，採石業」「建設業」などにおける男女比率は，欧米3ヵ国に比べてより均等であり，このことが日本における産業の性別分離の弱さにつながっている。

(2) 公的／私的セクター

公的／私的セクターという区分に注目して性別分離をとらえることもできる。表6-2で「公務，国防，強制社会保障事業」を公的セクター，それ以外を私的セクターとして両者を比べよう。欧米3ヵ国では，私的セクターの男性比率は高いが，公的セクターにおいては男女比はほぼ均等，つまり女性は公的セクターにより集中している。ここには示していないがヨーロッパの多くの国でも同様である (Glover and Kirton 2006; ILO, LABORSTA Internet)。欧

表6-2　産業別の就業者における男性比（男性就業者数／全就業者数）（2008）

産業 (ISIC Rev. 4)	スウェーデン (15-74歳)	産業 (ISIC Rev. 3)	ドイツ (15歳以上)	米国 (16歳以上)	日本 (15歳以上)
(総数)	52.7%	(総数)	54.7%	53.3%	58.4%
農業, 林業, 漁業	*81.4%*	農業, 狩猟業, 林業	67.6%	*76.1%*	57.1%
		漁業	*83.3%*	↑	*73.9%*
鉱業, 採石業	*88.9%*	鉱業, 採石業	*87.2%*	*87.2%*	66.7%
製造業	*76.7%*	製造業	72.1%	70.7%	69.2%
電気, ガス, 蒸気, 空調供給業	*77.3%*	電気・ガス・水供給業	*77.2%*	*80.6%*	*90.6%*
水供給, 下水処理・廃棄物管理, 浄化活動	*83.3%*				
建設業	*92.2%*	建設業	*87.9%*	*90.3%*	*85.5%*
卸売・小売業, 自動車・オートバイ修理業	56.4%	卸・小売業, 自動車・家庭用品等修理業	47.5%	55.0%	51.2%
宿泊・飲食サービス業	43.9%	ホテル・レストラン業	<u>42.2%</u>	46.9%	<u>41.0%</u>
運輸・保管業	*75.5%*	運輸・倉庫・通信業	72.3%	*76.2%*	*79.3%*
情報通信業	*69.8%*				
金融・保険業	47.9%	金融仲介業	49.3%	<u>42.0%</u>	48.8%
不動産業	*65.2%*	不動産業, 物品賃貸業, 事業サービス業	53.3%	56.9%	61.5%
公務, 国防, 強制社会保障事業	44.8%	行政・国防, 強制社会保障	54.2%	54.8%	*77.1%*
教育	50.0%	教育	<u>32.7%</u>	<u>30.3%</u>	45.1%
保健衛生, 社会事業	<u>38.7%</u>	保健衛生・社会事業	<u>24.5%</u>	<u>20.9%</u>	<u>24.1%</u>
専門・科学・技術サービス業	59.4%	その他の社会・個人サービス業	<u>43.1%</u>	52.2%	50.1%
管理・支援サービス業	53.8%				
芸術・娯楽, レクリエーション	0.0%				
その他のサービス業	*100.0%*				
雇主としての世帯活動等	<u>25.4%</u>	雇用者のいる個人世帯	6.9%	↑	…
治外法権機関, 団体	<u>16.7%</u>	治外法権機関・団体	57.6%	↑	…
分類不能の産業	50.0%	分類不能の産業	…	↑	58.1%

注：総数に比べて，**斜字体太字**は男性比が10ポイント以上多い産業，<u>下線</u>は男性比が10ポイント以上少ない産業。
出典：ILO, LABORSTA Internet.

米において女性が公的セクターに集中していることが，女性の経済的地位に及ぼす影響について，研究結果は一貫していない。つまり，女性の低地位の要因だとする結果（公的セクターの賃金は私的セクターに比べて押さえられている）と，女性の地位を相対的に高く維持している（女性の中で比べると公的セクターの仕事の方が私的セクターのそれより社会経済的地位が高い）という結果が並存している（Glover and Kirton 2006）。

一方，表6-2で日本についてみると，私的セクターで男性比率が高いことは欧米と同様だが，公的セクターにおいても男性比率が約77％と高い（つまり公的セクターに男性が集中している）点は，欧米と異なる。日本では雇用保障・社会保障などにおいて公的セクターが有利に扱われているため，公的セクターに男性が集中していることは男女間の不平等を強めていると考えられる。

(3) 職業

性別職域分離についての研究の多くは，職業に注目してきた。その理由は，職場における賃金・権威・権力といった不平等は，産業やセクターより，職業とより強く結びついていると考えられるからである。職業における分離は水平分離と垂直分離の2次元でとらえることが多い（Hakim 1979）。一般的には，水平分離とは男女がそれぞれ異なる職種（occupation）に集中する傾向であり，垂直分離とは同じ職種の中でも賃金・権威・権力などにおいて異なる仕事（job）に男女がそれぞれ集中する傾向である（ただし本研究では，Charles and Grusky（2004）にしたがって，水平分離と垂直分離をより限定的な意味で用いる。後の2-4節を参照）。

表6-3は，前述の欧米3ヵ国と日本について，職業別に就業者の男性比を示したものである。例えば欧米では，事務職，サービス・販売職には女性が集中し，農林漁業やマニュアル職には男性が集中しているが，日本ではそのような集中は相対的に弱い（つまり水平分離は欧米の方が強い）。一方，管理的職業の男女比については，欧米ではより均等に近いのに，日本では男性に極端に集中している（つまり垂直分離は日本のほうがはるかに強い）。

表 6-3 職業別の就業者における男性比（男性就業者数 / 全就業者数）(2008)

(ISCO-88)	スウェーデン (15-74歳)	ドイツ (15歳以上)	米国 (16歳以上)	(ISCO-1968)	日本 (15歳以上)
（総数）	52.7%	54.7%	53.3%	（総数）	58.4%
議員・上級行政官・管理的職業従事者	68.1%	62.2%	57.3%	行政的・管理的職業従事者	90.7%
専門的職業従事者	49.4%	60.0%	43.3%	専門的・技術的職業従事者	53.4%
テクニシャン・準専門的職業従事者	49.4%	42.4%	↑		
事務従事者	31.2%	32.7%	25.2%	事務従事者	38.9%
サービス職業従事者・店舗等販売従事者	25.2%	25.7%	45.9%	販売従事者	62.3%
				サービス職業従事者	43.5%
熟練農林漁業職業従事者	77.2%	69.3%	78.9%	農林漁業・狩猟業従事者	59.8%
熟練職業従事者	94.5%	90.4%	86.1%	生産関連・運転・単純労働者	74.7%
装置・機械操作員，組立工	85.1%	84.7%	↑		
初級・単純職業従事者	39.5%	47.8%	...		
軍隊	100.0%	95.0%	...		
分類不能の職業	71.4%	55.9%	...	分類不能の職業	59.4%

出典：ILO, LABORSTA Internet.

(4) 企業規模

　日本では企業規模による賃金や福利厚生の格差が大きい（一般に大企業のほうが高い）（有田 2009）ため，企業規模に注目して性別分離をとらえることもできる。特に企業規模による福利厚生の格差は，賃金の格差よりはるかに大きく，従業員数 5,000 人以上の企業の法定外福利費は，30-99 人の企業の 4 倍以上になっている（武内 2004）。例えば労働力調査（2010 年）によると，中小企業に雇用されている人の男女別内訳は男性 55.5％，女性 44.5％とより均等であるのに対し，大企業に雇用されている人のそれは男性 61.7％，女性 38.3％で大企業には男性が集中している。一方，欧米では給与体系が産業横断的な職務給であるため，企業規模による格差は日本より少ない。

(5) 従業上の地位とキャリアトラック

　従業上の地位やキャリアトラックは，性別職域分離ではなく，企業（組織）が採用する労働市場の分離（segmentation of the labor market）として研究されることが多い（Marshall 1998）。しかし日本においては男女が，異なる従業上の地位やキャリアトラックにそれぞれ集中する傾向が強くみられ，しかもそれが，職場における賃金・権威・権力における不平等の大きな要因となっている。したがってこれらについても若干触れておく。

　まず従業上の地位は，雇用契約における無期雇用／有期雇用，あるいはフルタイム雇用／パートタイム雇用といった区別のことである。日本においては，正規雇用は無期雇用でフルタイム雇用であることが圧倒的に多く，一方，非正規雇用は有期雇用で，女性の場合その大半はパートタイム雇用である。同じ職業であっても，正規雇用者は非正規雇用者に比べ，賃金，福利厚生，雇用保障，昇進，訓練などで有利に処遇される。日本では非正規雇用には女性が集中しており，これが職場における賃金・権威・権力における男女間格差の大きな要因となっている（大沢真理 1993）。

　さらに日本においては，中核労働者となるべく処遇されるトラックと，非中核労働者として処遇されるトラックの区別が正規雇用の中にも設けられていることが多く（特に大企業のホワイトカラー職に多くみられる），しかも前者には男性が，後者には女性が集中していることが多い（武石 2006）。このようなトラックは，1985 年の男女雇用機会均等法以前からインフォーマルに，しかし厳然とした形で存在したが，同法の制定を機に，前者は「総合職」，後者は「一般職」等とジェンダーニュートラルな名称を採用して「コース別人事」として再編された（竹信 1994）。

　以上のように日本においては，従業上の地位やキャリアトラックに性別分離が強くみられ，これが職場における賃金・権威・権力の男女格差の大きな要因となっている。このために従業上の地位やキャリアトラックにおける分離については比較的多くの研究が蓄積されている（川口 2008; 木本 1999; 乙部 2006; 2010; 大沢真知子 1993; 武石 2006; 脇坂・冨田 2001; 大和 2009）。それに比して，職業における性別分離の研究はやや手薄である。たしかに日本は，欧米と比べて職種による性別分離は小さい。しかし日本企業の雇用制度は，長

期勤続が期待できない女性を基幹職種から排除し，その女性が家事や育児を担い，男性を支えることで成り立っている側面がある（川口 2008）。日本においても，職種や職業における性別分離は厳然と存在し，それは女性のキャリアトラックと密接に関係している事柄である。そこで本研究では，仕事における男女間格差をより多様な側面から研究するため，これまでの研究蓄積の少ない，職業における性別分離について分析する。以下では，特に明示しない限り，性別職域分離という言葉は，職業における職域分離という意味で用いる。

2-2. どの単位について分析するか

性別職域分離はさまざまな単位において分析されてきた。代表的な単位として国家，地域，組織がある。まず国家についてみると，近代社会において国家は政治のみならず文化・経済などにおいても一つのまとまりを形成している。性別職域分離は，性役割規範などの文化，産業化・脱工業化といった経済，さらに福祉レジーム・雇用レジームなどの法・制度によって大きく影響を受ける。したがって性別職域分離について，1国内で歴史的にどう変化したかという研究（例えば Charles and Grusky 2004; Goldin 1990）や，複数の国家間でどう異なるかといった研究（例えば Chang 2000; Charles and Grusky 2004; Glover and Kirton 2006）がされてきた。

さらに同じ国内でも，地域によって産業構造のあり方は異なる。特に産業化や脱工業化が急速に進む時期は，地域による差が大きくなる。こうした地域による産業構造の違いは，性別職域分離の程度やパターンに影響を与えるため，地域を単位として地域間比較をする研究が行われてきた（例えば Scott 1994 など）。

また性別職域分離は，企業・職場といった組織単位でも研究されてきた。組織がどのような経営環境におかれているのか，その環境下で雇い主がどんなタイプの労働者を雇うのかといった要因によって性別職域分離は影響されるからである（Reskin 1993; 木本 1999）。

日本の性別職域分離研究では，職場のジェンダー間分離にかんする事例研

究が多く蓄積されてきた（木本 1999，首藤 2003 など）。また，性別職域分離の時系列変化をマクロ・データを用いて分析した研究（真鍋 1998）もある。特定の企業や職場について国家レベルで行われた研究は多いが，日本において，地域間の比較をした研究は存在しない。本研究では日本における地域（具体的には都道府県）の違いに焦点を当て，文化的要因や経済的要因における地域間格差が，職業における性別分離にどう影響するかについて分析する。

2-3. 性別分離をどのようにとらえ測定するか

ここでは職業における性別分離がどう概念化され，どのような尺度で測定されてきたのかについて整理する。

(1) 1次元としてとらえた研究

性別分離の程度を測定するために，1990年代までの研究，特に量的研究で主に用いられてきたのは1次元的な尺度である。その代表的な例として「分離指数」(the index of dissimilarity) がある。分離指数とは，すべての仕事カテゴリーで性別分離がない（つまり全就業者の男女比と，各仕事カテゴリーにおける男女比がすべて一致する）という仮想的状態を達成するために，全就業者のうち何％が他の仕事カテゴリーに移動する必要があるかを示す指標である。0％は分離がない状態，100％は男女が完全に分離している状態で，分離指数が大きいほど性別分離が大きいことを意味する（Charles and Grusky 2004）。

しかし，先に述べたように性別分離は，職場での賃金・権威・権力における男女間格差を説明するための要因として研究されてきた。しかしながら分離指数をこれらの男女間格差を表す指標として用いようとすると，深刻な不都合が生じる。それは，分離指数と，男女の社会経済的地位（例えば賃金や，職業の望ましさを示す社会経済指標＝SEI）の格差とが必ずしも整合的でないことである。例えば，スウェーデンは賃金やSEIの男女間格差が小さいにもかかわらず分離指数は大きく，逆に日本はそれらの男女間格差が大きいにもかかわらず分離指数は小さい（表6-1を参照）。こうした不整合が生じる理由は，

スウェーデンでは女性はノンマニュアル職（賃金やSEIは相対的に高い）に，男性はマニュアル職（それらは相対的に低い）にそれぞれ集中する度合いが日本より強いためである（Charles and Grusky 2004）。つまり，ノンマニュアル職とマニュアル職という異なる職種間の性別分離と，ノンマニュアル職内あるいはマニュアル職内という同じ職種内での上位と下位の間の分離は，1次元ではなく，それぞれ別の次元を構成するものとしてとらえる必要があるのである。

(2) 3次元としてとらえた研究

そこで本研究では Charles and Grusky（2004）にしたがい，日本における職業での性別分離を，以下のような3次元でとらえ測定することにする。まず水平分離と垂直分離の二つの次元を区別する。Charles らの定義によると，水平分離とは，女性がノンマニュアル職に，男性がマニュアル職に集中する傾向である。また垂直分離とは，男性が社会経済指標の高い職に，女性が低い職に集中する傾向である。さらに後者の垂直分離は，ノンマニュアル職内の垂直分離（ノンマニュアル職内で社会経済指標が高い職に男性がつき，低い職に女性がつく傾向）と，マニュアル職内のそれ（マニュアル職内で社会経済指標が高い職に男性がつき，低い職に女性がつく傾向）に区別する。つまり3次元とは，①水平分離，②ノンマニュアル職内の垂直分離，③マニュアル職内の垂直分離のそれぞれの程度である。このように，2次元ではなく3次元で性別職域をとらえるのは，後述のようにマニュアル内の垂直的分離と，ノンマニュアル内の垂直的分離は，理論的にも性質が異なると考えられ，経験的にも両者を区別したほうが，ずっとモデルのフィッティングが良くなるからである。

2-4. 分離の規定要因として何に注目するか

性別職域分離の研究は，分離の程度やパターンを記述するだけでなく，分離を引き起こした要因についても，理論的・実証的に大きな関心をはらってきた。そして前項でみた分離を1次元的にとらえるのか多次元的にとらえる

第 6 章　性別職域分離は地域によってどう異なるか

のかという記述・測定の問題は，この項でみる分離の要因についての理論と深く関係している。

　構造‐機能主義やフェミニズム理論は，性別分離の要因を 1 次元的なものとしてとらえる点で共通しており，両者が異なるのはどんな要因を重視するかである。パーソンズの役割理論をもととした構造機能主義は，男女の機能の違いから性別分離の要因を説明した（Parsons 1956; 山根 1998）。一方，ウーマン・リブやフェミニズムは，こうした構造機能主義を批判し，性別分離を，前近代的な性差別主義の，近代社会における残余物だととらえる（Friedan 1963; 江原 1985 など）。これは近代化によって，市場化が進んだり，合理主義にもとづく官僚制が広まったり，平等主義的な規範・文化が浸透することによって，非効率的・非合理的な性差別主義は弱まり，性別分離は徐々に解消されると考える（Charles and Grusky 2004）。ただしフェミニズムの中には，性差別主義が，前近代の残余物ではなく，通歴史的な家父長制にもとづくものであることを強調し，それが近代社会においても性別分離を再生産しているととらえるマルクス主義フェミニズムのような立場もある（Beechey 1987; 久場 1986; 上野 1990）。

　いずれにしても構造機能主義やフェミニズム理論は，性別分離の要因を 1 次元的にとらえており，こうした理論的枠組みが 1 次元的尺度の背景にある。しかし前項で論じたように，現実の性別分離は多次元的であるので，それをとらえるためには同じく多次元的な理論が必要である。

　そこで Charles and Grusky（2004）は以下のような多次元で性別職域分離をとらえる枠組みを提案する。まず彼らは性別分離の要因として，ジェンダー本質主義（Gender essentialism）と男性優位主義（Male primacy）に注目する。ジェンダー本質主義とは，女性は人を扱う活動や養育的な活動に適し，男性は物を扱う活動や肉体労働に適するという文化・制度である。また男性優位主義とは，男性は権威や支配を行使する活動に適するという文化・制度である。前者のジェンダー本質主義の下では，女性はノンマニュアル職，男性はマニュアル職につく傾向が強まり，水平分離が強まる。一方，後者の男性優位主義のもとでは，ノンマニュアル職内・マニュアル職内の双方において，社会経済指標の高い職には男性がつき，低い職には女性がつく傾向が強まり，

147

垂直分離が強まる。これらはマクロレベルの文化的・制度的要因であるが，組織や個人の選好・行動に影響を与えることを通じて性別分離を再生産する。

しかし近年，先進諸国において，性別分離に影響を与える二つの社会変動が起こった。一つめは規範面で，1960年代以降，ジェンダー平等主義（Gender egalitarianism）が強まった。二つめは経済面で脱工業化（Post-industrialism）が進展した。

まずジェンダー平等主義が，職業における性別分離の3次元に与える影響として，Charlesらは次のような仮説を立てる。

G-1) 水平分離は，ジェンダー平等主義の影響をあまり受けない。なぜなら，水平分離を再生産しているのはジェンダー本質主義の文化・制度だが，ジェンダー本質主義（男女それぞれの本質と違いを認め尊重すること）は，ジェンダー平等主義に必ずしも反しない（different but equal）からである。

G-2) ジェンダー平等主義が強いほど，ノンマニュアル内の垂直分離は，弱まる。なぜなら垂直分離を再生産しているのは男性優位主義だが，これはジェンダー平等主義によって弱まる。そしてジェンダー平等主義が浸透しやすいのはノンマニュアル職である。なぜなら，ノンマニュアルの職場はマニュアルのそれより公共の監視にさらされやすく，さらにノンマニュアル職の地位は資格・試験を通じて業績主義的に割り振られることが多いからである。

G-3) マニュアル内の垂直分離は，あまり影響を受けない。なぜなら，マニュアル職の職場や地位は，ノンマニュアル職のそれとは異なり，上記のようなジェンダー平等主義が浸透するための条件を備えていないからである。

次に，二つめの社会変動である脱工業化は，次のような変化をもたらす。第一に，サービス経済化が進みノンマニュアル職が増大する。第二に，サービス産業において組織・職務の合理化が進みノンマニュアル職の非熟練化が進む（例えば自営の販売店主はチェーンストアの販売員に置き換えられる）。これが3次元の性別分離に与える影響として，Charlesらは次のような仮説を立

表6-4 ジェンダー平等主義と脱工業化が職業における性別分離に与える効果についての仮説と分析結果

	(ジェンダー本質主義)↓	(男性優位主義) ↙ ↘	
	水平分離	垂直分離 ノンマニュアル	垂直分離 マニュアル
ジェンダー平等主義の効果	＋　(0)	－　(－)	＋　(0)
脱工業化の効果	＋　(＋)	＋　(＋) (－^J)	－　(0) (＋^J)

注：＋は分離を強める，－は弱める，0は効果なしを示す。
　　( )内は仮説。添え字^Jは日本についての本章の仮説。

てる。

P-1) 水平分離は，さらに強まる。なぜなら，サービス経済化により拡大したノンマニュアル職は「女らしい職」とみなされ女性が集中するからである。

P-2) ノンマニュアル内の垂直分離は，さらに強まる。なぜなら，女性が集中するノンマニュアル職において非熟練化が進むので，女性は社会経済指標が低い職に集中することになるからである。

P-3) マニュアル内の垂直分離は，影響を受けない。なぜならCharlesらによると，脱工業化によって非熟練化が進むのは，おもにノンマニュアル職だからである。

以上の仮説をまとめると表6-4の( )内のようになる。

この仮説について，Charles and Grusky (2004) は西欧8ヵ国（イタリア・ポルトガル・スウェーデン・ベルギー・フランス・西ドイツ・スイス・イギリス）とアメリカ・日本を加えた10ヵ国についてデータを分析し，表6-4のような結果を得た。この結果をみると，仮説で正あるいは負の効果があると考えられた3項目について，仮説どおりの結果が得られた。つまりジェンダー平等主義は，ノンマニュアル内（女性が多い）の垂直分離を弱める。脱工業化は水平分離と，ノンマニュアル内（女性が多い）の垂直分離を強める。ただしジェンダー平等主義の係数は脱工業化の係数に比べて非常に小さいので，脱工業

化の効果のほうが大きいといえる（また仮説で効果なしとされた3ヵ所については，実際の分析では若干の効果がみられたが，特にジェンダー平等主義については係数が小さいので，仮説と大きな違いはないと考えてよいだろう）。

　本研究でもCharles and Grusky (2004)の枠組みを採用する。つまりジェンダー平等主義と脱工業化に注目し，それぞれの度合いは都道府県ごとに異なるが，これら二つの社会的要因が職業における性別分離の3次元（①水平分離，②ノンマニュアル職内の垂直分離，③マニュアル職内の垂直分離）のそれぞれにどのような影響を与えるかについて分析する。

3　分析：ジェンダー平等主義と脱工業化の指標を用いて

3-1．分析枠組み

　本研究では日本の都道府県の違いに焦点を当て，ジェンダー平等主義と脱工業化における地域間格差が，職業における性別分離にどのように影響するかについて分析する。日本の47都道府県別にCharlesらと同様の分析を行い，ジェンダー平等主義と脱工業化の程度が，性別職域分離の水平分離，ノンマニュアル/マニュアル職内の垂直分離のそれぞれにどう影響を与えているかを検証する。ただし，本研究の分析においては，産業や公的/私的セクターの別，企業規模，従業上の地位等における性別分離については取り扱わない。

　本研究は都道府県間の比較であるので，国際比較を行ったCharlesらの議論とは文脈が異なる。ただし，日本国内でも都道府県の間の産業構造の違いは無視できない大きさがあり，それが地域の性別職域分離の大きさに影響を及ぼしていると考えられる。また，県民性といった言葉に象徴されるように，地域文化も性別職域分離に影響を及ぼしている可能性もある。例えば，都道府県によって女性の就業率が大きく異なることは，よく知られている。一般に，大都市で労働力率が低く，地方で労働力率が高い（瀬地山1996; 橋本・宮川2007）。職業における性別職域分離以前に，家庭と労働市場における性別役割分業の状況が，都道府県によって大きく異なっている。就業率に大きな

差があり，異なる就業文化をもつそれぞれの地域において，女性たちの就業行動（どのような職につくか）に差異がないとは考え難い。

しかし，地域による階層構造や女性の職業の違いは，これまで十分に研究されてきたとは言えない。性別職域分離が地域によってどのように異なるのかを研究することは，価値があるものと考えられる。

3-2. 仮説

本研究の仮説は次のとおりである（表6-4を参照）。まずジェンダー平等主義が，3次元の性別分離（水平分離およびノンマニュアル内・マニュアル内それぞれの垂直分離）に与える効果については，Charles and Grusky（2004）と同じ仮説を採用する。

また，脱工業化が水平分離に与える効果（水平分離を強める）についても，Charles らと同じ仮説を立てる。

しかし，脱工業化が垂直分離（ノンマニュアル内およびマニュアル内）に与える効果については，日本と欧米では産業構造が異なるので，Charles らとは異なる仮説を立てる（表6-4の添え字 ^{j} の箇所を参照）。

第一にノンマニュアル内の垂直分離に注目すると，脱工業化がこの垂直分離に与える効果については，以下のように考えることが可能である。2-1節で確認したように欧米と比べると，日本では脱工業化がそれほど進んでいないため，就業人口におけるノンマニュアルの比率は少なく，その中での女性比率も低い（つまり日本では，ノンマニュアル職が少なく，女性がノンマニュアル職に集中する傾向も弱い）。さらに欧米では女性は下層ノンマニュアル職（事務・サービス・販売）に集中しているが，日本ではそうした傾向は弱く，むしろ女性は上層ノンマニュアル職（特に専門・技術職）に欧米と同程度についている。したがって日本においては，脱工業化が進んだ都道府県で，女性（特に人的資本が高い女性）は，ノンマニュアルの下層よりむしろ上層（特に専門・技術職）に進出しやすい可能性がある。この点に注目すると，日本では，脱工業化がノンマニュアル内の垂直分離を弱めるという仮説を立てることが可能である。これは Charles らの仮説とは逆である。しかし Charles ら自身も，

脱工業化が進んでいない国ではこうしたことが起こる可能性に言及している (Charles and Grusky 2004: 30)。

　第二にマニュアル内の垂直分離に注目すると，脱工業化がこの垂直分離に与える効果については，以下のように予測することが可能である。先に述べたように欧米に比べると，日本では脱工業化がそれほど進んでいないため，就業人口におけるマニュアルの比率は高く，その中での女性比率も高い（つまり日本では，マニュアル職が多く，女性もマニュアル職につきやすい）。また脱工業化が進んだ都道府県では，コンピュータ制御の導入などによりマニュアル職の非熟練化が進み，その結果マニュアル内の下層職が増えると考えられる。これらのことから日本においては，脱工業化が進んだ都道府県で，女性（特に人的資本が乏しい女性）は，マニュアルの下層に流入しやすい可能性がある。つまり日本では，脱工業化がマニュアル内の垂直分離を強めるという仮説を立てることが可能である。これも Charles らの仮説とは異なる。Charles らのロジックは，欧米の産業構造を反映して，脱工業化がノンマニュアルの非熟練化をもたらすことがもっぱら強調されている (Charles and Grusky (2004: 30) を参照)。しかし日本の文脈においては，マニュアルの非熟練化にも注目することが重要であり，本研究ではその視角を採用する。

　まとめると，本研究の仮説は以下のとおりである（表6-4を参照）。まず，ジェンダー平等主義の効果 (2-4節の G-1，G-2，G-3)，および脱工業化が水平分離に与える効果 (P-1) については，Charles らの仮説と同じである。しかし，脱工業化が垂直分離に与える効果については，Charles らの仮説 (P-2, P-3) に代えて，次のような仮説を立てる。

PJ-2) 脱工業化によって，ノンマニュアル内の垂直分離は弱まる。日本において脱工業化が進んだ都道府県では，女性，特に人的資本の高い女性は，上層ノンマニュアル職（特に専門・技術職）に進出すると考えられるからである。

PJ-3) 脱工業化によって，マニュアル内の垂直分離は強まる。日本において脱工業化が進んだ都道府県では，マニュアル職の非熟練化が進み，下層マニュアル職が増える。そして女性，特に人的資本の乏しい女性は，その下層マニュアル職に流入すると考えられるからである。

3-3. 分析モデル

　Charles らの研究結果に仮説とズレが生じた原因の一つとして，まず比較する社会が 10 ヵ国しかなかったという点が挙げられる。国を分析の単位と考えれば，たったの 10 ケースでジェンダー平等主義と脱工業化の二つを説明変数とする多変量解析を行っているわけであり，サンプル・サイズが小さすぎることは否めない。もう一つの問題は，モデルの不適切さである。Charles らは対数乗法モデル（log multiplicative model）を用いて分析しているが，結果が著しく煩雑でわかりにくい。また，データは国と個人のマルチレベル型の構造をしているが，彼らはこれを考慮して分析していないため，標準誤差が過少に推定され，国レベルの係数の大きさを適切に評価できていない。

　そこで本研究では，男性ダミーを被説明変数とするマルチレベル・ロジスティック回帰モデルを用いる。確かに性別，職業，地域の 3 者関係を考えるとき，必ずしも性別を被説明変数，残りを説明変数とは考えることはできない（特に分析の単位・視点を個人に置く場合はそうであろう）。そのため Charles らは対数乗法モデルを使っていると思われるが，彼女たちの議論は明らかに国／地域と職種で，在職者に占める女性の比率を予測しており，むしろロジスティック回帰モデルのほうが適切であると判断した。また，データは都道府県レベルと個人レベルの二つのレベルを持っており，これらを明示的にモデルに組み込んだほうが適切かつわかりやすい。

　ここで，本研究の分析をモデル化すると，水平分離は職業がマニュアル職であるかどうか，垂直分離は，マニュアル／ノンマニュアル職それぞれの中での社会経済指標（SEI）によって表わすことができる。都道府県 i ($i=1, ..., 47$) の職業 j ($j=1, ..., 273$) の在職者にしめる男性の割合を r_{ij}，職業 j の SEI を SEI_j[1]，職業 j がマニュアル職かどうかを示すダミー変数を man_j とすると，個人レベルのモデルは，

---

1) 平均値がサンプル全体で 0 になるようにセンタリングしてモデルに投入。その他の連続変数もすべて同様。

$$\log \frac{r_{ij}}{1-r_{ij}} = \beta_{i0} + \beta_{i1}\mathrm{man}_j + \beta_{i2}\mathrm{SEI}_j \times \mathrm{man}_j + \beta_{i3}\mathrm{SEI}_j \times (1-\mathrm{man}_j) \quad (1)$$

となる。β_{i1} が水平分離, β_{i2} がマニュアル職種内の垂直分離, β_{i3} がノンマニュアル職種内の垂直分離の大きさを示す指標と考えられる。このモデルはSEI の主効果を推定せず, マニュアルとノンマニュアルそれぞれにおけるSEI の傾きを推定しているが, これは数学的には通常の交互作用効果のモデルと等しい。式 (1) を整理すれば, 通常の交互作用モデルを導ける。

次に都道府県レベルのモデルは, 都道府県 i のジェンダー平等主義度を G_i, 脱工業化度を P_i とすると,

$$\beta_{i0} = \gamma_{00} + \gamma_{10} G_i + \gamma_{20} P_i + e_{i0} \quad (2)$$

$$\beta_{i1} = \gamma_{01} + \gamma_{11} G_i + \gamma_{21} P_i + e_{i1} \quad (3)$$

$$\beta_{i2} = \gamma_{02} + \gamma_{12} G_i + \gamma_{22} P_i + e_{i2} \quad (4)$$

$$\beta_{i3} = \gamma_{03} + \gamma_{13} G_i + \gamma_{23} P_i + e_{i3} \quad (5)$$

である。性別職域分離に対する脱工業化とジェンダー平等主義の影響が問題なので, 性別職域分離の程度を表す β_{i1}, β_{i2}, β_{i3} にたいするジェンダー平等主義と脱工業化の効果を示す γ_{11}, γ_{12}, γ_{12}, γ_{22}, γ_{13}, γ_{23} の値が問題となる。

3-4. データ

本研究で用いるデータは, 2005 年の国勢調査, 詳細抽出集計を用いた, 日本在住の 15 歳以上の就業者にかんする都道府県 (47)×性別 (2)×職業小分類 (273) の三重クロス表である。分類不能の職業は分析から除外した。国勢調査は日本在住者の全数調査であるが, 詳細抽出集計は, 回収した調査票のうちの約 11.1％を抽出して, 職業や産業にコーディングをほどこしたデータである。公開されているセル度数は, サンプルから推定された人口であるから, 公開されている数値に 0.111 をかければ, 各セルに該当するサンプル

表 6-5 市区町村の人口規模別・居住者人口とその抽出比率（総務省統計局編 2008）

人口規模による市区町村区分	居住人口	抽出比率
50 万人以上	120,269	1/20
30 万以上 50 万未満	972,046	1/18
20 〃 30 〃	3,093,775	1/13
10 〃 20 〃	6,299,602	1/10
5 〃 10 〃	5,195,014	1/9
3 〃 5 〃 の市町村	84,242	1/7
3 〃 5 〃 の区	10,312,978	1/6
2 〃 3 〃 の市町村	19,479,249	1/5
1 〃 2 〃	30,581,911	1/4
5 千以上 1 〃	19,871,494	1/3
2 〃 5 千 〃	19,749,817	1/2
2 千未満 〃	11,685,750	1/1

数が推定できる．この推定されたサンプル・セル度数の三重クロス表をデータとして用いる．計算には R2.12.0 (R Development Core Team 2011) を用いた．

調査票の抽出は，単純無作為抽出ではなく，市区町村で層化してあり，市区町村の規模別に抽出比率が異なる（表 6-5 を参照）[2]．すなわち，一定のサンプル・サイズを確保するため，規模が小さい市区町村ほど抽出比率が大きくされている．各規模の市区町村に該当する人口規模で重みづけして抽出比率を平均すれば，全体の平均的な抽出比率が計算できる．これが 11.1% という数字である．しかし，市区町村×性別×職業小分類のクロス表は公開されていないため，正確なサンプル数を推定することはできず，やや標準誤差の推定は正確さを欠いている．とはいえ，膨大なサンプル・サイズで標準誤差も非常に小さいので，無視しうる問題であると考えられる．

---

[2] 正確には表 6-5 の抽出率は，一般世帯にのみ適用され，30 人以上が居住する施設（自衛隊の宿舎など）は全数抽出されている．それゆえ，実際には全体の抽出率は 11.1% よりも若干高くなる．

3-5. 変数

　被説明変数は，職業に占める男性の割合である。説明変数には，個人レベルと都道府県レベルがある。個人レベルでは，職業の SEI，職業がマニュアルかノンマニュアルかを示す変数を作成する。都道府県レベルとしては，ジェンダー平等主義と脱工業化の程度を表す変数を作成する。

　職業小分類は 1997 年版の日本標準職業分類を修正した国勢調査用の分類である。これを鹿又ほか（2007），Ganzeboom and Treiman（1996）にできるだけ従い，ISCO88 の小分類（3 桁分類）に対応させた[3]。さらに，この小分類に対して Ganzeboom and Treiman（1996）が割り振った SEI をわりふった[4]。

　また，マニュアル・ノンマニュアルの区分は，ISCO88 大分類の，1 専門，2 管理，3 準専門，4 事務，5 販売・サービスをノンマニュアル，6 農林水産，7 熟練工（craft），8 工員（operative），9 肉体労働（laborer）をマニュアルとして，マニュアル・ダミー変数を作った。

　次に都道府県レベルの変数として，ジェンダー平等主義，脱工業化の変数を作成する[5]。ジェンダー平等主義については，吉田浩（2010）の男女平等度指標を修正したものを用いた[6]。この指標は，義務教育前教育修了率，高等教育在学者の男女比，女性の高等教育卒業者率，人口性比（15～64 歳），労働参加率男女比，女性労働参加率，男女の相対給与，女性給与額，女性議員の割合について 4 段階で都道府県をランキングし，その得点の平均値を計算

3）　ただし，対応する小分類が ISCO88 に存在しない場合は，適宜中分類（二桁分類），大分類（一桁分類）に対応させた。

4）　Charles（2003）と Charles and Grusky（2004）は，小分類レベルの SEI ではなく，大分類レベルの SEI を使っている。すなわち，同じ ISCO88 大分類に属する職業はすべて同じ SEI が割り振られている。彼らによれば，小分類に SEI を割り振っても大分類に SEI を割り振っても結果に大差はないというが，信じがたい主張である。確かに本研究の分析結果をみても基本的な結果には大差ないように思うが，やはり小分類レベルの SEI を使ったほうがモデルのあてはまりはよいので，小分類レベルの SEI を用いる。

5）　都道府県の変数については，添付資料を参照のこと。

6）　Charles らは，1990 年・世界価値観調査の「失業率が高い時期には男性のほうが優先的に職に就く権利がある」という言明に対する反対度の平均値を用いているが，今回の分析では都道府県別に計算しなければならないため，世界価値観調査ではサンプル・サイズが小さすぎると判断した。

したものである。この指標は都道府県ごとに計算されており本研究の分析に最適である。しかし，男女の相対給与，女性給与額，女性議員の割合は性別職域分離の指標とも考えられるものなので，この三つを除いて，残りの指標の値を平均することで，修正した男女平等度指標を作成した。男女平等度指標が最も高い（ジェンダー平等がすすんでいる）都道府県は岐阜県であり，ついで京都府，香川，石川，徳島と続く。一方最も低いのは神奈川県であり，ついで茨城，千葉，埼玉，秋田の順に低い。

　脱工業化度は，2005年の国勢調査から，各都道府県の第三次産業比率のZ得点を用いた。Charlesらは脱工業化の指標として，第三次産業比率のZ得点と就業者に占める雇用者比率のZ得点を平均したものを用いている。しかし，予備的に分析した結果，第三次産業比率がもっぱら性別職域分離と相関しており，雇用者比率はほとんど性別職域分離とは相関していない。また脱工業化を就業者に占める雇用者比率で測定する根拠も不明であり，本研究での分析には適切ではないとみなし，第三次産業比率のみを用いることとした。第三次産業比率の最も高い（脱工業化が進んでいる）都道府県は東京都であり，ついで沖縄，神奈川，福岡，千葉と続く。一方最も低いのは長野県であり，ついで山形，福島，栃木，静岡の順に第三次産業比率が低い。

4　分析結果：都道府県の性別職域分離

4-1．データの分布

　まず，職業小分類別の性比を概観する。表6-6は，男性比トップ15とワースト15を示したものである。熟練または半熟練程度のマニュアルや専門職で男性比が高く，準専門，サービス，肉体労働で男性比が低いことがわかる。また，個々の職業（小分類）を1ケースと見なして，職業のSEIと男性の比率の散布図をプロットしたものが，図6-1である。確かに，マニュアルのほうが男性比が高く，女性はノンマニュアルに多い。また，マニュアル・ノンマニュアルそれぞれの内部ではSEIの高い職種で男性比が高い傾向があ

表 6-6　職業別男性比トップ 15 とワースト 15（全国）

	トップ 15			ワースト 15	
121	船長・航海士・機関長・機関士（漁労船）	100.0%	22	歯科衛生士	0.0%
			18	助産師	0.0%
129	*航空機操縦士，航空機関士*	100.0%	17	保健師	0.9%
265	鉄道線路工事作業者	100.0%	83	家政婦（夫），家事手伝い	1.4%
246	ボイラー・オペレーター	99.9%	*135*	*電話交換手*	1.4%
250	発電員，変電員	99.8%	27	保育士	2.2%
251	電線架線・敷設作業者	99.7%	94	芸者，ダンサー	2.8%
247	クレーン・ウインチ運転作業者	99.5%	24	栄養士	4.2%
			19	看護師	4.8%
248	建設機械運転作業者	99.5%	35	幼稚園教員	6.2%
174	鉄道車両組立・修理作業者	99.5%	84	ホームヘルパー	6.4%
125	鉄道運転従事者	99.4%	93	接客社交従事者	6.9%
128	*船舶機関長・機関士（漁労船を除く）*	99.2%	207	和服仕立作業者	9.3%
			49	*音楽家（個人に教授するもの）*	10.0%
249	その他の定置機関・機械及び建設機械運転作業者	99.0%	*103*	*広告宣伝員*	10.1%
257	大工	99.0%			
138	製銑・製鋼作業者	98.9%			
258	とび職	98.9%			

注：*斜字体太字*はノンマニュアル，それ以外はマニュアルを示す。

る．このとき，マニュアルのほうがノンマニュアルよりも傾きが大きい（しかし，相関が強いのはむしろノンマニュアルのほうである）．

4-2．マルチレベル・モデル

　男性比を被説明変数としたロジスティック回帰分析の結果が表 6-7 のモデル 1 とモデル 2 である．モデル 1 は，マニュアル・ダミーと SEI の主効果のみを投入したモデルで，モデル 2 はマニュアル・ダミーと SEI の交互作用効果を含むモデルである．顕著にモデル 2 のほうがあてはまりがよいのがわかる．つまり，垂直的分離の大きさは，マニュアルとノンマニュアルでかなり異なっているということである．SEI による男女比の違いは，マニュアル内部でのほうが 3 倍ほど大きいのがわかる．次に切片，マニュアル・ダ

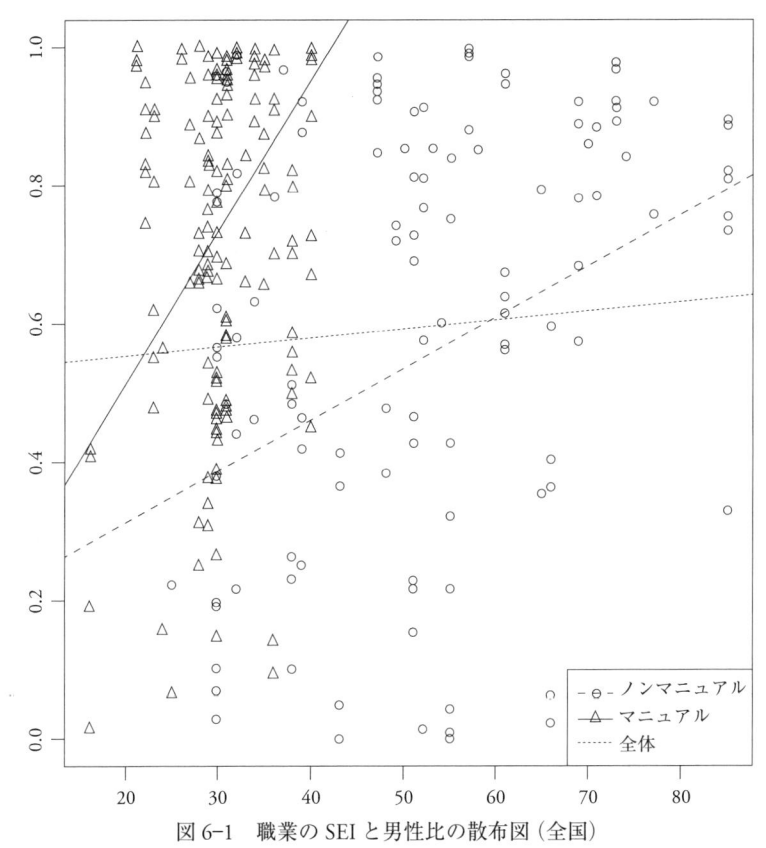

第 6 章　性別職域分離は地域によってどう異なるか

図 6-1　職業の SEI と男性比の散布図（全国）
注：回帰直線は全体，マニュアルだけ，ノンマニュアルだけの 3 通りで，それぞれ在職者数で重みづけして最小二乗法で推定。

ミー，SEI とマニュアル・ダミーの交互作用に順次ランダム効果を付加していったものが，モデル 3, 4, 5 であるが，ランダム効果を加えることで BIC が増加していっているのがわかる。つまり，これらの切片や傾きは，都道府県によって異なると考えられる。

次に都道府県レベルの変数として，脱工業化度とジェンダー平等度をモデルに投入し，これらでマニュアル，マニュアル内の SEI, ノンマニュアル内

表 6-7　男性比のロジスティック回帰分析

	モデル 1	モデル 2	モデル 3	モデル 4	モデル 5
切片	−0.199***	−0.161***	−0.231***	−0.243***	−0.243***
	(0.001)	(0.001)	(0.013)	(0.016)	(0.016)
マニュアル	1.516***	2.346***	2.366***	2.409***	2.345***
	(0.002)	(0.004)	(0.004)	(0.019)	(0.045)
SEI	0.381***				
	(0.001)				
ノンマニュアル×SEI		0.313***	0.312***	0.312***	0.312***
		(0.001)	(0.001)	(0.001)	(0.004)
マニュアル×SEI		1.099***	1.091***	1.097***	1.045***
		(0.003)	(0.003)	(0.003)	(0.027)
ランダム効果の分散					
切片			0.008	0.011	0.012
マニュアル				0.016	0.095
ノンマニュアル×SEI					0.001
マニュアル×SEI					0.034
Nagelkerke R^2	0.235	0.271			
対数尤度 /10000	−104.6	−100.5	−97.2	−97.0	−96.8
BIC/10000	209.1	200.9	194.3	194.1	193.6

注：
- N = 6,715,562, *** $p < 0.001$
- モデル 1, モデル 2 は通常のロジスティック回帰分析，モデル 3, 4, 5 はランダム切片，ランダム傾きモデル
- 対数尤度と BIC は数値が大きくなりすぎて煩雑なので，一様に一万分の一にした。SEI は係数が小さくなりすぎるために 10 で割った値を用いている。

の SEI の効果を予測する。その結果が表 6-8 である[7]。まず脱工業化度のマニュアル・ダミーの傾きへの効果を見ると，仮説通り正の有意な値をとっており，脱工業化度の高い都道府県でマニュアルとノンマニュアルの男女比の差が大きい (つまり水平分離が大きい) という結果になっている。

次にノンマニュアル内での SEI の傾きへの効果を見ると，ジェンダー平等度が仮説通りマイナスの有意な値をとっており，ジェンダー平等度の高い都道府県では，SEI による男女比の差が小さい (つまりノンマニュアル内での垂直分離が小さい) という結果になっている。マニュアル内の SEI に関しては，

---

7) 切片への効果は本研究の関心外なので，その他の係数について解釈する。

表 6-8 男性比のマルチレベル・モデル（都道府県レベルのパラメータのみ）

	モデル 6	モデル 7	モデル 8
切片への効果			
ジェンダー平等度		−0.034*	−0.031*
		(0.015)	(0.013)
脱工業化度	0.054***		0.053***
	(0.014)		(0.013)
疑似決定係数	0.248	0.096	0.329
マニュアルへの効果			
ジェンダー平等度		0.007	0.018
		(0.046)	(0.034)
脱工業化度	0.204***		0.205***
	(0.034)		(0.034)
疑似決定係数	0.434	0.001	0.437
ノンマニュアル×SEI への効果			
ジェンダー平等度		−0.008*	−0.009**
		(0.003)	(0.003)
脱工業化度	−0.010**		−0.011**
	(0.003)		(0.003)
疑似決定係数	0.198	0.123	0.340
マニュアル×SEI への効果			
ジェンダー平等度		−0.014	−0.007
		(0.027)	(0.019)
脱工業化度	0.134***		0.134***
	(0.019)		(0.019)
疑似決定係数	0.522	0.007	0.523
対数尤度 + 967000	−769.0	−793.0	−762.0
BIC−1935000	708.0	756.0	732.0

注：
- ***$p<0.001$, **$p<0.01$, *$p<0.05$
- 職業レベルの係数は割愛
- 疑似決定係数は表 6-7 のモデル 5 をベースライン・モデルとしてどれだけランダム効果の分散が小さくなったかを示す PRE 尺度
- 対数尤度と BIC は数値が大きくなりすぎて煩雑なので，定数を足したり引いたりして値の絶対値を一様に小さくしてある。

表 6-9　各都道府県の効果（モデル 5 のランダム効果）の相関係数

	切片	マニュアル	ノンマニュアル×SEI	マニュアル×SEI
切片		−0.01	−0.09	0.29*
マニュアル	−0.01		−0.32*	0.93***
ノンマニュアル×SEI	−0.09	−0.32		−0.27
マニュアル×SEI	0.29*	0.93***	−0.27	

注：N＝47。モデル 5 のランダム効果同士の相関係数

　仮説通りジェンダー平等度は有意ではなく，脱工業化度は，ノンマニュアル内の SEI の効果を弱め，マニュアル内の SEI の効果を高めている（つまり脱工業化度の高い都道府県で，ノンマニュアル内の垂直分離は小さくなり，マニュアル内の垂直分離は大きくなる）。すべて仮説通りの結果となった。

　最後にモデル 5 から推定される 47 都道府県のマニュアル・ダミーの効果，SEI×ノンマニュアル・ダミーの効果，SEI×マニュアル・ダミーの効果，に関して相関係数を計算したものが表 6-9，マニュアルの効果（水平分離の強さ）とノンマニュアル×SEI（ノンマニュアル内での垂直分離の強さ）を散布図にしてプロットしたものが図 6-2 である。マニュアルの効果が強い都道府県では，マニュアルと SEI の交互作用効果が強い傾向が見られる（表 6-9）。つまり，水平分離が強い都道府県では，マニュアル職内部での垂直分離が強いことを示している。これはマニュアル職内の男性比が高まる場合，特に SEI の高いマニュアル職に男性が集中するためであると思われる。逆にいえば，マニュアル職内の女性比が高まる場合，特に SEI の低いマニュアル職に女性が集中するためであるともいえる。また，切片（就労者にしめる男性比）とマニュアル×SEI の効果の間に若干の相関がみられる。これは就労者にしめる男性の比率が高い都道府県では，マニュアル内の垂直分離がやや強まることを示す。これはいわば，女性の社会参加という側面でジェンダー平等化がすすみ，女性の就業率が高い都道府県においては，マニュアル内の垂直分離が弱まっている，ということかもしれない。さらにマニュアル・ダミーとノンマニュアル×SEI の効果の間にも若干の負の相関がみられる。つまり，水平分離の強い都道府県では，ノンマニュアル職内の垂直分離がやや弱い傾向があることを示す。しかしこれは，沖縄県という外れ値の存在に負うところが

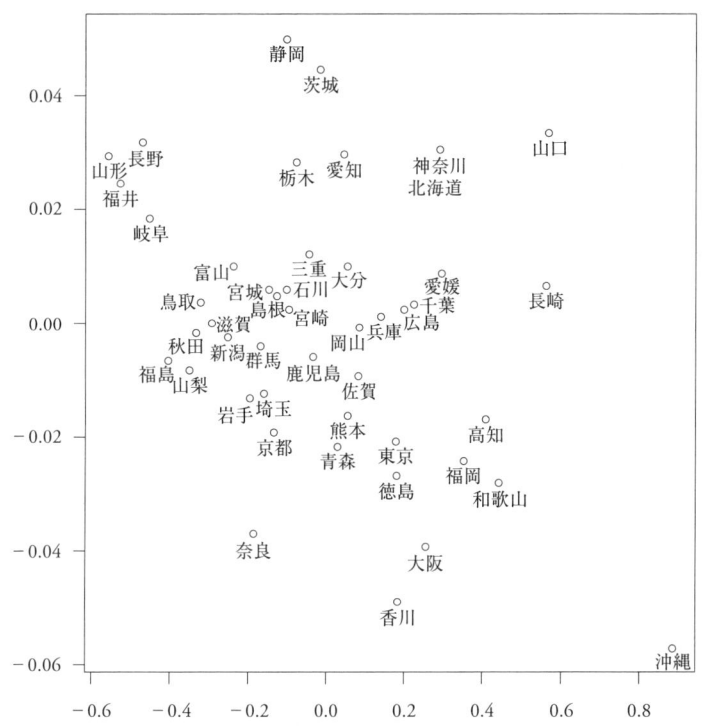

第 6 章　性別職域分離は地域によってどう異なるか

図 6-2　モデル 8 から推定した各都道府県のマニュアル・ダミーの効果とノンマニュアル×SEI の効果の散布図（平均からの偏差）

大きいと思われる。

5　議論と課題：日本における性別職域分離の特徴

5-1．分析結果の考察

　本研究の分析結果から，まず，日本の都道府県による性別職域分離の違いは，それぞれの都道府県のジェンダー平等主義と脱工業化の進展度をもって説明することができると考えられる。

表 6-10 ジェンダー平等主義と脱工業化の職業における性別分離への効果

	水平分離	垂直分離	
		ノンマニュアル内	マニュアル内
ジェンダー平等主義の効果	0　(0)	−　(−)	0　(0)
脱工業化の効果	＋　(＋)	−　(−)	＋　(＋)

注：（　）内は，本研究の仮説（再掲）

　ジェンダー平等主義と脱工業化が性別職域分離に及ぼす効果は，すべて仮説通りであった（表6-10参照）。

　ジェンダー平等主義の影響は，Charlesらの分析結果と同様であった。すなわち，ジェンダー平等主義がすすんでも，ジェンダー本質主義にもとづく水平分離には影響がない。一方，男性優位主義にもとづく垂直分離は，ジェンダー平等主義がすすむとノンマニュアル職においてのみ弱まり，マニュアル職ではあまり影響がない。マニュアル職においては，ジェンダー平等がなかなか浸透しないともいえよう。

　脱工業化についても，仮説通りの結果となった。脱工業化がすすむとまず水平分離が強まる。すなわち，日本においても，サービス経済化により女性向きのノンマニュアルが増加，女性が流入していくものと考えられる。

　一方でマニュアル職の垂直分離は強まり，ノンマニュアル職の垂直分離は弱まる。Charlesらの分析結果とは異なるが，日本のような産業構造の中では，脱工業化がすすむと，人的資本の高い女性は上層ノンマニュアル職に進出し，人的資本の乏しい女性は下層マニュアル職に流入するものと考えられる。また，女性がマニュアル職内の比較的SEIの高い職から，上層のノンマニュアル職へと流出している可能性も指摘できるのではないか。日本の都道府県において，ジェンダー平等主義が性別職域分離に与える影響は，おおむね他の欧米先進諸国と同じであると考えられる。しかしながら脱工業化が与える影響は，それとは異なるものであった。

5-2. 今後の課題

　本研究では，いくつか課題が残っている。まず，脱工業化が性別職域分離に影響を及ぼすメカニズムが詳しく説明できていない。とくに，脱工業化がマニュアル職の垂直分離を強める結果になる理由は十分には明らかにできなかった。日本は，欧米と比べて水平分離は弱いが，垂直分離ははるかに強い。今後，ますます脱工業化はすすんでいくと思われる。その中で，脱工業化が垂直分離をさらに強める背景には何があるのか，明らかにする必要がある。

　また，本研究は，あくまで職業にのみ限定したうえで性別職域分離の分析を行ったので，企業規模や従業上の地位について考慮に入れていない。しかしすでに指摘したように，日本においては，雇用形態（正規／非正規雇用，フルタイム／パートタイム）によって，大きな隔たりがある。さらに，同一職種のなかにも複数のキャリアがあり，昇進のスピードや，賃金の昇給率に大きな差があることもある（首藤 2008）。今後，職業における性別分離に加え，従業上の地位やキャリアに着目した分析が，求められるだろう。

● 参考文献 ●

有田伸 2009「比較を通じてみる東アジアの社会階層構造 —— 職業がもたらす報酬格差と社会的不平等」『社会学評論』59(4): 663-680.

Beechey, Veronica. 1987. *Unequal work.* London: Verso. (＝高島道枝・安川悦子訳 1993 『現代フェミニズムと労働 —— 女性労働と差別』中央大学出版部.)

Chang, Mariko Lin. 2000. "The Evolution of Sex Segregation Regimes." *American Journal of Sociology.* 105(6): 1658-1701.

Charles, Maria., 2003, "Deciphering Sex Segregation: Vertical and Horizontal Inequalities in Ten National Labor Markets." *Acta Sociologica* 46(4): 267-87.

Charles, Maria and Grusky, David B. 2004. *Occupational Ghettos: The Worldwide Segregation of Women.* Stanford, CA: Stanford University Press.

江原由美子 1985『女性解放という思想』勁草書房.

Esping-Andersen, Gøsta. 1990. *The Three Worlds of Welfare Capitalism.* Cambridge: Polity Press. (＝岡沢憲芙・宮本太郎監訳 2001『福祉資本主義の三つの世界 —— 比較福祉国家の理論と動態』ミネルヴァ書房.)

Friedan, Betty. 1963. *The Feminine Mystique.* New York: Curtis Brown Ltd.（＝三浦冨美子訳 1965『新しい女性の創造』大和書房.）

Ganzeboom, Harry, B. G. and Treiman, Donald, J. 1996. "Internationally Comparable Measures of Occupational Status for the 1988 International Standard Classification of Occupations." *Social Science Research* 25: 201–39.

Glover, Judith and Kirton, Gill. 2006. *Women, Employment and Organizations.* Milton Park: Routledge.

Goldin, Claudia. 1990. *Understanding the Gender Gap: An Economic History of American Women.* New York: Oxford University Press.

Hakim, Catherin. 1979. *Occupational Segregation.* London: Department of Employment.

橋本由紀・宮川修子 2008「なぜ大都市圏の女性労働力率は低いのか ── 現状と課題の再検討」『RIETI Discussion Paper Series』08-J-043.

ILO, LABORSTA Internet（URL: http://laborsta.ilo.org/）2009 年 12 月ダウンロード.

鹿又伸夫・田辺俊介・竹ノ下弘久 2007「SSM 職業分類と国際的階層指標 ── EGP 階級分類・SIOPS・ISEI への変換」前田忠彦編『2005 年 SSM 調査シリーズ 12　社会調査における測定と方法をめぐる諸問題』2005 年 SSM 調査研究会, 69-94 頁.

川口章 2008『ジェンダー経済格差 ── なぜ格差が生まれるのか，克服の手がかりはどこにあるのか』勁草書房.

木本喜美子 1999「女の仕事と男の仕事」鎌田とし子・矢澤澄子・木本喜美子編『講座社会学 14　ジェンダー』東京大学出版会, 151-178 頁.

Marshall, Gordon. 1998. *Oxford Dictionary of Sociology.* Oxford: Oxford University Press.

中井美樹 2009「就業機会，職場権限へのアクセスとジェンダー」『社会学評論』59(4): 699-715.

乙部由子 2006『中高年女性のライフサイクルとパートタイム ── スーパーで働く女たち』ミネルヴァ書房.

────── 2010『女性のキャリア継続 ── 正規と非正規のはざまで』勁草書房.

大沢真知子 1993『経済変化と女子労働 ── 日米の比較研究』日本経済評論社.

大沢真理 1993『企業中心社会を超えて ── 現代日本を〈ジェンダー〉で読む』時事通信社.

Parsons, Talcott. and Bales, Robert F. 1956. *Family-Socialization and Interaction Process.* Routledge and Kagan Paul.（＝橋爪貞雄他訳 1981『家族』黎明書房.）

R Development Core Team. 2011. *R: A Language and Environment for Statistical Computing.*

Reskin, Barbara. 1993. "Sex Segregation in the Workplace." *Annual Review of Sociology* 19: 241-70.

労働政策研究・研修機構 2006『データブック　国際労働比較（2006 年版）』.

労働力調査 http://www.stat.go.jp/data/roudou/sokuhou/tsuki/zuhyou/05406.xls（2011 年 12 月 17 日ダウンロード）

Scott, Alison MacEwen (ed.), 1994. *Gender Segregation and Social Change: Men and Women in Changing Labour Markets*. Oxford: Oxford University Press.
瀬地山角 1996『東アジアの家父長制 —— ジェンダーの比較社会学』勁草書房.
首藤若菜 2003『統合される男女の職場』勁草書房.
総務省統計局編 2008『国勢調査報告：就業者の産業（小分類）・職業（小分類）「抽出詳細集計」その 1 全国編』総務省統計局.
武石恵美子 2006『雇用システムと女性のキャリア』勁草書房.
竹信三恵子 1994『日本株式会社の女たち』朝日新聞出版社.
武内智彦 2004「福利厚生費の規模間格差」『經濟論叢』173 (5・6): 38-50.
上野千鶴子 1990『家父長制と資本制 —— マルクス主義フェミニズムの地平』岩波書店.
脇坂明・冨田安信編 2001『大卒女性の働き方』日本労働研究機構.
山根真理 1998「家族社会学におけるジェンダー研究の展開 —— 1970 年代以降のレビュー」『家族社会学研究』10(1): 5-29.
大和礼子 2009『女性の M 字型ライフコースの日韓比較 —— 出産後の再就職に注目して』，佐藤嘉倫・尾嶋史章編『現代の階層社会 1　格差と多様性』東京大学出版会，161-175 頁.
吉田浩 2010「日本における男女平等度指標の開発 —— ノルウェー統計局の男女平等度指標を参考に」『GEMC Journal』3: 82-92.

添付資料　都道府県レベル変数

	GEI	順位	第3次産業比率	順位
北海道	1.250	42	0.727	6
青森県	1.417	37	0.643	25
岩手県	1.667	25	0.603	42
宮城県	1.333	39	0.699	12
秋田県	1.167	43	0.619	32
山形県	1.417	38	0.585	46
福島県	1.500	33	0.598	45
茨城県	1.083	46	0.617	34
栃木県	1.500	34	0.601	44
群馬県	1.750	22	0.604	41
埼玉県	1.167	44	0.702	10
千葉県	1.167	45	0.739	5
東京都	1.750	23	0.801	1
神奈川県	1.000	47	0.745	3
新潟県	1.333	40	0.611	38
富山県	2.000	6	0.607	39
石川県	2.083	4	0.661	18
福井県	1.917	11	0.619	33
山梨県	1.500	35	0.606	40
長野県	1.833	17	0.574	47
岐阜県	2.167	1	0.613	36
静岡県	1.667	26	0.602	43
愛知県	1.833	18	0.623	31
三重県	1.833	19	0.614	35
滋賀県	1.667	27	0.613	37
京都府	2.167	2	0.715	8
大阪府	2.000	7	0.726	7
兵庫県	1.833	20	0.698	13
奈良県	2.000	8	0.709	9
和歌山県	1.583	30	0.659	21
鳥取県	1.917	12	0.638	30
島根県	1.750	24	0.645	23
岡山県	2.000	9	0.638	29
広島県	2.000	10	0.680	14
山口県	1.583	31	0.659	22
徳島県	2.083	5	0.641	27
香川県	2.167	3	0.660	20
愛媛県	1.917	13	0.645	24
高知県	1.917	14	0.677	15
福岡県	1.667	28	0.744	4
佐賀県	1.917	15	0.641	28
長崎県	1.500	36	0.701	11
熊本県	1.667	29	0.661	19
大分県	1.833	21	0.668	17
宮崎県	1.583	32	0.642	26
鹿児島県	1.333	41	0.670	16
沖縄県	1.917	16	0.775	2

第7章 自営業の継続と安定化†
── 家族, ジェンダー, 労働市場の視点から

竹ノ下弘久

1 ジェンダーと自営業

　自営業は, 社会階層の研究者から多くの注目を集めてきた。従来のマルクス主義理論は, 小規模雇用者や自営労働者などの旧中間階級が, 次第に消滅すると予測した (Steinmetz and Wright 1989) が, 階層移動に関する近年の研究によると, 階層的地位を世代間で継承することで, 旧中間階級は現代でもなお存続している (Erikson and Goldthorpe 1992)。家族が果たす役割は, 雇用部門で高い職業的地位を得るよりも, 自営業部門に参入するときに大きく, これは事業の創始やその後の継続を支援するために, 他の家族構成員の資源が利用されるからである (Mueller and Arum 2004)。言い換えれば, 自営業は家族制度の中に深く埋め込まれているのである (Aldrich et al. 1998)。

　家族内での男性優位や女性の搾取といった形での男女間の不平等が, 小規模な家族経営において継続していることは注目に値する。従来の研究で論じられてきたように, 農産物の生産では多くの場合, 家庭と職場が物理的に一

---

† 本章は, 筆者が英語で草稿を作成し, その後, 他の翻訳者によって日本語に翻訳した。最終的に翻訳者の日本語原稿の確認を筆者が行った。これらの作業は, 本書の編者である太郎丸博氏 (京都大学) に調整していただいた。心より感謝申し上げたい。また, 本章の内容は, 三隅一人氏 (九州大学) が組織した平成20-22年度の科学研究費補助金 (基盤B) による研究プロジェクト「東アジア階層モデルの探求」による研究成果の一部である。三隅氏をはじめ, この研究プロジェクトに参加された方々に心よりお礼申し上げる。

体化しているため，家族が中心的な経営組織となってきた。その結果，家父長制は，家族内での女性の従属的地位の継続に重要な役割を果たしてきた (Hakim 2004; Ochiai 1996)。産業化の初期段階では，生産が家庭から工場に移るにつれ女性の労働力率が低下したが，産業化の進展とともにサービス経済の規模が拡大し，多くの女性が労働市場に参加するようになった。近年では，先進国においてより多くの女性が家庭の外で働き，経済的に独立・自立するようになった (Brinton 2001; Goldin 1990)。とはいえ，家族経営における女性の家族従業者が，男性の支配から逃れ，経済的に独立できるものと想定することは難しい。したがって，男女間の不平等と女性の労働環境が自営と雇用セクターでどのように異なるのかを検証することは重要である。

したがって，世帯内の性別役割分業が，どのように自営業における男女間の相違に影響するか考察する必要がある。子どもをもつ既婚女性は，自営業に従事するとき様々な困難に直面するが，それは男性と女性の間で家事が平等に配分されておらず，また，子どもや他の家族の世話をすることが女性に期待されているからである (Hakim 2004; Ochiai 1996)。こうした性別役割分業のために，女性は仕事と家庭の両立を考慮してパートタイム雇用を選択する傾向が生じる (Blossfeld and Hakim 1997)。自営業では，女性が労働の時間・場所を自分の都合で柔軟に決定することができ，そのために仕事と家庭を両立することが可能である。そのため，女性自営労働者数は1980年代から1990年代にかけて，いくつかの先進諸国で増加した (Carr 1996; Taniguchi 2002)。しかし女性は，家事育児の担い手であることが期待されるため，周辺的で，短時間で，非熟練の自営業に従事する傾向が強い (Mueller and Arum 2004)。

女性の自営業に関するいくつかの既存研究は，横断的データを用いたものに偏っている (Carr 1996; Kim et al. 2002)。しかしながらこの種のデータでは，人々の自営部門への参入またはそれからの退出の仕組みを明らかにすることは難しい。人々のライフコースにおける自営活動のダイナミックな過程を捉えるには，縦断的データが必要となる。MuellerとArumによる自営業の国際比較研究は，家族制度と労働市場のマクロな構造がいかに自営業への参入やそれからの退出に影響を及ぼしているかを明らかにする。だが，自営業に

おける男女不平等についての理論的視点が彼らの研究には不足している（Mueller and Arum 2004）。ジェンダーと自営業に関する過去の縦断的研究は，参入後の自営業の継続のプロセスよりも，むしろ自営業への参入の過程に主な焦点を当てている（Budig 2006; Takenoshita 2012; Taniguchi 2002）。短時間労働や非熟練の労働といった，仕事と家庭の両立を可能にするような自営業に従事することで，女性は，自営業の継続が困難な状況に置かれているかもしれない。家庭内での性別役割分業が，自営業の安定性に関する男女間の相違につながっているようにもみえる。

　こうした先行研究の状況にかんがみ，本研究は，男女間で自営業の安定性が，日本・韓国・台湾といった東アジアにおける3ヵ国の間でどのように異なるのかに焦点をあてる。これらの国々に注目するのは，次の理由にもとづく（Takenoshita 2012）。まず，戦後の産業化に関して，北米や欧州諸国よりも東アジア諸国において，自営業が重要な役割を果たしてきた（Ishida 2004; Sato and Arita 2004）。東アジアでは，労働力に占める自営業者の比率が高く，自営業の状況を明確に観察することができる。

　第二に，西洋諸国とは対照的に，家族の形や価値観に関する制度的環境を形成してきた儒教的家父長制の観念が，小規模な家族事業において男性優位を助長し，無報酬の家族従業者，特に妻の労働力を搾取することに関わってきたことがあげられる（Basu 1991; Lu 2001）。家族の資産や事業を世代間で継承するとき，娘よりも息子の方が有利であることも，この儒教的観念を反映している（Lebra 1998; Ochiai 1996）。儒教的観念により，女性は，両親や配偶者からの大きな援助を受けることが男性よりも少なく，女性の自営業者は，たとえ自身の事業の立ち上げに成功したとしても，事業活動を安定化させる上で大きな困難に直面するかもしれない。

　最後に，家族や性別に関する思想に文化的類似点があるにもかかわらず，東アジア諸国の間には女性の雇用に関して大きな相違が存在する。台湾の女性に比べて，日本と韓国の女性は子どもが幼い間には労働市場を離れ，家事・育児に専念する傾向が強い（Brinton 2001）。それに対して，台湾の既婚女性は自営業者や家族従業者として働き続けることが多い。女性の労働市場のあり方が異なる東アジアの3ヵ国に注目することで，女性の雇用構造がどのよ

うに自営業の安定性と関係しているのかを明らかにすることができる。

本研究は，非農業分野の自営業に対して，家族や労働市場の影響がいかに男女間で異なるのかを検証し，その相違を日本・韓国・台湾のアジア3ヵ国間で比較する。まず，これらの諸地域における家族構造と労働市場の制度的編成が，どのように女性自営業の安定性に影響するのかを考察する。次に，家族状況と自営業の安定性の関係を予測する仮説を提示する。仮説にもとづいて東アジア3ヵ国についての分析結果を示し，最後に結論を述べる。

2　女性・男性自営業における各国間の違い

日本・韓国・台湾において，家族をめぐる制度的文脈は，家族と親孝行の役割を重視する儒教思想によって特徴づけられる。この思想は福祉政策にも取り込まれ，東アジアの福祉政策は，高齢者と子どもに対するケアは家族が提供するものと想定する (Aspalter 2006)。こうした家族に関する価値観や家族構造は，家族内での従属的な女性の地位を正当化することで，女性の自営業のありかたに影響を及ぼす (Lu 2001; Yu 2001b)。したがって，自営業に従事する女性は，配偶者や自身の親といった他の家族から，何らかの支援を得ることが難しいかもしれない。日本・韓国・台湾において既婚女性の雇用環境は異なるが，家族を基盤とした社会関係資本 (他の親族との強い紐帯，生涯を通じた親との相互依存など) が，これらの諸国の自営業において重要な役割を果たしてきた (Mueller and Arum 2004)。以下では，日本・韓国・台湾における制度的文脈について考察する[1]。

2-1.　労働市場構造と自営業

日本・韓国・台湾では，就業者にしめる自営業の割合は大きく異なる。この違いは，(1) 賃金労働者が自営業者になることを促す，労働市場の柔軟性

---

1) この節の議論は，以下の拙稿での議論にもとづく (Takenoshita 2011, 2012)。

と雇用労働者に対する雇用保護のあり方，(2) 各国の自営労働者の職業構成に由来する自営業に対する全般的な移動障壁，といった各国の制度的構造の特徴によって説明されてきた (Mueller and Arum 2004; Takenoshita 2011)。

日本の労働市場の特徴は終身雇用と年功序列型の給与体系であり，結果として正規労働者の雇用保護は厚い[2]。それにもかかわらず，雇用の安定，経済的報酬，昇進機会の点で大企業と中小企業との間に相当の差異が存在する。中小企業の被雇用者は，少ない経済的報酬と昇進機会のために，組織にとどまるインセンティブが小さく，転職したり，自営業者に転身する傾向が強い (Hara and Seiyama 2005)。だが，韓国・台湾に比べて日本では，多くの自営業者は，非熟練でなく熟練労働に従事しているため，非熟練労働者が自営業に参入することが困難である。こうした自営業部門の職業構成は，自営業層の安定化にある程度貢献しうると思われる。

韓国では，チェボルという財閥が戦後の経済発展に大きな役割を果たしてきた (Deyo 1989)。先行研究によれば，日本と同様に経済的報酬と昇進機会の点で大企業と中小企業の間に大きな格差が存在する (Brinton 2001)。しかし，韓国の財閥における雇用は非常に不安定であり，この現象は多くの大企業で採用されている早期退職制度に由来する (Amsden 1989; OECD 2004)。さらに，1990年代後半の経済危機は，韓国の労働市場の柔軟性を高め (Kye 2008)，人々を自営業へと向かわせた。だが，韓国の自営業は，小売業や路上での商売に従事するなど，非熟練のサービスセクターへの集中が著しく，日本の自営業層とは職業構成の点で大きく異なっている (Cheng and Gereffi 1994; Park 2010)。そのため韓国の労働者は，仕事を失ったときなどに，失業状態の継続を回避するために，非自発的に自営業に向かう傾向が強いといわれている (Kim and Cho 2009)。韓国では，低い参入障壁のために労働者は容易に自営業に就くことができるが，その反面，非常に不安定な状況におかれている。

日本と韓国の場合とは対照的に，台湾では中小企業が戦後の経済発展に大きく貢献してきた (Hamilton and Biggart 1988)。台湾では，企業間関係の形成

---

[2] 日本において正規労働者とは，人事慣習によって雇用と昇進機会が保証される，企業内での中核的な労働者を指す。

や生産過程の細分化において相互の外部委託のネットワーク (subcontracting network) が重要な役割を果たしてきたが (Shieh 1992), これは結果として労働市場の高い柔軟性や, 被雇用者が自営業に就く際の機会費用の低下につながっている (Luo 1997)。台湾の自営業は労働市場において韓国の場合ほど周辺化されていない。製造業において進化してきた相互の外部委託のネットワークは, 台湾の自営業部門の熟練労働力の発展にも寄与してきた (Hsu and Cheng 2002)。韓国と比較すると, 台湾の人々は, 失業の回避というよりはむしろ職業上の更なる上昇のために自発的に自営業に参入する傾向にある (Chang 2003)。だが, サービス部門の非熟練職の自営の割合は台湾でも大きい (Takenoshita 2011)。日本や韓国よりも台湾で, 自営業の安定性の職種間の違いが大きいのかもしれない。

2-2. 労働市場における女性の雇用

　北米や欧州諸国では, 労働市場への女性の参加率がここ数十年上昇し, また, 多くの既婚女性が人生を通して中断することなく仕事を続けている (Brinton 1993)。これとは対照的に, 日本と韓国の女性は結婚・出産時に労働市場から退出する傾向にある (Tsuya and Bumpass 2004)。他方で台湾は, 子を持つ既婚女性が仕事を継続するという点で西洋諸国と類似する。このように, 既婚女性の就業形態は, 本章が分析対象とする東アジア諸国において大きく異なっている (Brinton 2001)。

　これら3ヵ国の相違は, 企業の組織構造によって主に説明することができる (Brinton 2001; Hamilton and Biggart 1988)。日本では, 終身雇用や大企業の強固な内部労働市場が, 独占的に男性被雇用者に適用されてきた。正規労働者は家庭外で長時間働くことが期待され, これは幼い子を持つ既婚女性の就労継続を阻んでいる。したがって, 日本の多くの既婚女性は, 家事や育児に十分な時間を確保するための方法としてパート労働を選ぶ傾向にある (Brinton 1993; Yu 2009)。

　これは韓国の女性労働者に対しても当てはまる。日本と同様に, 非農業職は大都市の大企業にあることが多く, 労働者は長い通勤時間と柔軟性のない

勤務時間に直面する (Brinton 2001)。また韓国では，台湾と異なり資本集約的な経済発展を重視した結果，相対的に労働力需要が低く，産業界が必要とする労働力需要は，男性だけで十分にまかなうことができた。その結果，企業側には，女性を積極的に採用，登用しようとする動機が乏しかった (Hamilton and Biggart 1988)。対照的に，台湾の労働市場では，中小企業が重要な役割を果たしている。台湾では残業は日本ほど一般的ではなく，労使間の取り決めや経営者との交渉は，会社の規模が小さいために容易に行うことができる。例えば，家庭の事情で，急に仕事を休んだり，早めに帰宅しなければならなくなっても，経営者との交渉を容易に行うことができるとされている (Yu 2001a)。

2-3. ジェンダー・家族構造・自営業

一般的に，事業を始めるには家族からの支援が重要である。家族からの支援には，家族事業を世代間で継承することや，自営業に従事する家族から様々な企業活動に必要なノウハウを獲得すること，配偶者から必要な支援を受けたり，配偶者と共同で会社の経営に当たるなど，様々な面で有利な点がある (Laferrere 2001; Yu and Su 2004)。これまでの各国における研究では，自営業に従事する父親の存在が個人の自営業への参入を大幅に促進し，小規模事業の安定化の手助けとなることが明らかにされている (Sikora and Evans 2009)。しかしながら，男性と女性では，小規模事業を設立・経営するための支援が両親や配偶者から同等に与えられていないかもしれない。

東アジアでは，儒教的家父長制の観念が，男女間・世代間の家族関係の特徴を形成してきた (Brinton 2001)。この思想は家族内の分業を明確にし，妻が家事と育児を行うことに対する強い期待へとつながってきた (Slote 1998)。家族内での男性優位は，家族が代々受け継いできた資産が父から息子へと継承されることで助長され，多くの場合女性は資産の相続から排除されてきた[3] (Lebra 1998)。日本・韓国・台湾では，伝統的に子どもの出産において，

---

[3] 日本では娘しかいない家族は，その内の一人が家族に残り，その家を継ぐ夫と結婚することを期待されてきた (Ochiai 1996)。

男児を選好する傾向が強く，女性は，家族事業を世代間で継承するために，息子を少なくとも一人は産むことが期待されてきた。日本では，男児選好の傾向は近年弱まってきたが（Brinton 2001），自営業者と賃金労働者では，世代間での継承すべき事業の有無に大きな相違がある。儒教的家父長制の観念を前提とすると，自営業は特に息子へと継承すべきものと考えられているかもしれない。

近年では，女性賃金労働者の増加により，夫婦間の分業に変化が生じている。しかしながら，女性の家族従業者は，ここ数十年，一貫して減少傾向にある一方，日本・韓国・台湾では，未だ存続していることも事実である。家族が経営する自営業では妻は，伝統的な性別役割分業に従って夫を支援することが期待されている（Lu 2001; Yu 2001b）。それに対して，女性の自営業者は，夫やその他の家族からの十分な支援を得ることができないかもしれない。中国の自営業に関する研究は，妻が家族企業に参加することで，伝統的な性別役割分業が再現され（Basu 1991; Greenhalgh 1994），それによって妻は夫に搾取される傾向にあることを示している。

3　仮説

本研究は，3ヵ国における男女の自営業からの退出に対する家族の特徴の影響を比較・検証する。日本・韓国・台湾において，婚姻状況，子どもの状況，親の自営業，配偶者の雇用状況が，自営業からの退出に対していかなる影響を及ぼすのか，男女間の違いに主に注目した分析を行う。本研究では，自営業からの移動以前の学歴と職務経験を統制した上で，これらの影響力について推定を行う[4]。

アメリカでは，幼い子を持つ既婚女性は自営業を選択する傾向にあり，これは女性が自営業に従事することで，仕事のスケジュールをめぐり高い柔軟性と自律性を獲得し，仕事と家庭の両立が可能となることを示している

---

[4]　日本・韓国・台湾における，自営業への参入に対する男女間の格差については，Takenoshita（2012）を参照。

(Budig 2006; Taniguchi 2002)。よって，職業と家族生活との調和のために，幼い子どもを持つ既婚女性は自営業を継続する傾向にあると考えられる。

仮説1a：幼い子を持つ既婚女性は，単身女性や子どもを持たない女性よりも自営業から退出する可能性が低い。

他方で，女性が育児に対する主な責任を担うことを前提とすれば，短時間労働や非熟練労働といった労働条件に柔軟性がある自営業の職種に，女性はより大きく関与するとも考えられる。その場合，幼い子どもを持つ既婚女性は，そうでない女性よりも自営業の継続という点で大きな困難に直面するかもしれない。

仮説1b：幼い子を持つ既婚女性は，単身女性や子どもを持たない女性よりも自営業から退出する可能性が高い。

女性の自営業の安定性がどの程度家族の状況に依存するかは，労働市場の制度的編成によって左右されるだろう。日本では，仕事と家族生活との調和を図るために，既婚女性はパート労働を選択する傾向が強い。自営業への参入に対して，韓国や台湾よりも高い障壁があり，日本の既婚女性は，相当な能力や職務経験がない限り，自営業を始めることは容易ではない。したがって，日本の女性の自営業の安定性は，婚姻状況や子どもの数に大きく依存しないと予測される。一方，韓国と台湾の女性は，仕事と家族生活を両立させるために自営業を選ぶ可能性が高いかもしれない。なぜなら，両国の自営部門には，非熟練のサービス業が多く集中し，自営業への移動の参入障壁も低く，労働時間を柔軟に調整することが容易であるからである（Yu and Su 2004）。したがって，韓国と台湾の幼い子を持つ既婚女性は，自営業部門にとどまることが予測される。他方で，これら2ヵ国では，非熟練職の自営に従事する女性が多いことにかんがみると，既婚女性は自営業の事業継続の点で，多くの困難に直面するかもしれない。どちらの仮説が正しいかをあらかじめ予想するのは難しいが，韓国と台湾の女性が自営業から移動する可能性

は，女性の婚姻状況と子どもの数によって左右されるであろう。

　次に，自営業の安定性に対する自営業に従事する父親の影響と，この関係の性別による違いに注目する。東アジアにおいて儒教的家父長制の思想は，息子（特に日本と韓国では長男）が家族事業，資産，親からの権限を受け継ぐべきだとし，よって，女性が家族の継承者になることを阻んできた（Takenoshita 2012）。女性が親からの大きな支援を得ることができないため，父親が自営業従事者であるかにかかわらず，女性は自営業の事業継続が困難な状況に置かれているかもしれない。

仮説2：自身の自営業の安定性において，女性は男性ほど自営業に従事する父親をもつことの便益を受けることができない。

　この仮説は，韓国の自営業者にはあてはまらないかもしれない。なぜなら，サービス産業への非熟練職の集中によって，韓国の自営業部門が非常に周辺化されているためである。韓国では，自営業に参入しても，そこから退出するインセンティブがきわめて大きいかもしれない。そのため，自営業に従事する父親をもつことは，自営業の事業継続の安定性に影響しないかもしれない。

　最後に，自営業からの退出可能性に対する配偶者の雇用状況の影響を検証する。東アジアに広まる儒教的家父長制の観念によると，家族の資産と権限の継承者は息子であるとされ，妻は夫を支援し，家族の中で従属的な役割を担うことが期待される。この家父長制が，家族事業における男女不平等の維持に大きく貢献する。すなわち，男性の自営業者は，家族従業者として働く妻から大きな支援を得る可能性が高いが，妻自身の自営業への手助けを行うことはまずない。東アジアの自営業部門で男性の家族従業者はほとんどおらず，夫が家族従業者または自営業者として働くかは，女性が自営業に残る可能性に対して何ら影響しないと考えられる。

仮説3：女性自営業者は男性ほど，配偶者からの支援を受けることができないため，配偶者が仮に自営業や家族従業者であっても，それは，女性の自営

第7章　自営業の継続と安定化

業の継続に何ら貢献しない。

4　データ・分析方法・変数

　本研究では，2005年に日本・韓国・台湾で行われた社会階層と社会移動全国調査（以下，SSM 調査）で得られたデータを用いる[5]。これらの調査は横断的調査として行われたが，調査対象者に全ての過去の職業経歴を回答してもらっており，これらの情報を活用することで，自営業をいつ始め，どの程度の期間継続したかを特定することができる。また，こうした職歴情報を，東アジア3ヵ国で比較可能なように調査を設計している点も，本研究にとって非常に重要である。これらの国で行われた調査の全てにおいて，系統抽出法が用いられている。有効サンプル数と回答率は，日本・韓国・台湾に対してそれぞれ5,742，2,080，5,379と44.1％，40.0％，51.8％となった。日本と韓国では，性別と年齢の分布について母集団とサンプルの間に若干のゆがみがあり，そのバイアスを補正するため，国勢調査の分布にもとづいてサンプルに対してウェイトづけが行われた。台湾では，性別と年齢の分布について，母集団とサンプルとの間にゆがみが生じないように，都市部と農村部との間で意図的に抽出確率を変えて母集団からの抽出を行った。そのため，台湾のデータには重みづけを用いなかった。

　自営業からの退出の分析における観察の単位は，個人ではなく就労期間である[6]。全ての職歴を用いてパーソン・イヤー・データを作成した。もし同一人物が3回以上自営業者になった場合，それらのケースもデータに含まれる。いずれかの独立変数に欠損値が含まれるケースは分析から除外された。パーソン・イヤー・データを作成した結果，イベント・ヒストリー分析のための観察数は，日本・韓国・台湾についてそれぞれ13,938，5,512，16,231

---

5)　SSM 調査研究会から SSM 調査データの使用許可を受けた。
6)　個人が自営業から退出する以前に9年間を過ごした場合，家族・雇用状況といった時間とともに変わる共変数が，どのように自営業からの退出のハザード率に影響するのかを検証するのに九つの観察が必要となる。

となった。

　本研究では，自営業とは非農業職の自営業を意味し（Mueller and Arum 2004），農業に従事する回答者は考慮されていない。定義により，自営業者とは，賃金と引き換えに労働を雇用者に売ることによってではなく，自らの労働によって収入を（少なくともその一部を）得る者である（Steinmetz and Wright 1989）。多くの労働者を雇う雇用者は，自身の労働を用いた物品の生産やサービスの提供よりもむしろ，経営活動に専念する傾向にある。それゆえ，30名以上の従業員を持つ雇用者を自営業者から除外することは理にかなっている。すなわち本研究では，29名以下の従業員を持つ雇用者と従業員を持たない自営労働者が，自営業者として考慮されている（Erikson and Goldthorpe 1992; Ishida 2004）。

　自営業からの退出に対する家族・雇用状況の影響を検証するために，本研究では離散時間ロジットモデルを用いる。このモデルは，以下のようにロジスティック回帰式で表すことができる。

$$\log\left(\frac{h(t_j|X)}{1-h(t_j|X)}\right) = \alpha_j + \sum_k b_k X_k$$

$h(t_j|X)$ は共変量ベクトル $X=(X_1,..., X_k)$ が与えられた際の t_j 時点におけるイベントの条件付確率，b_k, $k=1,..., k$ はパラメータ，α_j は $\log\left(\frac{h_0(t_j)}{1-h_0(t_j)}\right)$, すなわち，基準グループのオッズの対数に等しい。イベント・ヒストリー・モデルを用いて，人々が自営業から移動するメカニズムを特定することができる。このモデルでは，時間により変化する共変量を，自営業からの移動の分析に組み込むことができる。分析では，自営業に従事する回答者は，自営業から移動するリスクにさらされていると考える。自営業からの移動における男女間の違いを調べるために，離散時間ロジットモデルを男女別々に適用する。

　このモデルでは2種類の独立変数を使う。それは，時間の経過に対して一定であるものと変化するものである。独立変数には，家族的背景，教育達成，自営業の状況が含まれる。主に注目するのは，性別，婚姻状況，自営業者の子どもに関する状況，父親の自営業，配偶者の雇用状況である。婚姻状況は，

既婚と未婚（基準カテゴリー）に分けられる。回答者の子どもに関する状況を示すために，6歳以下の子どもの数や7歳から18歳までの子どもの数といった二つの指標を用いる。回答者の父親の自営業については，自営業に従事する父親を持つ回答者は1で示され，そうでない者は0で示される。配偶者の雇用状況は，自営業・家族雇用・その他（基準カテゴリー）という三つのカテゴリーに分けられる。人々が自営業から移動する因果関係を考慮して，調査時点における配偶者の雇用状況は分析に用いなかった[7]。日本と台湾で実施されたSSM調査は，結婚時点における配偶者の雇用状況について質問しているが，韓国のSSM調査では測定されなかった。したがって韓国では，自営業からの退出に対する配偶者の雇用状況の影響は推定しなかった。

　家族背景のその他の特徴，学歴，自営業の状況は，コントロール変数として用いた。家族背景を示すもう一つの指標として，父親の階級的地位を用いる。次の分類は，Erikson, Goldthorpe, Portocareroが提案した階級分類（EGP階級分類）に産業間の相違を考慮して構成したものである。それらは，ノンマニュアル（I，II，IIIa），販売・サービス（IIIb，V，VI，VIIa），熟練（工業部門のV，VI），非熟練（工業部門のVIIa），農業（IVc，VIIb），そして，無回答である。基準カテゴリーは非熟練とした。時間の経過にともない変化する共変量として年齢が用いられる。回答者の学歴は，義務教育（基準カテゴリー），中等教育，高等教育の三つに分けられる。

　その他の時間依存共変量を，回答者の自営活動の状況を説明するために用いる。父親の階級的地位を示すために使われる職種カテゴリーとほぼ同じものを自営業にも用いる。それらは，ノンマニュアル，販売・サービス，熟練，そして，非熟練（基準カテゴリー）である。企業規模に関しては，他の労働者を雇う雇用者と，従業員がいない自営労働者（基準カテゴリー）の二つに区別する。自営業に従事する期間は，自営業からの移動時点を見分けるための，時間と共に変化する共変量である。過去の自営業の経験はダミー変数として用いる。

---

[7] 台湾で実施されたSSM調査は，回答者の配偶者の職歴も追跡し，日本のSSM調査は，結婚時と調査時の配偶者の雇用状況を記録した。これら2国のデータの比較を適切に行えるように，多変量解析では結婚時における配偶者の雇用状況に関する情報を使う。

5 記述統計

　図7-1は，マクロ統計にもとづく，日本・韓国・台湾における自営業者と家族従業者の割合の推移を示している[8]。この図には自営農家も含まれるため，農業部門の割合の推移も考慮に入れるべきである。これら3ヵ国では，農業従事者比率は，一様に減少傾向にある（データ省略）。2000年に農業の割合はこれら3ヵ国において10%以下まで低下した一方，自営業の割合は国によって大きく異なっていた。2005年には，韓国の労働者の30%以上，台湾の労働者の四分の一近くが自営業に従事している。日本の自営業の割合は，他の先進国より少々高いが15%と，韓国や台湾よりも低い。家族従業者の割合は，3ヵ国で一様に減少しており，1978年から2000年にかけて，いずれの国でも1割以下に低下した。

　図7-2は，SSMデータを用いて，3ヵ国の自営業の生存曲線を性別ごとに示している。これは，自営業を始めてから，時間の経過とともに自営業に残る者の割合が，性別や国によってどのように異なるかに注目している。全般的に，男性はライフサイクルを通して自営業にとどまる傾向が女性よりも強い。さらに，自営業からの退出のハザード率において，各国間で大きな違いがみられる。日本の男性と女性は，自営業にとどまる傾向がある。自営業の安定性についての男女間の違いは，台湾よりも韓国で大きい。韓国の女性は，自営業の安定性において同国の男性よりも著しく不利であるが，この男女間の相違は台湾では韓国よりも小さい。自らの事業を開始して10年後に，日本の女性の4分の3は自営業にとどまる一方，韓国と台湾の女性のほぼ半数は自営業から退出する。

　表7-1は，多変量解析において用いられる変数の平均値を示す。家族背景については，自営業に従事する父親を持つ回答者の全自営業者に対する割合は，女性よりも男性の方が高い。だが，この男女間の差異は国によって大きく異なる。男性起業者のうち，自営業に従事する父親を持つ者は，日本で

---

[8] 日本と韓国のマクロ統計はOECDの統計報告にもとづく。台湾の統計は，台湾行政院主計総処からの統計にもとづく。

第 7 章　自営業の継続と安定化

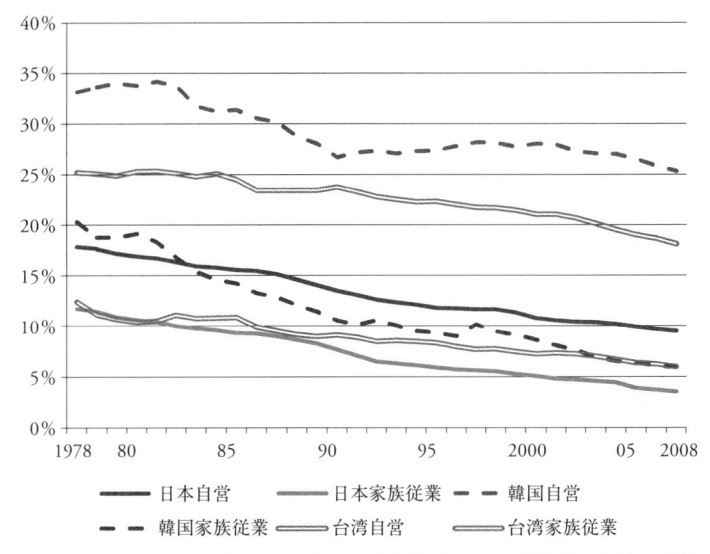

図 7-1　日本・韓国・台湾における，自営業者と家族従業者の割合の推移

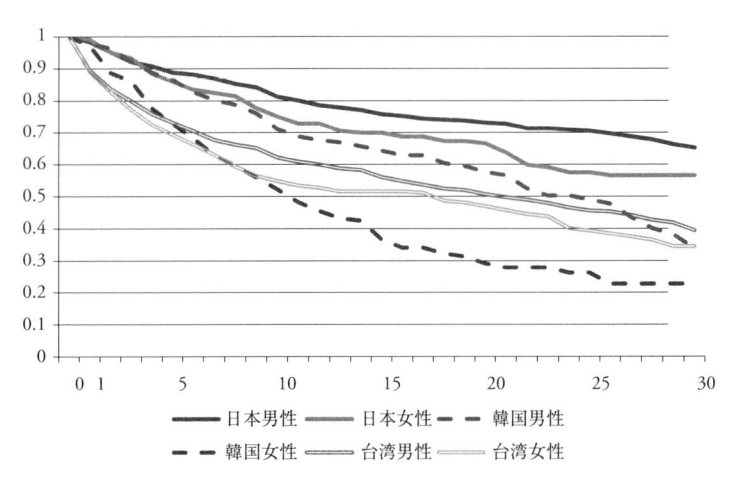

図 7-2　自営業からの退出に対する生存曲線（男女・国別）
注：これらの生存曲線は，Kaplan-Meier 法を使って推定した．

表 7-1 多変量解析において用いられる変数の平均値

	日本		韓国		台湾	
	男性	女性	男性	女性	男性	女性
年齢	41.919	42.678	39.016	38.683	37.799	36.499
父親の自営業	0.402	0.229	0.186	0.171	0.281	0.234
父親の職業						
ノンマニュアル	0.150	0.168	0.091	0.118	0.110	0.159
販売・サービス	0.205	0.148	0.115	0.144	0.206	0.160
熟練	0.216	0.093	0.067	0.061	0.112	0.079
農業	0.206	0.257	0.499	0.504	0.367	0.372
無回答	0.148	0.248	0.179	0.147	0.104	0.164
回答者の学歴						
義務教育	0.289	0.296	0.337	0.561	0.544	0.622
中等教育	0.499	0.550	0.420	0.295	0.318	0.244
高等教育	0.211	0.154	0.243	0.144	0.137	0.134
自営業における職種						
ノンマニュアル	0.218	0.311	0.157	0.121	0.191	0.145
販売・サービス	0.320	0.575	0.545	0.813	0.456	0.723
製造業における熟練	0.375	0.076	0.191	0.041	0.259	0.104
製造業における非熟練	0.086	0.037	0.107	0.024	0.094	0.028
従業員1人以上の自営業	0.735	0.583	0.629	0.468	0.667	0.518
自営業の期間(年)	14.293	13.957	10.526	9.181	11.888	11.119
自営経験	0.032	0.021	0.049	0.068	0.171	0.111
結婚	0.791	0.816	0.814	0.766	0.805	0.809
6歳以下の子どもの数	0.384	0.308	0.572	0.414	0.611	0.450
7歳から18歳までの子どもの数	0.682	0.698	0.885	0.880	0.921	0.858
配偶者の自営業	0.023	0.132			0.073	0.307
配偶者の家族雇用	0.075	0.019			0.220	0.048
N	9,989	3,949	3,261	2,251	11,585	4,646

注: 観察単位は, 個人ではなく, 観察期間内における個人の各年の状況である。自営業を始めてから3年後に自営業から退出した場合, 標本数は3となる。したがってこの表の観察数は, 調査対象者数とは異なっている。各変数の平均値の算出には, 日本と韓国ではウェイトづけを行っている。

表7-2 自営業者の職業分布（男女・国別）

	日本		韓国		台湾	
	男性	女性	男性	女性	男性	女性
医療専門職	3.2	1.3	1.2	0.4	2.3	1.0
教育専門職	0.9	8.5	1.2	8.2	0.8	3.7
不動産業者・取引仲介業者	7.8	1.3	2.0	0.0	11.1	2.2
事務労働者（例：会計）	4.7	16.2	4.3	3.3	1.3	4.7
小売店・商店主	14.8	14.1	30.9	39.3	23.0	30.7
飲食店主	10.5	23.5	10.5	24.6	10.3	18.2
美容師・理髪師	3.2	10.3	1.6	8.6	1.3	15.7
育児支援提供者・家事手伝い	0.2	3.0	0.0	0.8	0.0	6.5
自動車運転手	2.2	0.9	9.4	0.0	7.9	0.2
建設関連労働者	21.3	1.7	9.4	0.0	8.8	0.0
製造業関連労働者	19.3	11.1	19.1	8.6	23.1	11.5
N	554	234	256	244	857	401

注：この表の数字は，列ごとのパーセントである。この職業分布は，人々が自身の事業を始めた際の職種から求めたものである。各国において，ここにある職種の数字を足し合わせても100％にはならない。これは，これらの職種が，自営業者の職種の全てではないためである。

40％，韓国で19％，台湾で28％である。自営職の内訳は，性別や国によって大きく異なる。全般的に，産業部門における熟練職の割合が最も大きいのは，3ヵ国の中で日本である。韓国と台湾では，サービスセクターの職に従事する自営業者が多い。女性は，男性よりもサービスセクターの職に集中している。女性が販売・サービス職に従事する割合は，韓国で80％，台湾で70％，日本で60％である。ノンマニュアル職に従事する女性は，韓国や台湾よりも日本に多い（30％）。従業員を雇う傾向は，日本の自営業者に強く，従業員のいない自営労働者になる傾向は韓国や台湾で強い。この結果は，自営部門での企業規模が，韓国や台湾よりも日本で大きいことを反映している。

表7-2は，国ごとの職業分布を詳細な区分を用いて示している。ノンマニュアルでは，教師やインストラクターとして働く女性は，台湾よりも日本と韓国で多い。ピアノ教師もいれば，家庭教師や小さな塾を経営する者もいる。自営業部門での事務職に従事する女性は，韓国や台湾よりも日本に多い。全

一般的に女性は，サービスセクターの職に集中する傾向がある。これらの3ヵ国を比較すると，小売業を営んだり，店を所有する女性は，日本よりも韓国と台湾に多い。さらに，日本と韓国の女性は多くの場合，小規模な飲食店を営む。興味深いことに，日本と台湾の女性自営業者の10人に1人以上が，美容師や理髪師として働いている。台湾の自営部門でベビーシッターや家事手伝いとして働く女性が多いのは，労働市場で働く子持ちの既婚女性がより多いことを反映しているのかもしれない。他方で，タクシードライバーなどの自動車運転手として働く女性は3ヵ国を通じてほとんどいない。3ヵ国において，製造業をはじめとする第二次産業で働く自営の女性は少数であり，建設関係の職に従事する女性もほとんどいない。

6　多変量解析

　表7-3は，日本・韓国・台湾における自営業からの退出に関するイベント・ヒストリー・モデルの推定結果を示す。モデルで用いられている変数の係数は，男女で別々に推定した。はじめに，自営業からの退出のハザード率の男女による違いを，男女を合併したデータを用いて検証する。家族状況や学歴，職に関する状況をコントロールすると，韓国の女性は，男性よりも二倍の確率で自営業から退出する。対照的に日本や台湾では，自営業退出のハザード率で，男女間で有意な差はみられなかった。この結果は，日本や台湾の自営業に従事する女性が，常に事業継続の点では不安定な状況に置かれているわけではないことを示す。言い換えれば，性別役割分業のために，女性は男性よりも自営業に十分な時間や労力を費やせないとしても，女性の自営業は男性と同様の安定性を保っている。

　次に，前節で示した仮説が実証分析によって支持されるかどうか述べる。まず，自営業からの移動に対する結婚と子どもの数の影響についてみてみる。日本の男女を合併したデータでは，既婚者または学校に通う子どもを持つ者は，自営業から退出する可能性が低くなっていた。男女別に見てみると，この傾向は男性自営業者のみに見られた。日本の女性の自営業の安定性は，婚

姻状況や子どもの数によっては何ら影響を受けていなかった。これは，ある種のセレクション・バイアスによって生じているかもしれない。すなわち，日本の自営業への参入障壁は，韓国と台湾よりも明らかに高く，日本で自営業に従事する女性は，職務経験と小規模事業を営む能力という点で，きわめて選抜された人たちであることに由来すると思われる (Takenoshita 2011, 2012)。一方，韓国と台湾の既婚女性，および学校に通う子どもを持つ韓国の女性は，自営業から退出する可能性が低いことが，分析から明らかになった。この結果は，仕事と家庭を両立するために自営業を選ぶ傾向が，これら2ヵ国の女性に存在していることを意味している。韓国と台湾の既婚女性は，独身の女性よりも自営部門にとどまる傾向がみられる。仕事のスケジュールの柔軟性や，職務の自律性の高さは，女性が自営業を継続することを可能にするものと思われる。

　自営業からの退出に対する家族背景（父親の自営業）の影響についてみてみる。男女を合併したデータを用いると，日本と台湾では，自営業に従事していた父親をもつ人ほど，自営業から退出する可能性がより低く，韓国では，そうした傾向はみられなかった。これらの結果は，先に述べた先行研究の知見と一致している。なぜなら，自営業部門が非熟練の仕事に著しく集中し，周辺化されているため，世代間で自営部門にとどまることは，韓国の階層システムの中では望ましくないのである (Park 2010; Takenoshita 2007, 2011)。男女別の結果では，日本の男性の自営業者は，父親が自営業である場合，自営業から退出するリスクは有意に小さくなるが，女性の場合はそうした傾向がみられなかった。台湾では，この恩恵は男性よりもむしろ女性に限定されている点が，非常に興味深い。

　日本の結果は，第二の仮説と完全に一致する。儒教的家父長制に由来する，家業継承におけるジェンダー不平等は，いったん始めた自営業からの退出のリスクという点でも影響を及ぼし続けている。他方で台湾では，この仮説とは反対の傾向を示す。このことは，台湾の場合には非常に理にかなっている。それは表7-3にみられるように，子を持つ既婚男性に自営業者になる意思が大いにあるからである。中小企業が優位な位置を占める台湾経済において，賃金雇用からの収入は家族を養うのには不十分で，中小企業での雇

表 7-3　自営業からの退出を予測する離散時間ロジットモデル（国別）

日本	男女		男性		女性	
	係数	標準誤差	係数	標準誤差	係数	標準誤差
性別（基準：男性）	0.179	0.157				
年齢	0.029 **	0.008	0.034 **	0.010	0.026 +	0.014
父親の自営業	−0.489 **	0.185	−0.672 **	0.227	0.112	0.355
学歴（基準：義務教育以下）						
中等教育	−0.415 **	0.156	−0.386 +	0.201	−0.551 *	0.261
高等教育	−0.278	0.223	−0.268	0.273	−0.437	0.403
職業（基準：ノンマニュアル）						
販売・サービス	0.193	0.187	0.404 +	0.241	0.100	0.313
製造業の熟練	−0.101	0.221	−0.232	0.269	0.742 +	0.407
製造業の非熟練職	0.483 +	0.258	0.579 +	0.299	0.464	0.594
従業員が 1 人以上の企業	−0.167	0.140	−0.301 +	0.181	0.002	0.231
自営業の期間	−0.032 **	0.008	−0.027 **	0.010	−0.032 *	0.015
結婚	−0.506 **	0.160	−0.672 **	0.208	−0.316	0.278
6 歳以下の子どもの数	−0.083	0.118	−0.014	0.141	−0.103	0.223
7 歳から 18 歳までの子どもの数	−0.217 *	0.084	−0.227 *	0.108	−0.127	0.140
配偶者の自営業	−0.251	0.340	−0.368	0.730	−0.380	0.415
配偶者の家族雇用	−1.266 *	0.589	−1.152 +	0.595		
定数項	−3.686 **	0.415	−3.516 **	0.508	−4.217	0.781
N	13,938		9,989		3,949	
疑似決定係数	0.039		0.054		0.034	
対数尤度	−1,184		−768		−404	

韓国	男女		男性		女性	
	係数	標準誤差	係数	標準誤差	係数	標準誤差
性別（基準：男性）	0.671 **	0.179				
年齢	0.004	0.012	−0.004	0.022	0.006	0.015
父親の自営業	0.268	0.294	0.048	0.498	0.092	0.428
学歴（基準：義務教育以下）						
中等教育	0.315	0.200	0.700 *	0.307	−0.118	0.302
高等教育	0.136	0.288	0.332	0.391	−0.471	0.525
職業（基準：ノンマニュアル）						
販売・サービス	0.159	0.278	0.636	0.412	−0.262	0.454
製造業の熟練	−0.150	0.384	0.110	0.502	−0.554	0.768
製造業の非熟練職	0.371	0.387	0.344	0.523	0.469	0.682

（次頁へ続く）

表7-3 （続）

	男女		男性		女性	
	係数	標準誤差	係数	標準誤差	係数	標準誤差
従業員が1人以上の企業	−0.031	0.164	−0.160	0.256	0.120	0.224
自営業の期間	0.004	0.014	0.019	0.023	−0.011	0.017
結婚	−0.596 **	0.205	0.066	0.403	−1.018 **	0.260
6歳以下の子どもの数	0.021	0.122	−0.029	0.182	0.050	0.171
7歳から18歳までの子どもの数	−0.159 +	0.090	−0.126	0.122	−0.225 +	0.133
定数項	−3.718 **	0.683	−4.782 **	1.122	−2.03	0.931
N	5,512		3,261		2,251	
疑似決定係数	0.033		0.026		0.049	
対数尤度	−721		−333		−375	

台湾	男女		男性		女性	
	係数	標準誤差	係数	標準誤差	係数	標準誤差
性別（基準：男性）	0.145	0.098				
年齢	−0.007	0.006	−0.016 +	0.008	−0.005	0.009
父親の自営業	−0.302 *	0.119	−0.226	0.145	−0.390 +	0.218
学歴（基準：義務教育以下）						
中等教育	0.113	0.100	0.102	0.123	0.158	0.180
高等教育	0.120	0.144	0.200	0.174	0.016	0.271
職業（基準：ノンマニュアル）						
販売・サービス	0.302 *	0.130	0.315 *	0.154	0.298	0.254
製造業の熟練	−0.053	0.158	−0.074	0.179	0.099	0.362
製造業の非熟練職	0.462 *	0.188	0.385 +	0.214	1.025 *	0.421
従業員が1人以上の企業	0.118	0.092	0.008	0.113	0.361 *	0.162
自営業の期間	−0.027 **	0.007	−0.020 *	0.010	−0.035 **	0.013
結婚	−0.637 **	0.103	−0.341 *	0.155	−0.668 **	0.184
6歳以下の子どもの数	0.008	0.031	−0.190 *	0.077	0.041	0.054
7歳から18歳までの子どもの数	−0.027	0.031	−0.126 *	0.057	−0.060	0.054
配偶者の自営業	−0.266 +	0.149	−0.138	0.225	−0.365 +	0.210
配偶者の家族雇用	−0.658 **	0.168	−0.743 **	0.189	0.023	0.375
定数項	−2.329 **	0.257	−2.155 **	0.321	−2.189 **	0.437
N	16,231		11,585		4,646	
疑似決定係数	0.043		0.048		0.052	
対数尤度	−2,468		−1,672		−779	

+ $p<.10$　* $p<.05$　** $p<.01$

用は不安定であり，また，組織の管理職のポストが少ないために昇進の見通しもほとんどない（Yu and Su 2004）。そのため男性は，父親が自営業に従事するか否かにかかわらず，多くが稼ぎ手役割を遂行するために，自営業に参入することが求められている。また，自営業参入以前の中小企業で働く機会が多く存在するため，自営業に関するノウハウを親が自営業でなくても身につける機会が豊富にある。他方で女性の場合は，男性ほど稼ぎ手役割が期待されていないため，他の企業で賃金労働者として働く時期に自営業の創始を意図したスキル形成を重視していないかもしれない。また父親が自営業に従事する場合，女性は父親の家業のもとで家族従業者となる場合が多く，そのなかで小企業の運営のノウハウを効率的に学習する機会に恵まれていることが考えられる（Takenoshita 2012）。

　結婚時の配偶者の雇用状況の影響に関しては，東アジアにおける家父長制的な家族構造が，自営業の安定性のジェンダー不平等に一定の影響を及ぼしている。日本と台湾における結果は，こうした仮説を支持する。妻が家族従業者である場合，自営業に従事する男性は，自営業から退出する可能性が一層低くなっていた。しかし女性の場合は，そうした傾向は認められなかった。したがって，儒教的家父長制の観念は，自営部門における家族資源の活用という点で，大きなジェンダー不平等を生みだし，それが自営業の安定性において女性の不利を生み出している。他方で，配偶者が自営業に従事する場合の効果は，先の仮説の予測とは異なっている。台湾では，夫が自営業に従事する場合，妻の自営業からの退出リスクが低くなる傾向がみられたが，日本の女性ではそうした傾向は認められなかった。これは，夫の自営業が妻の自営業の安定性に大きく貢献することを示している。台湾では，小規模な家族事業がおこなわれる中で，家父長制的な家族構造もまた再生産されてきたが（Lu 2001; Takenoshita 2012），本研究の結果は，ジェンダー非対称的な構造が一部で維持されながらも，夫婦が共に自営業に従事する場合，双方が事業の安定化に貢献するというジェンダーの平等性を確認することもできた。

7 結論

　本研究では，自営業の安定性の男女間の相違が，どのように東アジア3ヵ国における家族と労働市場の構造と関係しているかについて考察してきた。労働市場での男女不平等をふまえると，男性よりも女性が自営業からの退出のリスクが明らかに高いと考えられた。しかしこの予測は，韓国の女性の自営業のみにおいて正しく，日本と台湾では自営業からの退出リスクは男女で有意に異ならないという結果が得られた。日本と台湾では，自営業の安定性の違いは，男女間よりも2国間で大きい。日本と台湾は，前述の通り，雇用や産業の構造において大きな相違が存在する。日本の労働市場は，長期雇用慣行をはじめ，正規労働者に対する手厚い雇用保護によって説明される。対照的に，台湾では，家族構成員によって経営される小企業が経済発展において重要な役割を果たしてきたため，労働市場の柔軟性がきわめて高い。加えて，非熟練の自営業が台湾にはより多く存在する。結果として日本の自営業の多くは，時間を経ても安定的に推移しているが，台湾では自営開始から5年後には，およそ3割が自営セクターから退出していた。このように，自営業の安定性に関するジェンダー不平等は，各国における労働市場の制度編成によって大きく左右されることが明らかとなった。

　分析結果が，これまでに述べてきた仮説とどのように関係しているかについて，表7-4にまとめた。仮説1は，二つの異なる仮説から構成される。仮説1a (H1a) は，女性は自営業に従事することで，仕事の柔軟性と自律性を得られ，仕事と家族生活の調和を図ることができるため，子どもをもつ既婚女性は，自営業からの退出のリスクは小さいと考える。仮説1b (H1b) では，子どもをもつ既婚女性が自営業に従事するとき，参入障壁が小さい非熟練の職務に従事し，事業のために十分な時間を割くことができないため，自営業から退出するリスクが高いと予測される。分析結果は，仮説1bは3ヵ国すべてにおいて棄却されるものの，仮説1aは韓国と台湾での自営業についてあてはまり，既婚女性が自営業から退出する可能性が，これら両国で低いことを示した。この仮説は，日本での自営業にはあてはまらなかったが，

表 7-4　家族と自営業に関する仮説の検証

	日本	韓国	台湾
H1：婚姻状況と子どもの数			
H1a：仕事と家族生活の調和	R	S	S
H1b：自営業の周辺化	R	R	R
H2：自営業継承における男女間の不平等	S	R	R
H3：配偶者からの支援における女性の不利	S	—	S

注：S は本研究の実証結果にて支持される仮説，R は棄却される仮説を意味する。

それは自営業への移動に対するより高い障壁によって，人々が自身の小規模事業を始める際により多くの技能や経験を持つことが必要とされているからである (Takenoshita 2012)。対照的に，韓国と台湾の自営部門における非熟練職の多くは，既婚女性が仕事と家庭を両立させるために自営業に従事することを可能とする。以上をまとめると，既婚女性が自営セクターで一貫して就労できるかどうかは，自営部門の産業構造によって大きく左右される。

　仮説 2 と仮説 3 は，資産と権限の世代間継承と夫婦間の不平等な関係に焦点を当てており，儒教的な家父長制の家族構造を考察するために構成された。日本における自営業についての結果は，これら二つの仮説と一貫している。日本では，男性は父親の自営業や妻の支援によって，自営業からの退出リスクが有意に小さくなるが，これらの要因は女性の自営業の安定性には寄与していない。台湾では，実証結果は仮説 3 を部分的に支持するが，仮説 2 は支持しない。儒教的家父長制の観念が，日本と台湾では異なる形で，自営業の安定性における男女不平等を形成していると考えられる。

　一方，韓国での自営業の結果はこれら二つの仮説の予測と合致しない。韓国では，父親の自営業や配偶者の支援の影響についての男女間の差異は，自営部門が社会経済的に周辺化されているために存在しない。このように韓国では，自営業の地位の世代間での再生産は生じていない。非農業の自営部門が，韓国の階層構造の中で低く位置づけられているために，かりに親が自営業に従事していても，男女ともに親の事業を継承するインセンティブに乏しいのである。

　これまでの結果にもとづいて，ここからは本研究が理論的に示唆するもの

について述べる。本研究の貢献の一つに，自営業の安定性における男女不平等と家族状況の関係を調べたことが挙げられる。自営業参入過程について，男女の相違を考察する研究はいくつかみられるものの，ジェンダー不平等の関係を中心課題とする研究は不足している。特に，既婚女性の自営業の安定性が，どのように仕事と家庭の両立の必要性に左右されているかについては，過去の研究では明らかでなかった。分析結果は，韓国と台湾の既婚女性は自営業を継続する傾向にあることを示している。興味深いことに，この傾向は日本の女性にはみられない。この結果は，既婚女性が自営業を継続できるかは，自営セクターの産業構造の制度的編成，とりわけ自営セクターにおける非熟練の職業の存在に左右されることを示している。

　本研究のもう一つの貢献は，儒教的家父長制の観念による家族関係における女性の不利な地位が，いかに彼女らの自営業の安定性に影響するかを検証したことにある。儒教的思想が広く存在し続ける三つの東アジア社会を比較検討することで，家父長制の一種がどのように自営業における男女不平等を生み出してきたかを明らかにした。この注意深い検証によって，自営業の安定性に対する家父長制の影響が，社会階層の中での自営業の位置づけに左右されていることがわかる。自営業への移動が望ましい選択となる社会では，男性は，家父長制的な家族構造の恩恵を受ける一方，女性はそのような恩恵を受けない。なぜなら，家族内に優越した資源や地位をもつ男性に，自営業へ移動する強いインセンティブがあるからである。これとは対照的に，自営業が労働市場において周辺化され，望ましくないと見なされるような社会では，家族関係における男女不平等は，自営業の安定性を形成するにあたって重要な役割を果たさない。これは，たとえ家族内に特権的な資源や地位を持つ者でも，自営業に移動したり自営業を継続することを回避する傾向があるためである。

　自分で小さな会社を設立し，経営が軌道に乗るという話は，社会経済的な上昇移動を遂げ，ある意味サクセス・ストーリーのように聞こえるかもしれない。女性が小さな会社の経営者になるという働き方は，性別役割分業にもとづく女性像と大きく異なっている。だが現実には，多くの既婚女性は仕事と家庭を両立するために自営業を選んでおり，上述のイメージとは大きく乖

離している (Taniguchi 2002)。本研究の実証結果は，自営業者になることに対する人々の動機が，性別や国によって大きく異なることを示している。西洋諸国では，著しいサービス経済化と高学歴の女性の増加によって，1970年代以来，女性の労働力率が一貫して上昇している。賃金部門での雇用機会の拡大など，西洋諸国における女性雇用に関する最近のシナリオは，より多くの女性が経済的に自立することを可能にしている。しかし，女性による自営業の選択が，性別役割分業に大きく関係しているとすると，西洋と同じような状況は，東アジア社会での女性雇用にあてはめることはできないだろう。とりわけ自営セクターの役割が，東アジアでは大きいことから，自営セクターを通じたジェンダーの不平等と家父長的な家族構造の再生産は，今後も継続していくと思われる。

最後に，本研究で残された課題について論じる。まず，韓国での自営業の安定性に対する配偶者の雇用状況の影響が検証されていない。これは，配偶者の雇用状況に関する指標がSSM韓国調査には欠けているためである。韓国においてこの影響があるかは，今後の研究で検証されるべきである。次に本研究は，制度的文脈という点で類似点と相違点の双方が存在する東アジア3ヵ国の自営業からの退出に焦点を当て，分析を行った。しかしながら，これらの国の分析結果が，他の先進国，特に北米や欧州諸国と比較して，これらの国に特有なものであるかについては検討していない。本研究は，自営業におけるジェンダー不平等について，東アジア地域に特有の儒教的な家父長制の構造の重要性を強調しているが，同様の家族構造が他国において存続している可能性もある。本研究の分析結果が，東アジア諸国にどの程度固有なものであるかについて，今後も研究を継続する必要があるだろう。

• **参考文献** •

Aldrich, Howard, Linda Renzulli, and Nancy Langton. 1998. "Passing on Privilege: Resources Provided by Self-employed Parents to their Self-employed Children." *Research in Social Stratification and Mobility* 16: 291–317.

Amsden, Alice H. 1989. *Asia's Next Giant: South Korea and Late Industrialization*. New York: Oxford University Press.

Aspalter, C. 2006. "The East Asian Welfare Model." *International Journal of Social Welfare* 15: 290–301.

Basu, Ellen O. 1991. "The Sexual Division of Labor and the Organization of Family and Firm in an Overseas Chinese Community." *American Ethnologist* 18: 700–718.

Blossfeld, Hans-Peter and Catherine Hakim. 1997. *Between Equalization and Marginalization: Women Working Part-time in Europe and the United States of America*. New York: Oxford University Press.

Brinton, Mary C. 1993. *Women and the Economic Miracle: Gender and Work in Postwar Japan*. Berkeley, CA: University of California Press.

―――. 2001. "Married Women's Labor in East Asian Economies." In M. C. Brinton (ed.) *Women's working lives in East Asia*. Stanford, CA: Stanford University Press, pp. 1–37.

Budig, Michelle J. 2006. "Intersections on the Road to Self-employment: Gender, Family and Occupational Class." *Social Forces* 84: 2223–2239.

Carr, D. 1996. "Two Paths to Self-employment? Women's and Men's Self-employment in the United States, 1980." *Work and Occupations* 23: 26–53.

Chang, Feng B. 2003. "Career Dynamic of Self-employment for Men and Women in Taiwan and Korea." *American Sociological Association* Hilton, Atlanta.

Cheng, Lu L. and Gary Gereffi. 1994. "The Informal Economy in East Asian Development." *International Journal of Urban and Regional Research* 18: 194–219.

Deyo, Frederic C. 1989. *Beneath the Miracle: Labor Subordination in the New Asian Industrialism*. Berkeley, CA: University of California Press.

Erikson, Robert and John H. Goldthorpe. 1992. *The Constant Flux: A Study of Class Mobility in Industrial Societies*. Oxford, UK: Clarendon Press.

Goldin, Claudia. 1990. *Understanding the Gender Gap: An Economic History of American Women*. Oxford: Oxford University Press.

Greenhalgh, Susan. 1994. "De-orientalizing the Chinese Family Firm." *American Ethnologist* 21: 746–775.

Hakim, Catherine. 2004. *Key Issues in Women's Work: Female Diversity and the Polarisation of Women's Employment*. London: Routledge.

Hamilton, Gary G. and Nicole W. Biggart. 1988. "Market, Culture, and Authority: A Comparative Analysis of Management and Organization in the Far East." *American Journal of Sociology* 94: S52-S94.

Hara, Junsuke and Kazuo Seiyama. 2005. *Inequality amid Affluence: Social Stratification in Japan*. Melbourne, Vic.: Trans Pacific Press.

Hsu, Jinn Yuh and Lu-Lin Cheng. 2002. "Revisiting Economic Development in Post-war Taiwan: The Dynamic Process of Geographical Industrialization." *Regional studies* 36: 897–908.

Ishida, Hiroshi. 2004. "Entry into and Exit from Self-employment in Japan." In R. Arum and W. Mueller (eds) *The Reemergence of Self-employment: A Comparative Study of Self-employment Dynamics and Social Inequality.* Princeton, NJ: Princeton University Press, pp. 348–387.

Kim, Gi-Seung and Joonmo Cho. 2009. "Entry dynamics of self-employment in South Korea." *Entrepreneurship and Regional Development* 21: 303–323.

Kim, Sung-Hee, Deanna L. Sharpe, and Hye-Yeon Kim. 2002. "Factors Influencing the Likelihood of Leaving Self-Employment in Korea." *Family and Consumer Sciences Research Journal* 30: 554–569.

Koike, Kazuo. 1988. *Understanding Industrial Relations in Modern Japan.* New York: St. Martin's Press.

Kye, Bongoh. 2008. "Internal labor markets and the effects of structural change: Job mobility in Korean labor markets between 1998 and 2000." *Research in Social Stratification and Mobility* 26: 15–27.

Laferrere, Anne. 2001. "Self-employment and intergenerational transfers." *International Journal of Sociology* 31: 3–26.

Lebra, Takie S. 1998. "Confucian gender role and personal fulfillment for Japanese women." pp. 209–230 in *Confucianism and the Family*, edited by W. H. Slote and G. A. De Vos. Albany: State University of New York Press.

Lu, Yu-Hsia. 2001. "The "Boss's Wife" and Taiwanese Small Family Business." pp. 263–297 in *Women's working lives in East Asia*, edited by M. C. Brinton. Stanford, CA: Stanford University Press.

Luo, Jar D. 1997. "The significance of networks in the initiation of small businesses in Taiwan." *Sociological Forum* 12: 297–317.

Mueller, Walter and Richard Arum. 2004. "Self-employment Dynamics in Advanced Economies." In R. Arum and W. Mueller (eds) *The Reemergence of Self-employment: A Comparative Study of Self-employment Dynamics and Social Inequality.* Princeton, NJ: Princeton University Press, pp. 1–35.

Ochiai, Emiko. 1996. *The Japanese Family System in Transition: A Sociological Analysis of Family Change in Postwar Japan.* Tokyo: LTCB International Library Foundation.

OECD. 2004. *Ageing and Employment Policies in Korea.* Paris: OECD.

Park, Hyunjoon. 2010. "The Stability of Self-Employment: A Comparison between Japan and Korea." *International Sociology* 25: 98–122.

Sato, Yoshimichi and Shin Arita. 2004. "Impact of Globalization on Social Mobility in Japan and Korea: Focusing on Middle Classes in Fluid Societies." *International Journal of Japanese Sociology* 13: 36–52.

Shieh, Gwo Shyong. 1992. *Boss isldand: The Subcontracting Network and Micro-entrepreneurship in Taiwan's Development.* New York: Peter Lang Publishing.

Sikora, Joanna and Mariah D. R. Evans. 2009. "Self-employment: Determinants and

Rewards in 33 Countries." in *The Australian Sociological Association* Australian National University, Canberra.

Slote, Walter H. 1998. "Psychocultural Dynamics within the Confucian Family." In W. H. Slote and G. A. De Vos (eds) *Confucianism and the Family*. Albany: State University of New York Press, pp. 37-52.

Steinmetz, George and Erik O. Wright. 1989. "The Fall and Rise of the Petty Bourgeoisie: Changing Patterns of Self-employment in the Postwar United States." *American Journal of Sociology* 94: 973-1018.

Takenoshita, Hirohisa. 2007. "Intergenerational Mobility in East Asian Countries: A Comparative Study of Japan, Korea and China." *International Journal of Japanese Sociology* 16: 64-79.

―――. 2011. "Labor Market Structure and Self-Employment in three Asian Countries: A Comparative Study of Japan, Korea, and Taiwan." In, K. Misumi (ed.) *Study of an East Asian Stratification Model*. Fukuoka: Working papers of Grant-in-Aid for Scientific Research Project, pp. 21-47.

―――. 2012. "Family, Labour Market Structures and the Dynamics of Self-employment in Three Asian Countries: Gender Differences in Self-employment Entry in Japan, Korea and Taiwan." *Comparative Social Research* 29: 85-112.

Taniguchi, H. 2002. "Determinants of women's entry into self-employment." *Social Science Quarterly* 83: 875-893.

Tsuya, Noriko O. and Larry L. Bumpass. 2004. *Marriage, work, and family life in comparative perspective: Japan, South Korea, and the United States*. Honolulu, HI: University of Hawai'i Press.

Yu, Wei-Hsin. 2001a. "Family Demands, Gender Attitudes, and Married Women's Labor Force Participation." pp. 70-95 in *Women's working lives in East Asia*, edited by M. C. Brinton. Stanford, CA: Stanford University Press.

―――. 2001b. "Taking informality into account: Women's work in the formal and informal sectors in Taiwan." pp. 233-262 in *Women's working lives in East Asia*, edited by M. C. Brinton. Stanford, Calif.: Stanford University Press.

―――. 2009. *Gendered Trajectories: Women, Work, and Social Change in Japan and Taiwan*. Stanford, CA: Stanford University Press.

Yu, Wei-Hsin and Kuo-Hsien Su. 2004. "On one's own: self-employment activity in Taiwan." In R. Arum and W. Mueller (eds.) *The Reemergence of Self-employment: A Comparative Study of Self-employment Dynamics and Social Inequality*. Princeton, NJ: Princeton University Press, pp. 388-425.

第8章 物質主義はどこで生き残っているのか[†]
―― 東アジアにおける階層帰属意識

チャン・チンフェン，ジ・キハ，
髙松里江，キム・ヨンミ
（山本耕平 訳）

「いくらか過度に単純化していえば，『階級』は財の生産と取得への関係によって階層化されるのにたいして，『地位集団』は特定の『生活の様式』によって表現されるところの，消費の原則によって階層化される」
―― マックス・ウェーバー

1　序論

　上に挙げたマックス・ウェーバーからの引用（Gerth and Mills 1958: 193）においてはっきりと示されているのは，階級（class）と地位（status）とでは不平等を生み出す基盤が異なるということである。あるいは，社会的序列は権力のいくつかの源泉によって大部分形成されるものだが，経済的側面はその源泉の一つにすぎない，と言い換えてもよい（Swartz 1997: 146）。Chan and Goldthrope（2010）は，主にピエール・ブルデューの議論にしたがって，階級構造がいかにして物質的資本の格差を規定し，その一方で象徴資本がいかにして社会階層の客観的な順位を決定するかを示した。彼らはさらに，「……

[†] 第二，第三，第四著者については，本章への寄与に差はない。著者の順は，各著者の姓をアルファベットの逆順で並べたものである。

階層は階級構造の象徴的な側面と見なされなければならない」(Chan and Goldthrope 2010: 13) と付け加えている。しかしながら，社会的序列を示すアプローチとしては，客観的な指標によって階級構造を規定することに加えて，階級構造内に占める個々の位置についての主観的な帰属意識を検討する，というやり方もある。また，社会的・経済的バックグラウンドや雇用形態，文化資本といった客観的要素が主観的な社会階層にどう影響するか，ということも，多変量解析によって明らかになるだろう。

階層内における位置にたいする個人の主観的帰属意識を扱った従来の研究では，分析において，カテゴリカルな階級の区別が主に採用されていた (例えば，Simpson, Stark and Jackson 1988)。それらの研究は，階級構造についてのマルクスの議論にもとづく，階層化についての伝統的なスキームにしたがい，回答者に，階層内におけるみずからの地位を上流，中流，下流，労働者階級のどれに帰属させるかを尋ね，その結果を分析するものだった (Davis and Robinson 1988)。なかには，労働者階級にみずからを帰属させるか否かを直接研究したものもある (Simpson et al. 1988)。その後には職業構造の複雑さが認識され，帰属意識は，権限，スキル，知識という多次元的な尺度にもとづいて研究されるようになった。例えば Baxter (1994) は，雇用者，プチ・ブルジョアジー，専門経営者，経営者，専門家，労働者，という六つの概念によって階級構造を表している。

これらのようにカテゴリカルなスキームを使って階級帰属意識を研究することには，三つの限界がある。第一に，労働者階級とそれ以外の階級との対比に焦点を当てているせいで，賃金労働者からしかサンプルをとらないことになる (例えば，Simpson et al. 1988)。そのため，公式の労働市場に含まれない人々は分析から除外されてしまう。それは例えば，主婦，失業者，社会人学生，退職者などである。これらの人々すべてを合わせれば人口のなかで大きな割合を占めるのだから，そうした人々を除外した分析の結果は，社会における階級帰属意識の輪郭を表すものとして妥当ではない。

第二の限界は，異なる研究において用いられるカテゴリー化の方式が両立可能かどうか，という点にかかわるものである。多くの回答者はおそらく，調査においてどのような類型が用いられているかによって，自分が何に帰属

するかについて異なる選択をするだろう。ある個人がある調査において自分を労働者階級に帰属させたとしても，その同じ人が，下層階級や中産階級という項目がある別の調査においては，それらの項目にみずからを帰属させるかもしれないのである。用いる階級のスキームが異なれば，研究結果を比較することさえできなくなるだろう。

　第三の限界は，国家間での比較可能性についてのものである。さまざまな社会のあいだで階級の意味合いについてコンセンサスが欠けているために，同じ階級カテゴリーを用いた調査であっても，データ比較の信頼性において影響が生じるかもしれない。例えば，ある社会主義体制のもとでは，階級の選択は回答者の本当の帰属意識ではなく，政治的イデオロギーを正しく表しているのかもしれない（Evans, Kelley and Kolosi 1992）。いくつかの社会では，労働者階級という概念は，世間一般のイメージとして，ブルーカラー，労働組合，ストライキなどと結びつけられている。そのため，例えば台湾などでは，ノンマニュアルはみずからを労働者とみなすことがなく，労働組合のような組織に属することにほとんど興味を示さないかもしれないのである（Chang and Chang 2010）。

　したがってわれわれは，国家間比較において，はっきり区別されたカテゴリーを使うよりも，連続的な尺度によって測定された自己帰属のほうが比較しやすい，という点について，Kelley and Evans（1995）や Evans and Kelley（2004）に同意する。本章は，東アジアでの共同調査において，連続的で，仕事の有無に関係がない尺度によって測定された社会的帰属意識について検討する。調査では，回答者は自身の社会階層を1から10の尺度に帰属させるよう求められた。こうすることにとって，賃金労働に従事しているかどうかに関係なく，すべての回答者が回答することができた。そしてこの順位づけは連続的な尺度であるから，調査地域の異なる社会——中国，日本，韓国，台湾——のあいだで分析結果がより比較しやすくなるだろう。以下では，個人間での階層帰属意識の違いや四つの社会間での違いに，どのような要因が影響しているのかについて説明する。そして，分析において用いられたデータセットを紹介し，われわれの調査結果を示す。最後に，主な所見と，それが階層帰属意識の研究にたいしてもつ理論的含意をまとめる。

② 文献のレビュー：社会階層のとらえ方

　冒頭に引用したウェーバーの議論 (Gerth and Mills 1958) を踏襲して，われわれは社会階層を経済的側面と社会的側面から定義する。社会的序列のある位置にみずからを帰属させるとき，人々は，自分の出自，学業における成績や労働市場における業績，そしてコミュニティ内で得た尊敬を考慮するかもしれない。個人所得もしくは家計所得，蓄財，職業序列内での位置や生産手段の所有といった経済的条件は，社会階層を説明する物質的側面を表している。よりよい経済的資源を持つことは，みずからの権力にたいする個人の確信を増し，自己帰属意識のレベルを向上させる (Kelley and Evans 1995)。経済的資源に加えて，文化資本もまた，人々の社会階層を反映する重要な源泉であるとみなされている (Bourdieu 1984)。文化資本には，学歴や文化的活動の好み，人生の選択，娯楽の選択などが含まれる。つまり，より上級の学位や，高級な芸術にたいする審美眼，洗練された好みは，自己評価に正の影響を与える。中国における中産階級の特性についての近年の研究では，社会階層の定義に，社会的・経済的地位のほかに消費活動が含まれている (Li 2010)。その経験的分析においては，ライフスタイルと生活水準が消費パターンの主要な構成要素とされている (Li 2010: 140)。これらは個人にとっての象徴資本でもある。

　社会階層の研究において，学業における成績は，職業的地位やその他の労働市場における結果を向上させる人的資本とみなされる。以下では，社会的帰属意識の文化的および経済的側面について議論する。そして，社会的帰属意識の比較研究をすることの意味を説明する。

③ 経済資本と文化資本

　ほとんどの人は，公式の労働市場で働くことによって生計を立てている。そのうち一部の人は生産手段を持つが，より多くの人々は，スキル，専門性，

知識といった，生産手段以外の職務用件によって特徴づけられる。このような資産所有あるいは職務特性によって，個人の所得ないし利益，威信，あるいは権力が決まる。労働市場に参加していない個人の場合も，自身の社会的・文化的資源が階層帰属意識にとって重要な役割を果たすかもしれないが，それでも世帯の他のメンバーの経済的達成が依然として影響力を持つかもしれない。それゆえ，本章では，家計所得などの労働市場における結果を，階級的ないし職業的な位置と同じように，社会的帰属意識を決定する物質的な源泉として扱う。

社会階層の研究にとって，社会的・経済的な達成は，社会的不平等の主要な結果として生じることであると同時に，キャリアの将来性や社会的帰属意識などの階層における他の結果を説明する要因でもある。これまで，教育はさまざまな国や時代で社会移動にたいして強いプラスの影響を及ぼすということが示されてきた (Ganzeboom, Treiman and Ultee 1991)。また Bourdieu (1984) によれば，教育はエリートの地位もしくは上流階級の好みを象徴するものとして機能し，人々の間の区別を作り出す。ともあれ，本章において競合する視点は経済資本と文化資本であるので，本章において教育のもつ効果を強調することはない。

Bourdieu (1984) によって彫琢された文化資本という概念は，個人の性向，好みや趣味を表すような文化的活動の消費にかかわるものである。どのようなジャンルの音楽を聴くかということに加えて，訪れたことのある美術館，スポーツ活動，世帯にある本のコレクションなどによって，異なる文化資本を持つ人々が区別される。Bourdieu (1984) によって提示された相同性（ホモロジー）という概念 (cf. Swartz 1997) を踏まえて，Coulangeon and Lemel (2010: 85) は，文化的活動の消費が「人々の好みや美的判断」を反映すると述べた。同じ社会階級もしくは階層に属する人々は同じ好みを持つが，同様の論理によって，その人々が何を嫌うかも似ていることになる。よって彼らが具体的に述べるように，「音楽の領域では，エリート的な音楽にたいする上流階級の選好 —— 例えばクラシック音楽や一部のジャズ —— と，ポップ・ミュージックやロック，ラップやダンス・ミュージックなどの大衆的なジャンルにたいして労働者階級が持つ選好とが対置される」(Coulangeon and Lemel 2010:

85)。したがって,特定の音楽のタイプにたいする人々の好き嫌いによって,社会階層のレベルが予測されることになる。例えば,クラシック音楽の鑑賞に価値を見出す人々は自然とみずからを高く評価するだろうし,伝統的・大衆的な音楽を好む人々は,社会的序列内でのみずからの位置をより低くみるだろう,というわけである。

4 比較研究というアプローチ

4-1. 国家間比較

　いくつかの研究は,階級帰属意識を分析する際に比較研究的アプローチを採用している。Evans et al. (1992) は,資本主義体制と社会主義体制を比較して,オーストラリアの回答者もハンガリーの回答者も,全員が主観的にはみずからを階級構造の中央に位置づけている,ということを明らかにした。似たような集中パターンは,Kelley and Evans (1995) によって,オーストラリアを含む西欧6ヵ国についても報告された。彼らはISSP (国際社会調査プログラム) の参加国によって1987年から1988年に実施された調査のデータについて,10点尺度を用いて分析を行った。彼らはまた,社会的な位置についての主観的な評価にたいして,所得と教育が重要な効果を持つことを明らかにした。これらの要因に比べて,客観的な階級的位置の重要性は低かった。またEvans and Kelley (2004) は,世界不平等研究 (World Inequality Study; ISSPを含む,1987年から1997年までに実施された34の調査データをカバーしている) のデータを用いて,21ヵ国間の主観的な社会的位置 (10点尺度) の違いを,マルチレベル回帰モデルによって説明した。彼らによれば,集団レベルでみれば経済的成功 (一人当たりGNPによって測定) は社会的帰属意識にプラスの影響を及ぼす。しかしながら,中欧もしくは東欧の旧共産主義国の回答者は,西欧ないし北欧の回答者よりも,みずからの階級的位置を高くみていた。彼らはこのような国レベルでの差にたいして,満足のいく説明を見出すことはできなかった。個人の特性については,とくに西欧のより裕福な国におい

て，教育が階級帰属意識にたいして重要な効果をもつといわれる (Evans and Kelley 2004)。また，高齢者や男性は，より若いコーホートや女性に比べて，みずからをより高い位置にいると評価する傾向があった。

4-2. 東アジア社会

　東アジアは世界経済において重要な勢力になっている。それは1970年代からの韓国と台湾の急速な産業化，そして1990年代からの中国の勢力拡大から後，とくに顕著である。この東アジアという地域は，一般的に，中国文化の影響をある程度受けている。しかし，職場でのジェンダーにまつわる実践や，ジェンダーによる顕著な賃金の格差は，この地域内でも多様である (Chang and England 2011)。従来の研究は，経済的・社会的な次元が主観的な階級帰属意識にどう影響するかを示してきた（例えば，Evans and Kelley 2004)。しかしながら，文化的に類似していながらも政治的・経済的な面では多様な社会を含む東アジアについて，同様の問題を体系的に扱った研究は存在しない。東アジアに住む人々の社会的帰属意識を研究することで，階層研究に新たな光が当たることを，われわれは望んでいる。以下では，特定の東アジア社会における階級帰属意識を調査した先行研究をレビューした後，われわれの仮説を述べる。

　中国は1978年に市場経済に向けた改革を始めるまで，一般に他よりも「平等で階層化が進んでいない」(Whyte 1975: 684) といわれていた。社会主義の計画経済のもと，すべての資源は国家により統制・分配されていた。中国国家はさまざまな政治的・経済的方策，あるいはいわゆる「脱階層化」メカニズムを通じて，1970年代には比較的平等主義的な社会を築いていた (Whyte 1975; Parish 1984)。そこでは，戸籍制度によって制限された居住資格，単位 (work unit) と呼ばれる従業先への所属，そして職場における幹部としての地位やその他地位によって，社会はさまざまな階層集団に分けられていたとはいえ，所得の不平等は他の社会主義国家を含むほとんどの国に比べて問題になっていなかった。当時は，消費パターンやライフスタイルも均質であるように見えた (Whyte 1975; Bian 2002)。

市場の移行によって，余剰金の蓄積メカニズムが取り入れられただけでなく，中国はより階層化の進んだ社会となった。一方では，ほとんどの人々の経済的地位は，教育レベルがそうであったように，平均でみれば市場化の後に劇的に改善された。中国では一人当たり GDP は約 11 倍の割合で増え，1980 年の 463 元から 2008 年の 23,708 元へ，あるいは 1990 年を基準年として 774 元から 7,825 元へ，という増加をみせた。非識字率（15 歳以上）は 1982 年の 22.8％から 2010 年の 4.1％まで下がり，短期大学以上の教育を受けた人の割合は 1982 年の 0.6％から 2010 年の 8.9％へと上昇した（National Bureau of Statistics of China 2009, 2010, 2011）。他方で，1981 年に 0.31 であったジニ係数は 2003 年には 0.45 に上昇し，国富の分配はより不平等になったことが分かる（World Bank 2009: 33）。30 年間の改革で，中国は世界でもっとも平等な社会からもっとも不平等な社会の一つへと変化したようである。

　中国では，この移行期間の間により多くの都市居住者がみずからを下層階級に帰属させるようになった。調査によって示されたところでは，みずからを下層階級に帰属させた回答者の割合は，2003 年の 15％から 2006 年の約 23％に増加した（Li and Zhang 2008）[1]。1996 年に河北省武漢市で実施されたある調査では，回答者は自分の階級帰属に用いる基準について質問された。もっともよく選択された項目は所得で，権力，教育が続いた（Liu 2001）。また，所得（あるいは経済的地位）が中国において階級帰属を決めるもっとも重要な要因である，という統計的分析の結果もある（Li and Zhang 2008; Liu 2001）。

　日本でも中国と同様に，所得は階層帰属意識にとってもっとも重要な要因である（Arita 2011）が，教育や職業的地位の効果についても議論がある。全国的なデータ（社会階層と社会移動，SSM）を用いて，Kikkawa (2000, 2006) は 5 点尺度の階層帰属意識スコアへの教育の効果がより強くなっていること，および職業的威信の効果が弱くなっていることを示した。彼の近年の研究（吉川 2011）では，10 レベルの尺度から作成された階層帰属意識尺度にたい

---

[1]　彼らの分析において用いられたのは二つのデータセットである。一つは 2002 年に実施された，「中国都市居住者の社会的葛藤にたいする態度についての調査」，もう一つは 2006 年の「中国版総合的社会調査」である。両調査とも，中国社会科学アカデミー社会学研究所の監修のもと，全国的な代表標本抽出によって実施された。

して教育と所得がもっとも重要な効果をもつ，ということが示されている。しかし，吉川（2011）と同じデータを用いて，Arita（2011）は，日本の男性にとっての教育の効果は台湾と韓国のそれに比べてそれほど強いものではない，ということを示した。さらに小林（2011）は，5点尺度を用いて，職業的威信と雇用的地位は階層帰属意識にたいして有意な効果を持つ，ということを示した。Arita（2011）や小林（2011）の研究結果は，調査時点において賃金労働に従事していた人々に限定されたものである。もっとも，家計所得その他の要因をコントロールすれば，主婦であることは階層帰属意識に有意な効果を持たない，という結果もある（大和 2008）[2]。

日本における文化資本の効果についていえば，文化的活動もまた階層帰属意識に重要な効果をもっているといわれる。神林・星（2011）は，1995年と2005年のSSMデータにもとづいて，階層帰属意識の5点尺度と文化的活動（クラシック音楽のコンサートに行くこと，美術館に行くこと，カラオケに行くこと，スポーツ活動に参加すること，読書など）との関係について検討した。彼らによれば，カラオケにいくこと，スポーツ活動に参加すること，および読書は，階層帰属意識に有意な効果がある。

Arita（2011）は2005年に集められたSSM調査のデータを用いて，仕事および組織に関連した変数と個人の特性が階層帰属意識にたいして持つ効果について検討した。彼は，日本人は平均的に韓国人や台湾人よりも自分の帰属意識について高い評価をする，ということを明らかにした。職業構造は，台湾では階層帰属意識のばらつきを説明する上で重要であるが，日本と韓国ではそうではなかった。しかしながら，彼の分析で使用されたサンプルは賃金労働に就いていない人を除外しており，その分析結果は東アジアにおける階層化パターンの描写としては不完全である。彼の分析はとくに，多くの女性を除外してしまっている。それに，中国は分析に含まれていない。

韓国人は一般的に，階級帰属意識の決定要因にかんしては他の東アジア社会と類似したパターンを示す。1990年の全国的な代表標本抽出調査（公正と社会的不平等の全国調査）のデータを用いて，Yoon and Seok（1996）は，すべ

---

[2] 大和（2008）はさらに，就業していない主婦を，労働市場から退いた主婦と，賃金労働を探している主婦とに分けている。大和によれば，前者は後者よりも著しく高い地位帰属意識をもつ。

ての変数のなかで自己帰属意識にとってもっとも強い効果を持つのは教育で，家計所得がそれに続く，ということを明らかにした。帰属意識の指標としては7点尺度が用いられた。彼らの知見のうち教育や物質的資源にかんするもの以外のいくつかは，近年の研究によって確証されている (Arita 2011)。

階級帰属意識は，外的な政治的・経済的変動によっても影響を受ける。韓国はそれが当てはまるケースである。Hong (2003: 47) によれば，1990年代初頭には，回答者の約60％はみずからを中産階級に帰属させていた。しかしながら，おもに1997年に起きた金融危機の影響で，1999年には，みずからを中産階級に帰属させる回答者の割合は55％に下降した。Han (2009) は別のデータセットを用いて，類似した結果を報告している。彼によれば，自らを中産階級 (*joongsan* strata, 中産層) に帰属させる人の割合は1987年には54％で1995年には64％であったが，1997年には35％まで劇的に下降した。金融危機以降，中産階級の崩壊が韓国のジャーナリズムや政治要綱，アカデミックな言説において主要なテーマとなっているのは，この主観の変動が描くとおりである[3]。

台湾にかんする研究結果は，他の三つの社会からの知見と大きくは変わらないようである。Wu (1996) は，回答者に自身の観点から階級帰属意識を特徴づける要素を選択するよう求め，もっともよく選ばれる項目は所得と財産の所有であり，職業がそれに続くということを明らかにした。Tsai (1998) と Marsh (2002) はともに台湾社会変動調査からのデータを用い，異なる階級スキームの概念にもとづいて台湾人の階級帰属意識を検討した。Tsai (1998) は1から10までの連続尺度を用いて，1990年代の台湾において，階級帰属意識がよりよく表されるのは知覚された社会階層よりも回答者の階級内での客観的な位置によってである，ということを示した。彼女によれば，教育，社会的・経済的階層，および所得は階級帰属意識に一貫した影響を与えている。Marsh (2002) の報告する結果も概して Tsai のものと整合的である。彼の用いた階級帰属意識の尺度は，上流階級，上流中産階級，中産階級，下層中産階級，労働者階級，下層階級という六つのカテゴリーに分けられているが，

---

3) 韓国の中産階級への金融危機の影響にかんする概観については，Koo (2007) を参照せよ。

彼は分析においてそれらを連続変数として扱っている。

以上にレビューされた文献にもとづいて，本章での仮説を導きだす。社会の間での違いについては，Evans and Kelley (2004) にもとづいて，個人レベルで測定された経済的資源が社会的帰属意識の平均値にプラスの効果を持つ，と期待される。四つの社会のうちもっとも一人当たりの所得が高いのは日本で，台湾，韓国，中国の順で続くため[4]，社会的帰属意識の平均レベルは台湾，韓国，中国よりも日本において高い，という仮説を立てる。

本章において主たる競合仮説は，個人の階層帰属意識にたいする経済資本の効果と文化資本の効果とをめぐるものである。物質的側面を強調する説明は，帰属意識が財産の所有などの外在的価値基準へ順応するという考えを表している。より高い所得によって好みの財やサービスを購入する高い能力が得られるが，さらに，財産を所有することやより高い階級にいることによって，より高い権威や威信を享受することも可能になる，というわけである。それにたいして，文化資本を強調する立場は，性向や好みなどの内在的価値基準に象徴的な重要性を見出すものである。文化的活動におけるよい好みは，美学的な性向や，芸術的な作品を鑑賞する能力を表している。つまり，文化資本の蓄積は銀行口座や職場での管理範囲ではなく，個人の内在的価値基準において現れるだろう。物質的資本と文化資本はたがいに関連している。しかし本章では，あくまでこれら2種の資本の独立した説明力を検討することを目指す。

上でレビューした，さまざまな社会における研究結果にしたがって，より高い所得，より高い教育，そして職業構造内でのより高い順位が自己帰属意識にプラスの効果を持つ，と仮説を立てる。しかしながら，Bourdieu (1984; Swartz 1997) や他の研究者 (Chan 2010) の議論を踏襲すると，文化資本もまた有意な効果を持つと期待される。したがって，高級な文化的好み，外国語のスキル，国際経験を持つ個人は，他の回答者よりも高い自己帰属意識をもつだろう，という仮説を立てる[5]。従来の研究とは異なり，われわれは，上層

---

4) 一人当たり GDP（購買力を基準とする）は，2009 年において日本では $32,680 (USD)，台湾では $31,834，韓国では $27,978，中国では $6,567 である（International Monetary Fund 2010）。
5) 背景的その他の態度変数も分析に含める。それらの変数が社会的帰属意識にたいして持つ効果

ノンマニュアルと知り合いであること ── 社会関係資本を豊富に持つことの指標 ── もまた社会的序列のなかでの自己評価を高めるだろう，と考える。自身が同じ職業に就いていなくとも，高い順位にいる人を知っていることは，回答者自身の重要さを示唆するものなのである。したがって，より高いホワイトカラーの職業に就いているさまざまな人々と知り合いである個人は，それらの位置にいる誰とも知り合いでない個人よりも高い自己評価を持つだろう，と予測される。この効果は，回答者の階級をコントロールしても有効であろう，とわれわれは考える。とはいえ，本章で焦点を当てるのは，回答者の社会的帰属意識を予測する上での，物質的資本の効果と文化資本の効果との違いを比較することである。よって社会関係資本は主としてコントロール因子として用いられる。

5 データと変数

5-1. データ

本章では，四つの社会で 2008 年に実施された東アジア社会調査 (EASS) のデータを用いる。調査が実施されたのは中国，日本，韓国，台湾である[6]。全国的な無作為層化抽出によって，2 年おきに，それぞれの社会で同じ年に調査が実施された。すべての調査は全国的な代表標本抽出により，同じ質問紙を用いて行われた。日本以外では面接法が採用された（日本ではいくつかの回答が回答者自身によって記入された）。標本サイズは中国で 3,010，日本で 2,160，韓国で 1,508，台湾で 2,067 である。

は本章の対象から外れるので，これらの変数について考えることはせず，関連する結果を表で報告するのみにとどめる。

[6] EASS は，東アジア地域において四つの調査チーム ── 中国版総合的社会調査 (CGSS)，日本版総合的社会調査 (JGSS)，韓国版総合的社会調査 (KGSS)，台湾社会変動調査 (TGCS) ── によって 2005 年から実施されている，協同的な質問紙調査プロジェクトである。EASS については，公式ウェブサイトを参照されたい。http://www.eass.info

5-2. 変数

　従属変数 —— 社会的帰属意識 —— は，以下の質問によって測定された。「私たちの社会では，人々は高い階層か低い階層に属します。『1』がもっとも低い階層を表し，『10』がもっとも高い階層を表すとしたら，あなたの社会階層をどう評価しますか？」この変数は，重回帰分析において連続変数として扱われる。

　本章の目的は，回答者の社会的帰属意識を予測するための，物質的資本と文化資本の説明力を比較することである。われわれの分析においては，物質的資本は二つの要素から構成される。すなわち，階級内での位置と所得である。階級構造は，雇用者（被雇用者を雇っている），プチ・ブルジョアジー（被雇用者を持たない），被雇用者，非就業者で構成される。賃金労働者はさらに，回答者の職業カテゴリーによって，上層ノンマニュアル，下層ノンマニュアル，熟練マニュアル，非熟練マニュアルに分類される。しかしながら，職を持つことだけが社会的帰属意識の源泉だというわけではない。回答者のうち多くはフルタイムの主婦として，再生産労働に従事している。一部の回答者は一時的に職を離れていたり，退職していたり，さまざまな理由により働けない状態であったりする。それらの回答は，一つのグループとして扱われる。

　物質的資本の尺度にはまた，所得も含まれる。多くの人にとって賃金所得だけが収入源というわけではなく，また労働市場に参加していない人は賃金や給与を得ることがないので，本章では1ヵ月の家計所得を分析に用いる。中国と韓国では回答者に直接家計所得額について尋ね，日本と台湾では一続きの所得区間から選択するよう求めた。後者の場合には，それぞれの所得区間の中間点から所得の連続変数をつくる。最上位の所得区間は上限を持たないので，この区間については下限の30％を足すことで中間点をつくる。文化間の比較を行うため，所得についてはその自然対数をとる。

　階層帰属意識の社会的次元の指標は教育である。教育機関どうしを比較可能にするため，EASSでは次の7レベル尺度が採用されている。すなわち，正規の学歴を持たない，小学校，中学校，高等学校，短期大学，大学，大学

より上である。大学と大学より上は，一つのカテゴリーとして扱う。日本では正規の学位を持たない回答者はいなかったので，学歴が小学校のみの回答者を基準カテゴリー（reference group）として用いた。「正規の学歴を持たない」の係数は，中国，韓国，台湾にのみ適用される。教育的資本のもう一つの指標は，外国人と英語でコミュニケーションをとる堪能さにかんする自己評価である。尺度は「とても堪能」（5点）から「とても下手」（1点）までの5段階で，連続変数として用いられる。

回答者の文化資本を表すために，いくつかの変数が用いられる。それには，回答者がさまざまな音楽のジャンル —— 西洋のクラシック音楽，ロック，ジャズ，ブルース，ポピュラー・ミュージック，伝統音楽 —— を好む度合いが含まれる。それぞれのジャンルについて，6（大好き）から1（まったく聴いたことがない）までの尺度を用いる。これらすべての変数は連続変数として扱われる。また，文化資本のもう一つの尺度として海外旅行の経験を含める。もし回答者が少なくとも1回海外を訪れたことがあれば，「1」とコーディングされる。もし回答者が質問紙に記載された場所のうち自国以外すべてを訪れていたら，「2」とコーディングされる。質問紙に記載された場所は，中国，日本，韓国，台湾，東南アジア，ヨーロッパ，北アメリカである。海外を訪れた経験のない回答者は「0」とコーディングする。

EASS調査では，回答者は家族，親戚，頻繁に連絡をとる知人の職業を尋ねられた。回答者はそれぞれの職業項目について「はい」「いいえ」で回答する。上層ノンマニュアルに属するのは，専門家，経営者，議員，政府高官である。われわれは，専門職についている人と知り合いであることによって自己評価が高まる，という仮説を立てている。もし回答者が，上記四つのカテゴリーのうち少なくとも一つに「はい」と答えた場合，「1」とコーディングされる。もしこれらのカテゴリーすべてに知人がいるならば，「2」とコーディングされる。回答者の家族や知人がどのカテゴリーにも属さないならば，そのような回答は「0」とコーディングされる。

年齢，ジェンダー，配偶関係は社会・人口学的変数であり，コントロール因子として分析に含められている。出自変数には，両親の教育を就学年数で測定したものを含める。住居のタイプについての自己評価は，住居による影

響をコントロールするために用いられる。住居は都市化の程度によって次のように順位づけされている。すなわち，辺地の一軒家（1点），村（2点），町もしくは小都市（3点），大都市の周辺もしくは郊外（4点），大都市（5点）である。これも連続変数として扱う。

また，調査時点における回答者の全般的な感情をコントロールするために，幸福感という態度変数を含める。実際に，階級内の位置の高さと生活への満足度との間には正の相関があるということが，ある研究によって報じられている（Wang and Davis 2010: 168）。質問文は，「全体として，あなたはどれくらい幸せ，もしくは不幸せだと思いますか？」というもので，五つのカテゴリーから選択された回答を，「とても幸せ」「かなり幸せ」（3点），「幸せでも不幸せでもない」（2点），「幸せでない」「まったく幸せでない」（1点）という3カテゴリーに分けた。

6 調査結果

6-1. 東アジア社会における社会的帰属意識の分布

国ごとの社会的帰属意識の分布を図8-1に示した[7]。平均値と中央値から判断すると，結果はEvans et al. (1992) とKelley and Evans (1995) の知見を部分的に支持している。また，東アジアの人々も他の国の人々と同様，みずからを社会的序列の中間に位置づける傾向がある。Evans and Kelley (2004) は，経済的裕福さと社会的帰属意識との間にプラスの関係がある，と報告していたが，われわれの調査結果は，この連関が東アジアにもある，ということを確証していると思われる。また，日本人は他のより裕福でない社会の人々よりも自己帰属意識を高く評価している，ということが図8-1から分かる。こ

---

[7] 台湾の回答者のうち約2.5％が，この質問に無回答であった。この質問への無回答者の割合は，日本では0.8％，韓国では0.3％であった。中国では全員が回答した。これらの数字は総じて，Evans and Kelley (2004: 11) において報告されたもの（平均4％）よりも低い。しかしながら，これは台湾の回答者が態度にかんする質問をすべて回避した，ということではない。他の社会でも，それぞれ異なる質問で高い率の無回答があった。

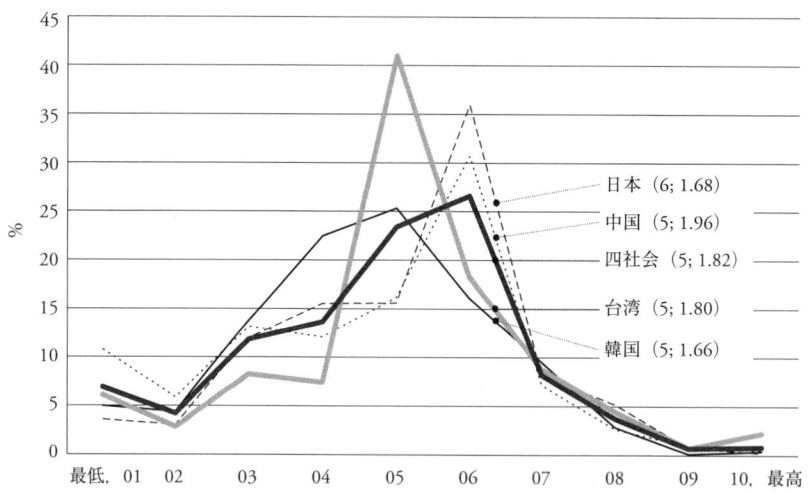

図 8-1　東アジア各社会における階層帰属意識の分布
出典：2008年東アジア社会調査。
注：括弧内の数字は，階層帰属意識の平均値と標準偏差を表す。

れは，Arita (2011) の報告した順位づけのパターンと類似している。しかしながら，一人当たり所得は中国よりも韓国や台湾のほうが数倍高いにもかかわらず（注4）をみよ），これら三つの社会では平均値が同じで，中国だけばらつきが大きい。以下で，四つの社会間での結果をくわしく比較する。

　まず韓国人の態度は，グラフでみると他の社会に比べて山が多い。具体的には，帰属意識の分布はほとんどがレベル 7 から 3 の間に散らばっている。しかしながら，5 もしくは 4 を選んだのが多数派であることからすると，彼らはもっとも謙虚であるともいえそうである。全体でみると，韓国の回答者のうち 70％以上はみずからを 6 以下のレベルに帰属させている。それにたいして，台湾の回答者は帰属意識についてもっともばらつきが少ない。40％以上の回答者がレベル 5 を選択しており，回答が一つのレベルに集中しているからである。中国の場合，ほぼ 60％の回答者が比較的低い位置（レベル 6 以下）にみずからを帰属させている。日本では，レベル 6 以上にみずからを帰属させる回答者の割合が一貫して高いが，その点を除けば中国と日本では度数分布のパターンは類似している。この違いは，経済的発展の程度によっ

第 8 章　物質主義はどこで生き残っているのか

て説明できるだろう。レベル 6 にみずからを帰属させる回答者の割合は，中国のほうが韓国や台湾より高いとはいえ，低いレベルを選択する回答者の割合もまた中国のほうが高い。この分布が社会的不平等への主観的評価を反映しているものだとすれば，中国は他の社会よりもより二極化されているようだといえる。次に，東アジア内の比較をより正確にし，社会的帰属意識への物質変数と文化変数の効果を検出するために，回帰モデルを用いる。結果は表 8-2 に表されている。

表 8-1 には，回帰モデルにおいて用いられる独立変数についての記述統計量を示してある。いくつかの結果を手短に述べよう。中国では，回答者の約 84％ が結婚もしくは同棲しており，日本 (71％)，韓国 (66％)，台湾 (62％) に比べて高い。四つの社会の間には教育の違いも見受けられる。日本の回答者のうち約 84％ が少なくとも高校までの学歴を持っているが，これは韓国 (76％)，台湾 (63％)，中国 (38％) よりも高い。日本では他の三つの社会よりもずっと昔から義務教育が始まっている。日本では 1947 年以降，6 歳から 15 歳の子どもは 9 年間の義務教育を受けなければならないようになっており，現在までに，中学卒業者のおよそ 98％ は高等学校に通うことを選ぶようになった (文部科学省 2011)。これにたいして，9 年間の義務教育が施行されたのは韓国では 1959 年，台湾では 1968 年，中国では 1986 年である。

雇用形態・階級の分布についていえば，調査時において，どの社会においても 35％ 以上の回答者が賃金労働に就いていなかった。割合がもっとも高いのは韓国の約 41％ である。1980 年代からの経済の急成長にともなって，多くの中国人がみずから事業をおこして財をなす機会を得た。プチ・ブルジョアジーの割合は中国では 34％ であり，日本 (8％)，韓国 (13％)，台湾 (13％) に比べてはるかに高い。この高い割合は，中国において農民の割合が高いことによって説明できるかもしれない。というのも，1978 年以降各々の農民はわずかばかりの土地を与えられ，その土地を売却することを許されていないからである。他の 3 つの社会では，ポスト工業社会の段階へ入っていくにつれて，サービス部門が労働者のもっとも多くを雇用するようになっている。日本，韓国，台湾では下層ノンマニュアルが 22％ から 26％ である

表 8-1　回答者の特性にかんする記述統計量

単位：％（人）

回答者の特性	中国	日本	韓国	台湾	χ^2 値
ジェンダー	(3,010)	(2,160)	(1,508)	(2,067)	6.9 +
男性	48	46	46	50	
女性	52	54	54	50	
年齢（平均；標準偏差）	43 (14)	52 (17)	45 (16)	45 (17)	―
配偶関係	(3,009)	(2,160)	(1,506)	(2,067)	415.3 ***
独身	11	16	22	28	
既婚または同棲	84	71	66	62	
離婚，離散，死別	5	13	13	10	
父親の就学年数（平均；標準偏差）	5 (4)	11 (3)	8 (5)	7 (5)	―
母親の就学年数（平均；標準偏差）	3 (4)	10 (3)	7 (5)	5 (5)	―
コミュニティ尺度の自己評価 #	(2,990)	(2,155)	(1,504)	(2,062)	1,700 ***
地方の農家（＝1）	0	5	1	.4	
地方／村（＝2）	35	32	13	20	
町もしくは小都市（＝3）	47	44	31	27	
大都市周辺（＝4）	2	15	25	25	
大都市（＝5）	16	5	30	28	
教育レベル	(3,005)	(2,139)	(1,503)	(2,067)	1,600 ***
正規の学歴を持たない	9	0	6	8	
小学校	24	2	10	15	
中学校	29	15	8	13	
高等学校	23	48	40	30	
短期大学	9	13	9	13	
大学，大学以上	6	23	27	20	
クラシック音楽が好きか #	(3,005)	(2,137)	(1,500)	(1,969)	1,900 ***
まったく聴いたことがない（＝1）	0	0	9	0	
大嫌い（＝2）	11	2	8	3	
嫌い（＝3）	39	10	12	25	
どちらでもない（＝4）	29	47	42	29	
好き（＝5）	18	35	24	38	
大好き（＝6）	2	6	6	5	
ロックが好きか #	(3,008)	(2,132)	(1,501)	(1,976)	1,300 ***
まったく聴いたことがない	0	0	9	0	
大嫌い	12	5	13	5	
嫌い	40	21	23	37	
どちらでもない	27	50	32	32	
好き	18	20	18	24	
大好き	2	5	4	2	
ジャズとブルースが好きか #	(3,007)	(2,127)	(1,501)	(1,950)	1,700 ***
まったく聴いたことがない	0	0	9	0	
大嫌い	12	3	7	3	
嫌い	42	13	16	28	
どちらでもない	34	53	38	35	
好き	10	27	26	31	
大好き	2	4	4	4	
ポピュラー・ミュージックが好きか #	(3,007)	(2,132)	(1,503)	(2,034)	1,000 ***
まったく聴いたことがない	0	0	2	0	
大嫌い	5	2	1	1	
嫌い	18	6	2	9	
どちらでもない	22	34	14	18	
好き	45	48	55	60	
大好き	10	10	25	12	

（次頁へ続く）

表 8-1（続） 単位：％（人）

回答者の特性	中国	日本	韓国	台湾	χ^2 値
伝統音楽が好きか [#]	(3,007)	(2,152)	(1,504)	(2,042)	441.1 ***
まったく聴いたことがない	0	0	2	0	
大嫌い	3	4	2	3	
嫌い	21	14	9	23	
どちらでもない	26	40	37	31	
好き	39	32	37	38	
大好き	12	11	14	5	
英会話の堪能さ [#]	(3,010)	(2,151)	(1,506)	(2,065)	604.5 ***
とても下手（＝1）	71	68	44	48	
下手（＝2）	21	20	38	28	
まあまあ（＝3）	6	10	14	16	
上手（＝4）	1	1	3	6	
とても上手（＝5）	1	.2	1	1	
旅行で中国，日本，韓国，台湾，東南アジア，ヨーロッパ，北アメリカを訪れたことがあるか？ [†]	(3,010)	(2,148)	(1,505)	(2,067)	2,400 ***
訪れたことがない	97	50	52	36	
少なくとも一ヶ所は訪れたことがある	3	48	47	61	
すべて訪れたことがある	.1	1	1	3	
階級構造	(2,957)	(2,151)	(1,507)	(2,066)	943.7 ***
無職，主婦，主夫，学生など	35	37	41	35	
賃金被雇用者：上層ノンマニュアル	8	6	4	9	
賃金被雇用者：下層ノンマニュアル	12	26	24	22	
賃金被雇用者：熟練マニュアル	4	5	5	5	
賃金被雇用者：非熟練マニュアル	6	12	9	9	
プチ・ブルジョアジー	34	8	13	13	
雇用者	2	6	4	7	
1ヵ月の家計所得（平均）[††]	374	5,335	2,882	2,495	—
家族もしくは知人に専門職，経営者，議員，政府高官はいるか？	(3,010)	(2,108)	(1,505)	(2,045)	75.3 ***
いない	40	37	45	32	
少なくとも一つのカテゴリーに該当	48	51	45	52	
すべてのカテゴリーに該当	12	12	10	16	
全般的な幸福度 [#]	(3,010)	(2,151)	(1,484)	(2,062)	714.2 ***
不幸せ（＝1）	12	8	26	10	
幸せでも不幸せでもない（＝2）	24	32	0	24	
幸せ（＝3）	64	60	74	65	

[†] p＜.1；* p＜.05；** p＜.01；*** p＜.001．
出典：図 8-1 を見よ．
[#] 回帰分析においては連続変数として扱う．
[†] 回答者自身の国は除く．
[††] 2008 年末の為替レートで US ドルに換算．

のに比べて，中国では 12％である。

　音楽の好みでは，四つの社会すべてにおいてポピュラー・ミュージックと伝統音楽がもっとも好まれるジャンルであるようだ。国レベルでの違いについていえば，日本の回答者はすべてのジャンルについてもっとも受容的であるのにたいし，中国ではポピュラー・ミュージックと伝統音楽に回答が集中している。台湾の回答者は西洋的なスタイルの音楽についてほぼ二極化された見方をしている。つまり，28％の回答者が，クラシック音楽が嫌いもしくは大嫌いと答える一方で，好きもしくは大好きと答える回答者も 43％いるのである。ロックについても，嫌いもしくは大嫌いが 42％，好きもしくは大好きが 26％となっており，ジャズとブルースについてもやはり 33％と 35％に分かれている。旅行の経験については，台湾の回答者がもっとも頻繁に旅行をしており，中国の回答者がもっとも旅行をしないようである。やはり，地理的にいって台湾はこれら四つの社会のうちもっとも小さいので，おそらく多くの人々がたまには海外に行って広い空間を楽しみたいと思うのであろう。

　本章の目的はさまざまなタイプの資本が持つ効果を比較することにある。よって，回帰モデルに一まとまりの変数を加えていったときの自由度調整済み決定係数の増加を，図 8-2 に示す。モデル 1 は国家ダミーを加えただけのものである。これによって，東アジア社会における社会的帰属意識のばらつきの 1.6％が説明される。個人的背景および出自にかんする変数によって説明力が 5.4 ポイント増加する（モデル 2）。学業成績にかんする変数を追加しても説明力はほぼ 3 ポイントしか上がらない（モデル 3）。文化資本にかんする変数を追加したモデル 4 では，1 ポイントの説明力が加わるのみである。モデル 5 に見られるように，階級内の客観的な位置はさらに説明力が弱い（約 0.6％）。これにたいして，家計所得を加えると，自由度調整済み決定係数は 4.6 ポイント増加する（モデル 6）。階級内での位置と所得との効果を合わせることで，物質的資本によってばらつきの 5.2％が説明できる，ということが分かる。これは個人的背景および出自にかんする変数の説明力と等しい。社会関係資本の説明力は，モデル 7 に見られるように低い（0.3％）。驚くべきことに，回答者の主観的態度，すなわち幸福感の評価は，3.7 ポイン

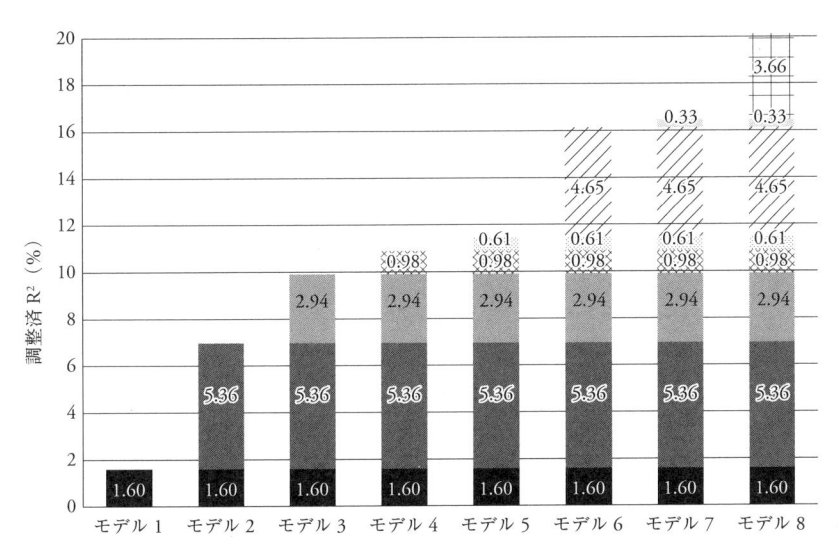

第 8 章　物質主義はどこで生き残っているのか

図 8-2　諸変数への階層帰属意識の回帰から得られる説明力の増加

出典：図 8-1 を見よ。
モデル 1：社会。
モデル 2：モデル 1 ＋個人的背景および出自（男性，年齢，年齢^2，配偶関係，両親の就学年数，コミュニティ尺度）。
モデル 3：モデル 2 ＋教育レベル。
モデル 4：モデル 3 ＋文化資本（各音楽ジャンルの好み，英会話の堪能さ，海外旅行の経験）。
モデル 5：モデル 4 ＋階級構造。
モデル 6：モデル 5 ＋家計所得。
モデル 7：モデル 6 ＋社会関係資本。
モデル 8：モデル 7 ＋全般的な幸福感。

トの増加をもたらす。モデル 8 が示すように，全体を合わせると，われわれの分析モデルは東アジアにおける社会的帰属意識のばらつきのうち 20％を説明している。

図 8-2 に表れている結果をまとめると，それぞれの変数は，個人的背景もしくは出自，経済資本，幸福感の評価，という順で説明により寄与したといえる。モデル 8 による回帰分析の結果，およびそれぞれの社会についての分析結果は表 8-2 に示してある。次にこれらの結果について述べる。

表 8-2 の最初の列に，四つの社会を合わせたデータの分析結果を示す。まず四つの社会についてダミー変数の分析結果を見よう。日本，韓国，台湾の

表 8-2　東アジアにおける社会的帰属意識の重回帰分析

社会的帰属意識の尺度は 1（最低）から 10（最高）

独立変数	回帰係数（標準誤差）				
	4 社会	中国	日本	韓国	台湾
社会（中国＝0）					
日本	3.27 (.22)***				
韓国	1.46 (.13)***				
台湾	3.23 (.21)***				
個人の社会・経済変数					
男性（＝1）	−.11 (.04)**	−.15 (.07)*	−.10 (.10)	.03 (.08)	−.15 (.08)+
年齢	−.01 (.01)	−.05 (.02)**	.00 (.02)	−.04 (.02)*	.03 (.02)
年齢²	.00 (.00)*	.00 (.00)**	.00 (.00)	.00 (.00)**	−.00 (.00)
既婚または同棲（＝1）	.16 (.06)**	.21 (.11)+	.09 (.12)	.13 (.11)	.07 (.10)
父親の就学年数	.01 (.01)*	.01 (.01)	.02 (.02)	.02 (.01)	.01 (.01)
母親の就学年数	.00 (.01)	.01 (.01)	.01 (.03)	.01 (.01)	−.01 (.01)
コミュニティ尺度の自己評価	.02 (.02)	.02 (.04)	.02 (.05)	.02 (.04)	.06 (.04)
教育資本					
教育レベル（小学校＝0）					
正規の学歴なし	−.07 (.10)	−.13 (.14)	（欠損）+	.08 (.23)	.01 (.22)
中学校	−.00 (.07)	.06 (.10)	−.24 (.53)	−.16 (.20)	.16 (.16)
高等学校	.21 (.08)**	.26 (.12)*	.29 (.52)	.08 (.17)	.44 (.16)**
短期大学	.25 (.10)**	.30 (.17)+	.29 (.54)	.04 (.21)	.55 (.18)**
大学、大学以上	.33 (.10)**	.33 (.20)+	.37 (.54)	.35 (.19)+	.39 (.19)*
文化資本					
クラシック音楽が好き	.05 (.02)+	.06 (.05)	−.07 (.07)	.09 (.04)*	.02 (.05)
ロックが好き	.04 (.03)+	.08 (.05)	−.02 (.06)	−.01 (.04)	.05 (.05)

第8章　物質主義はどこで生き残っているのか

ジャズとブルースが好き	−.03 (.03)	−.02 (.06)	−.00 (.07)	−.04 (.04)	−.03 (.05)
ポピュラー・ミュージックが好き	.01 (.02)	−.06 (.04)	.04 (.07)	.03 (.04)	.13 (.05)*
伝統音楽が好き	.04 (.02)+	.05 (.04)	.08 (.06)	.02 (.04)	.01 (.04)
英会話の堪能さ	.11 (.03)***	.12 (.06)*	.16 (.07)*	.14 (.06)*	.09 (.05)*
旅行で中国, 日本, 韓国, 台湾 東南アジア, ヨーロッパ, 北アメリカを訪れたことがある（自国を除く）（＝1）	.08 (.05)	−.37 (.21)+	.04 (.10)	.12 (.09)	.07 (.09)
経済資本					
階級構造（無職, 主婦, 主夫, 学生など＝0）					
賃金被雇用者：上層ノンマニュアル	.20 (.09)*	.14 (.15)	.12 (.21)	.10 (.20)	.39 (.16)*
賃金被雇用者：下層ノンマニュアル	−.03 (.06)	−.10 (.12)	−.09 (.13)	−.15 (.11)	.11 (.12)
賃金被雇用者：熟練マニュアル	−.14 (.10)	.04 (.19)	−.27 (.23)	−.71 (.21)**	.05 (.20)
賃金被雇用者：非熟練マニュアル	−.18 (.08)*	−.13 (.15)	−.24 (.18)	−.47 (.16)**	−.07 (.16)
プチ・ブルジョアジー	.19 (.06)**	.27 (.10)**	−.34 (.18)+	−.06 (.13)	.24 (.14)+
雇用者	.27 (.11)*	.57 (.28)*	.22 (.21)	−.12 (.21)	.16 (.17)
家計所得（自然対数）	.37 (.02)***	.28 (.04)***	.68 (.08)***	.60 (.05)***	.26 (.06)***
社会関係資本と生活の質					
家族もしくは知人に専門職, 経営者, 議員, 政府高官がいる（いない＝0）					
少なくとも一つのカテゴリーに該当	.17 (.05)***	.23 (.08)**	−.09 (.11)	.10 (.09)	.30 (.10)**
すべてのカテゴリーに該当	.31 (.07)***	.37 (.12)**	.10 (.15)	.14 (.14)	.54 (.13)***
全般的な幸福度	.51 (.03)***	.74 (.05)***	.45 (.07)***	.27 (.05)***	.41 (.06)***
定数項	−1.28 (.33)***	−.27 (.57)	1.63 (.86)*	.14 (.57)	.93 (.55)+
標本サイズ	6,877	2,768	1,142	1,271	1,696
自由度調整済み決定係数（%）	20.13	18.05	19.17	32.80	14.23

+ p<.1; * p<.05; ** p<.01; *** p<.001.
出典：表8-1を見よ。
† 日本の回答者はすべて正規の学歴を持っている。

回答者は,中国の回答者に比べて社会的帰属意識が有意に高い。この結果は,約10年前に前中東欧諸国において明らかにされた結果と異なっている。そこでは,回答者はみずからの位置についてより自信をもっていたのである(Evans and Kelley 2004: 17)。先にも述べたとおり,中国では平等主義的な社会をつくることが国家により主張されていたのであり,自分がより低い位置にいると主張することは,穏健さの象徴であるとともに政治的に正しいことであったのかもしれない。またこの結果は,Li and Zhang (2008)による近年の調査結果と整合的である。

図8-2では,社会的帰属意識のばらつきの比較的大きな割合が,個人的背景や出自にかんする変数によって説明される,ということが示されている。表8-2によれば,そのうちとくに重要な要因は,ジェンダー,配偶関係,父親の学歴である。男性よりも女性の方が,より高い帰属意識をもっている[8]。これもまた,Evans and Kelly (2004)の結果と異なる点である。この点については,女性がより高い教育を受け,よりよい就職機会を得て経済的自立を高めたことで,階級構造のなかでの自己帰属意識も上昇したのではないか,と考える。Evans and Kelley (2004)は1980年代後半から1990年代後半のデータを使っているが,当時は世界的にも,現在ほど女性の地位が高くなかった。配偶関係についていうと,既婚もしくは同棲の場合,独身ないしその他の配偶関係よりも高い社会的帰属意識がみられる。結婚していること,ないし恋愛関係を持つことは,自信と社会的地位の自己評価を向上させるようである。父親の学歴も,回答者の自己評価を上昇させる効果を持っている。

図8-2について議論したときに述べたように,EASS調査において教育は社会的帰属意識にとって重要な決定要因である。高等学校もしくはそれ以上の教育レベルの回答者は,それより低いレベルの教育を受けた回答者よりも,高い社会的帰属意識をもっている[9]。これらの教育カテゴリーの係数は

---

[8] 自己帰属意識におけるジェンダー差は,過去の研究において重要な問題であった(例えば,Baxter 1994)。ジェンダー差の研究については,関連のある問題に十分に目を向けるため,別稿での議論が必要である。この点に焦点を当てた研究では,配偶関係や,回答者および配偶者の社会的・経済的特性にかんする情報が検討されている。モデルは本章で用いられているものと異なる。

[9] 日本では,正規の教育をまったく受けていない回答者はいない。そこで,小学校のレベルを基

また，学歴と社会的帰属意識との直線関係を示している。すなわち，教育レベルが高いほど，係数が大きく，社会的位置への主観的評価がプラスになるのである。言語的資本もまた重要な要因である。つまり，英会話の堪能さは回答者の社会的帰属意識を上昇させることに寄与する。

文化資本の効果は限られたものである。クラシック音楽，ロック，伝統音楽を好む回答者は，高い社会的帰属意識をもってはいるが，統計的にみて有意性はさほど高くない。旅行の経験は，社会的帰属意識を高めることに寄与していない。

経済資本としては，階級構造と家計所得を含めた。われわれのモデルでは，階級を表す三つのカテゴリーがある。一つは生産手段の所有で，雇用者とプチ・ブルジョアジーを含む。もう一つは，調査時点で賃金労働についていないすべての回答者である。そして三つめの被雇用者は，職業特性によってさらに四つに分けられている。労働市場に参加していない人々を基準カテゴリーとすることによって，生産手段を持つこと，および上層ノンマニュアルに属することが，社会的帰属意識のレベルを有意に上げることが明らかになる。それにたいして，非熟練マニュアルは，賃金労働についていない回答者よりも低い社会的帰属意識をもっている。要するに，生産手段の所有は，東アジアにおいて人々がみずからの社会階層をどう評価するかにたいして，依然として強い影響を及ぼしている（これは教育と所得をコントロールしてもいえる。以下を見よ）[10]。

表8-2から，回答者の家計所得が高いほど，社会内での位置へのプラスの帰属意識が強くなる，ということが分かる。社会的帰属意識は経済的というよりも社会的な概念であるように見えるが，ここで明らかになるのは，物質的資本，特に家計所得の絶対量が社会的帰属意識の重要な決定要因となっている，ということである。

また，上層ノンマニュアルと知り合いであることが，社会内での階層への

準カテゴリーとして用いた。また，「正規の教育を受けていない」グループの係数は中国，韓国，台湾にのみ適用されている。

[10] EASSには，フルタイムとパートタイム，正規と非正規，公共機関と民間企業を区別する変数が含まれている。われわれはこれらの変数についても検討したが，有意な結果は得られなかった。それらについての結果はここでは報告しない。

主観的評価を向上させる，ということも明らかになった。東アジアでは，威信のある階級にいる親類ないし知人を持つことが，自己評価にたいして直接的な効果をもたらすのである。また本調査では，調査時の感情的な反応をコントロールするための態度変数を含めておいた。これについて見ると，幸福感は社会的帰属意識に有意な効果をもつ。つまり，回答者が幸福であるほど，高い社会的帰属意識をもつ。この結果はまた，社会的序列における帰属意識は感情的な側面をもち，客観的な業績や条件だけでは決定されない，ということを示している。

さらに表8-2には，それぞれの社会について社会的帰属意識を分析した結果も示してある。階級帰属意識への個人的背景の効果は，中国では大きい。中国において自己評価は，女性が男性よりも高く，若齢者は高齢者よりも高く，既婚者もしくは同棲者は独身者よりも高い。女性の社会的・経済的地位の向上，およびここ数十年における累積的な経済的発展によって，ジェンダーおよび年齢による主観的帰属意識の差が説明できると考えられる。

中国では，社会的帰属意識の上昇にとって，教育と経済資本の両方が重要な決定要因となっている。高等学校もしくはそれ以上の教育レベルにある人々は，小学校までの学歴を持つ人々よりも有意に高い社会的帰属意識をもつ。係数を見ると，教育のレベルが高いほど自己評価も高いことが分かる。英語の堪能さも，中国では自己評価を有意に上げている。資本家や富裕層はより高い階層帰属意識をもつ。文化資本の効果は，中国では限定されている。全体についてのモデルに示されたことと同様に，親族関係および社会的ネットワークと全般的な幸福の度合いは，人々の階級帰属意識を有意に高める。

日本での結果は，中国のそれとは異なっている。出自にかんする変数は，日本では有意な効果を持っている。教育，文化資本，階級構造，親族関係と社会的ネットワークについては，効果が見出されなかった。中小企業経営者が低い社会的帰属意識をもつことは，彼らが巨大な資本家と競合する力を持たないこと，あるいは不安定な財政状態にあることと関係があるかもしれない。中国との類似点はあまりみられないが，英語の能力が階層帰属意識にプラスの効果を持つ点は共通している。松繁(2001)が言うように，英語の能力がある日本人は，仕事を得る機会や現在のグローバル化のなかで昇進する

機会に恵まれる，ということである。また，全般的な幸福は，日本でも階層帰属意識を高める。

韓国の場合，中国と同様に，年齢が階層帰属意識にたいして有意な負の効果を持つ。韓国におけるこの結果は，金融危機という文脈のなかで考察される必要があるだろう。というのも，この金融危機で，多くの高齢者が公的年金や家族のサポートを失い不安定な職になったり，絶望的な貧困に陥ったりしたのである。他方で，韓国では日本と同様に教育の効果は限定的である。教育レベルでの差は大学のレベルで生じるのみであり，他の教育レベルにある回答者は，小学校までの学歴を持つ回答者よりも有意に高い自己帰属意識を示してはいない。家計所得によって測定された経済資本は，韓国でも階級帰属意識に強い効果を持つ。また，四つの社会のうち客観的な階級内での位置の効果がもっとも強いのは韓国である，という点は注目に値する。もっとも大きな原因は，マニュアル階級の負の効果である。熟練・非熟練ともに，公式の労働市場に参加していない人々よりも，みずからの階級的地位を低く評価する傾向がある。モデルでは所得がコントロールされていることからして，この階級による差の解釈は，韓国の労働者階級の相対的はく奪に求められるかもしれない。文化資本は，クラシック音楽についてのみ有意な効果が見られる。つまり，韓国では，クラシック音楽を聴くことが個人の階級帰属意識を上昇させている。

他の三つの社会と台湾との間には，類似点と相違点がある。個人的背景および出自という要因は，韓国と中国に比べてあまり重要でない。具体的には，有意な効果を持つのはジェンダーのみである。つまり，これら二つの中国系社会では，女性のほうが男性よりも高い自己帰属意識をもつ。教育についても，これら二つの社会には類似性がある。台湾の回答者も中国の回答者もともに，高等学校ないしそれ以上の教育レベルにある回答者は，小学校までの学歴しか持たない回答者よりも，社会階層内のより高い位置にみずからを置いている。

台湾において文化資本が持つ正の効果は，ポピュラー・ミュージックを聴くことに限られている。これは他の三つの社会とは異なる点である。上層ノンマニュアルもしくは自営業に従事する回答者は，基準カテゴリーよりも高

い社会的帰属意識をもつ。中国でそうであったように，専門職に就いている知人がいることは社会的帰属意識を上方に押し上げる。回帰モデルの説明力については，韓国におけるばらつきへの説明力がもっとも高く（自由度調整済み決定係数は約33％），次いで日本（19％），中国（18％），台湾（14％）と続く[11]。

7 考察：東アジアにおける社会的帰属意識の特徴

　東アジアにおける中産階級への帰属意識について，われわれの研究は，既存の研究に照らして類似したパターンを見出している。オーストラリア（Evans and Kelley 2004），東欧および西欧（Kelley and Evans 1995），およびアメリカ（Evans et al. 1992）の回答者は，みずからを社会的序列の中央もしくはそのすぐ下に帰属させる傾向にある。われわれの結果では，中国と日本の回答者のうち多数は階級レベル「6」，台湾では「5」，韓国では「5」か「4」を選んだ。これらの結果は，東アジアの回答者において全般的な中産階級への帰属意識があることを表している。先行研究からの知見との整合性から見て，ここに西洋と東洋の収斂が見出されるように思われる。本研究では，文化資本，社会的および親族ネットワーク，および詳細な職業的位置の尺度が用いられている。これにより本研究は，東アジア社会の特殊性を提示することに加えて，物質的資本が階級帰属意識にもたらす効果について先行研究よりも厳密なテストを提供している。

　ここで示されたいくつかの結果は，Evans and Kelley（2004）のものとは異なっている。まず，彼らは東ヨーロッパ人が他国の回答者よりもみずからの社会階層を高くみていることを明らかにしたが，その結果についてよい説明を見出すことができなかった。本章の回帰分析によれば，中国の回答者は他の三つの社会に比べて低い階層帰属意識をもっている。統計的にいえば，中

---

11) 高級な文化資本は，日本における階級帰属意識がそうであったように（吉川 2011），教育，所得，職業の影響を受けていた。これによって，地位帰属意識への文化資本の効果が経済的地位によって吸収されることが示唆された。

国では主観的な階級帰属意識の分布は幅広く，低いレベルを選択した回答者も多い（図8-1）。本章では，政治的権力といった他の階層化の次元をコントロールしていない。中国では，政党に属していることや都市部で戸籍（戸口）を持つことが，就職や住居の手配などさまざまな点で有利に働くため（Wu 2006; Wu and Treiman 2007），政治的権力は一つの要因ではあるかもしれない。また，農業従事者という職業を含めることで，モデル規定は改善されるかもしれない。

本章の結果はまた，教育の効果についても Evans and Kelley（2004）と異なっている。彼らは相互作用項を用いて，東欧よりも西欧の資本主義体制において教育が自己帰属意識に強い効果を持つ，ということを示した。東アジアの個々の社会について同じモデルを分析すると，日本では教育が効果を持たず，台湾と中国では重要な役割を果たしている，ということが明らかになった。おもに西洋の先進国を対象とした研究とわれわれの調査結果との相違は，文化的観点から説明できるものと思われる。というのも，中国にも台湾にも，教育を重んじる長い伝統がある。中国の古いことわざにあるように，学問をする者のみが尊いのである（萬般皆下品，唯有讀書高）。これらの社会では，学業成績と階層帰属意識との間に直線関係があることが，われわれの分析から明らかになった。

本研究によって，東アジアにおいて，社会的帰属意識の決定要因は文化的好みよりも個人や家計への物質的報酬にもとづいている，ということが示された。この側面では，本研究の結果は，個人の所得にかんして先行研究が明らかにしたことと整合的である（例えば，Wu 1996; Tsai 1998; Kikkawa 2000）。しかし教育は，説明力が家計所得よりも低いとしても，依然として重要な要因である。実際，教育の重要性は階級構造のそれよりも大きい。東アジア人の多くにとって，経済的な幸福と教育拡大は，みずからの社会的位置に比較的強い確信をもたらしている。

もっとも，本研究の結果は先行研究の結果を確証しているだけではない。本章独自の結果もいくつか得られた。第一に，上でも述べたように，社会的帰属意識の決定において物質的資本が重要であるとはいえ，教育の影響も無視することはできない。アジア社会においては，職業や経済的状況に関係な

く，教育は名誉の象徴であり続けている。控えめな生活を送る知識人は，教養のない富者よりも尊敬されるのである。Lamont (1992) がいうように，少なくとも経済的資源だけを階層の源泉とみなしている研究の結果は，異なる文化において再度テストされる必要がある。

　第二に，社会的位置への帰属にたいする影響として，文化的好みの重要性を強調しすぎるべきではない。われわれの結果から，音楽の好みや旅行の経験といった尺度は，東アジアでの社会的帰属意識のばらつきを説明する上でそれほど大きな役割を果たさない，ということが示される。この地域では，クラシック音楽を聴くことは自己への敬意を向上させないだろう。ただし，Bourdieu (1984; Swartz 1997) が示唆するように，ここで用いられた文化資本の指標が決定的なものではない，ということは依然としてあり得る。例えば，美術館やアート・ギャラリーを訪れる頻度といった，ブルデューによって示唆された指標を，EASS の質問紙では採用しなかった。もっとも，EASS ではいくつかの音楽ジャンルについて質問をしているし，旅行経験や英語の堪能さも分析に含めている。これらの指標はさまざまな文化的消費，およびそれを利用する能力に関連したものである。また，誇示的消費もかねてから象徴資本の重要な側面であった。日本や中国などの東アジア諸国において，ぜいたく品に金銭をつかうことは中産階級の象徴であるように思われる (*New York Times* March 26, 2011)。文化的活動と社会的位置にかんする主観的評価との強い連関にたいして疑義を呈する知見もいくつかあるが，より洗練された操作化によって統計モデルの説明力を向上させられるかもしれない。

　第三に，これまで文化的に均質であると誤って想定されてきた東アジア諸社会のあいだには，社会的帰属意識の異質性が存在する。社会的帰属意識の分布パターンは，中国と台湾では類似している。韓国に見られる，下方に偏った主観的順位づけの分布は，1997 年の金融危機以降，中産階級の帰属意識が萎縮したことによるのかもしれない (Han 2009; Hong 2003)。これは，金融危機から 10 年を経ても，過去のレベルに戻ってはいないように見える。当時の大規模な下降移動の経験は，韓国の人々の自己帰属意識にたいして長期にわたる負の効果をもたらしているようだ。

　本研究によって示されたのは，東アジア諸国において，人々の主観的な階

級帰属意識にたいする経済的条件の決定力は強く，物質的資源の効果を迂回する文化資本の役割は限られている，ということである。言い換えれば，東アジアでは，客観的階級と主観的階級の距離が近いのである。この結果の意味するところは何か。急速な産業化の時期に，東アジア諸社会は経済的不平等を比較的低いレベルに維持し，裕福な労働者と小規模店舗経営者を多く生みだした。東アジア諸国は，内部の均質性が比較的高く，社会的序列について強いコンセンサスのある社会であると考えられている。これは，人々に帰属意識の多様な源泉を与えるであろう文化的多様性が比較的低い，ということを意味する。そのような社会では，物質的資源が主観的帰属意識に直接翻訳されるため，中産階級の帰属意識は，経済的状況に依存して形成されやすく同時に壊れやすいものになる。経済的次元の重要性によって他の可能な帰属意識の源泉が支配されるところでは，主観的階層は経済変動に大きな影響を受けがちになる。そこで経済的不平等が増せば，人々の主観的帰属意識は，経済的序列のなかで自分が占めるようになった位置に順応したものになる。つまり，東アジアにおける中産階級への強い帰属意識の基盤はかなり脆弱であり，不平等が増大するにつれて今後変容を被り得るものなのである。

● 参考文献 ●

Arita, Shin. 2011. "A Comparative Analysis of Social Stratification in Japan, Korea and Taiwan: Where is the Locus of Social Inequality?" 佐藤嘉倫（編）『現代日本の階層状況の解明：ミクロ・マクロ連結からのアプローチ：第一分冊　社会階層・社会移動』科学研究費報告書，pp. 323-342.

Baxter, Janeen. 1994. "Is Husband's Class Enough? Class Location and Class Identity in the United States, Sweden, Norway, and Australia." *American Sociological Review* 59(2): 220-235.

Bian, Yanjie. 2002. "Chinese Social Stratification and Social Mobility." *Annual Review of Sociology* 28: 91-116.

Bourdieu, Pierre. 1984. *Distinction: A Social Critique of the Judgement of Taste*. Cambridge, MA: Harvard University Press.

Chan, Tak Wing. 2010. "The Social Status Scale: Its Construction and Properties." In Tak Wing Chan (ed.) *Social Status and Cultural Consumption*, Cambridge, UK: Cambridge University Press, pp. 28-56.

Chan, Tak Wing and John H. Goldthorpe. 2010. "Introduction: Social Status and Cultural Consumption." In Tak Wing Chan (ed.) *Social Status and Cultural Consumption*. Cambridge, UK: Cambridge University Press, pp. 1–27.

Chang, Chin-fen and Heng-hao Chang. 2010. "Who Cares for Unions? Public Attitudes toward Union Power in Taiwan, 1990–2005." *China Perspectives* 2010/3: 64–78.

Chang, Chin-fen and Paula England. 2011. "Gender Inequality in Earnings in Industrialized East Asia." *Social Science Research* 40(1): 1–14.

Coulangeon, Philippe and Yannick Lemel. 2010. "Bourdieu's Legacy and the Class-Status Debate on Cultural Consumption: Musical Consumption in Contemporary France." In Tak Wing Chan (ed.) *Social Status and Cultural Consumption*. Cambridge, UK: Cambridge University Press, pp. 84–108.

Davis, Nancy J. and Robert V. Robinson. 1988. "Class Identification of Men and Women in the 1970s and 1980s." *American Sociological Review* 53(1): 103–112.

Evans, Mariah Debra Ruperti and Jonathan Kelley. 2004. "Subjective Social Location: Data from 21 Nations." *International Journal of Public Opinion Research* 16(1): 3–38.

Evans, Mariah Debra Ruperti, Jonathan Kelley and Tamas Kolosi. 1992. "Images of Class: Public Perceptions in Hungary and Australia." *American Sociological Review* 57(4): 461–482.

Ganzeboom, Harry B. G., Donald J. Treiman and Wout C. Ultee. 1991. "Comparative Intergenerational Stratification Research: Three Generations and Beyond." *Annual Review of Sociology* 17: 277–302.

Gerth, Hans H. and C. Wright Mills (eds) 1958. *From Max Weber: Essays in Sociology*. New York: Oxford University Press.

Han, Sang-Jin. 2009. "The Dynamics of Middle Class Politics in Korea: Why and How Do the Middling Grassroots Differ from the Propertied Mainstream?" *Korea Journal of Sociology* 43(3): 1–19.

Hong, Doo-Seung. 2003. "Social Change and Stratification." *Social Indicators Research* 62: 39–50.

International Monetary Fund (IMF). 2010. World Economic Outlook Database. Available at http://www.imf.org/external/pubs/ft/weo/2010/02/weodata/groups.htm（2011 年 1 月 11 日最終閲覧）．

神林博史，星敦士 2011「「中」であること・「下」であることの意味 ── 心理・行動パターン分析の試み」斎藤友里子，三隅一人編『現代の階層社会 3　流動化のなかの社会意識』東京大学出版会，31-61 頁．

Kelley, Jonathan and Mariah Debra Ruperti Evans. 1995. "Class and Class Conflict in Six Western Nations." *American Sociological Review* 60(2): 157–178.

Kikkawa, Toru. 2000. "Changes in the Determinants of Class Identification in Japan." *International Journal of Sociology* 30(2): 34–51.

吉川徹 2006『学歴と格差・不平等 —— 成熟する日本型学歴社会』東京大学出版会.
―――― 2011「階層意識の現在とゆくえ」斎藤友里子,三隅一人編『現代の階層社会 3　流動化のなかの社会意識』東京大学出版会,63-77 頁.
小林大祐 2011「雇用流動化社会における働き方と階層帰属意識」斎藤友里子,三隅一人編『現代の階層社会 3　流動化のなかの社会意識』東京大学出版会,95-110 頁.
Koo, Hagen. 2007. "The Changing Faces of Inequality in South Korea in the Age of Globalization." *Korean Studies* 31: 1-18.
Lamont, Michèle. 1992. *Money, Morals and Manners: The Culture of the French and American Upper Middle Class*. Chicago: University of Chicago Press.
Li, Chunlin. 2010. "Characterizing China's Middle Class: Heterogeneous Composition and Multiple Identities." In Cheng Li (ed.) *China's Emerging Middle Class: Beyond Economic Transformation*. Washington, D.C.: The Brookings Institution, pp. 135-156.
Li, Peilin and Yi Zhang. 2008. "The Scope, Identity, and Social Attitudes of the Middle Class in China（中国中产阶级的规模，认同和社会态度）." *Society* 28(2): 1-19. [in Chinese]
Liu, Xin 2001. "Strata Consciousness in Transition-Era Urban China（转型期中国大陆城市居民的阶层意识）." *Sociological Studies* 3: 8-17. [in Chinese]
Marsh, Robert T. 2002. "Social Class Identification and Class Interest in Taiwan." *Comparative Sociology* 1(1): 17-41.
松繁寿和 2001「英語力と昇進・所得 —— イングリッシュ・ディバイドは生じているか」松繁寿和編著『大学教育効果の実証分析 —— ある国立大学卒業生たちのその後』日本評論社,29-48 頁.
文部科学省 2011『学校基本調査報告書』文部科学省生涯学習政策局調査企画課.
National Bureau of Statistics of China. 2009. *China Population and Employment Statistical Yearbook 2009*. Beijing: China Statistics Press.
――――. 2010. *China Statistical Yearbook 2010*. Beijing: China Statistics Press.
――――. 2011. *Communiqué of the National Bureau of Statistics of People's Republic of China on Major Figures of the 2010 Population Census (No. 1)*. http://www.stats.gov.cn/english/newsandcomingevents/t20110428_402722244.htm（2011 年 10 月 8 日最終閲覧）.
Parish, William L. 1984. "Destratification in China." In James L. Watson (ed.) *Class and Social Stratification in Post Revolution China*, Cambridge, UK: Cambridge University Press, pp. 84-120.
Simpson, Ida Harper, David Stark and Robert A. Jackson. 1988. "Class Identification Processes of Married, Working Men and Women." *American Sociological Review* 53(2): 284-293.
Swartz, David. 1997. *Culture and Power: The Sociology of Pierre Bourdieu*. Chicago: University of Chicago Press.

Tsai, Shu-Ling. 1998. "Class Identification in Taiwan: 1992–1996." Paper presented at the Publication Ceremony of National Science Council Research Project on Sociology, 1995–1997. Institute of Sociology, Academia Sinica, Taipei, Taiwan, January 16–17.

Wang, Jianying and Deborah Davis. 2010. "China's New Upper Middle Classes: The Importance of Occupational Disaggregation." In Cheng Li (ed.) *China's Emerging Middle Class: Beyond Economic Transformation.* Washington, D.C.: The Brookings Institution, pp. 157–178.

Whyte, Martin King. 1975. "Inequality and Stratification in China." *China Quarterly* 64: 684–711.

World Bank. 2009. *From Poor Areas to Poor People: China's Evolving Poverty Reduction Agenda: An Assessment of Poverty and Inequality in China.* http://www.worldbank.org/research/2009/03/10444409/china-poor-areas-poor-people-chinas-evolving-poverty-reduction-agenda-assessment-poverty-inequality-china-vol-1-2-main-report（2011年10月8日最終閲覧）.

Wu, Nai-Teh. 1996. "Class Identity without Class Consciousness? Working-Class Orientations in Taiwan." In Elizabeth J. Perry (ed.) *Putting Class in Its Place: Worker Identities in East Asia.* Berkeley, CA: Institute of East Asian Studies, University of California, Berkeley, pp. 77–102.

Wu, Xiaogang 2006. "Communist Cadres and Market Opportunities: Entry into Self-Employment in China, 1978–1996." *Social Forces* 85(1): 389–411.

Wu, Xiaogang and Donald J. Treiman. 2007. "Inequality and Equality under Chinese Socialism: The Hukou System and Intergenerational Occupational Mobility." *American Journal of Sociology* 113(2): 415–445.

大和礼子 2008「「専業主婦であること」は女性の階層帰属意識を高めるか？「専業主婦の妻を持つこと」は男性の階層帰属意識を高めるか？」轟亮編『2005年SSM調査シリーズ8　階層意識の現在』2005年SSM調査研究会，87-102頁.

Yoon, Jeongkoo and Hyunho Seok. 1996. "Conspicuous Consumption and Social Status in Korea: An Assessment of Reciprocal Effects." *Korea Journal of Population and Development* 25(2): 333–354.

索　引

■人名索引

ウェーバー, M.　199, 202
エスピン-アンデルセン, G.　82-83, 137
織田暁子　24
阪口祐介　8, 21, 33-34, 49, 84
佐藤嘉倫　35, 37, 84
柴田悠　23-24
竹之下弘久　25, 84
太郎丸博　24, 84, 103, 169
チャン・チンフェン　26
デュルケーム, É.　116
ファン・ハナム　21-22
ブルデュー, P.　199, 228
ブロスフェルド, H-P.　33, 37, 49
マルクス, K.　25, 200

三隅一人　169
保田時男　49, 103
大和礼子　22-24, 102, 138, 143, 207
Arum, R.　10, 169-173, 180
Blossfeld, H.-P.　12, 21, 33, 37, 81-83, 170
Charles, M.　24, 138, 141, 144-153, 156-157, 164
Erikson, R.　4, 6-7, 169, 180-181
Goldthorpe, J. H.　4, 7, 169, 180-181
Mueller, W.　169-173, 180
Neumayer, E.　114-116, 119
Portocarero, L.　181
Tsai, S.-L.　208, 227

■事項索引

[ア行]
アジア通貨危機　51, 62
圧縮された近代　11-12
育児休業法　89
一階階差一般化積率法（Generalized Method of Moments）　114
　　──推定　112, 123
一階階差誤差における自己相関に関する Arellano-Bond 検定　133
移動障壁　22, 54, 56, 173
イベント　39-40, 106, 108
イベント・ヒストリー分析　179, 180, 186
ウェイトづけ　179
エンゼルプラン　89
横断的データ　170

[カ行]
回帰モデル　70, 153, 215, 218, 226
階級　3-4, 7-8, 11, 55, 70, 169, 181, 199-201, 203-204, 206, 208-211, 213, 215, 218, 223-226, 229

　　──構造　199-200, 204, 211, 222-224, 227
階級分類　181
　　EGP──　181
回顧　38, 61
確率変数　65
学歴分類　6
家計支持力　91-92, 95, 99, 101-102
下降移動　33, 69, 83, 89-90, 228
下層・上層ブルーカラー　62, 70, 72
下層・上層ホワイトカラー　62, 70, 72
家族構造　172, 175, 190, 192-194
家族従業者　9, 19-20, 26, 39, 170-171, 176, 178, 182-183, 190
家族主義レジーム　11
カテゴリカル変数　62
家父長制　147, 170, 178, 190, 192-194
下方同化仮説　55
韓国版総合社会調査（KGSS）　210
韓国労働収入パネル調査（KLIPS）　61, 63, 67, 74

233

機会費用　174
企業別組合　34
基準カテゴリー　66, 71-73, 95-96, 181, 212, 223, 225
帰属意識　200-205, 207-211, 213-215, 218-220, 222-229
　　階級——　200, 204-205, 207-208, 224-227
　　階層——　13, 26-27, 85, 201, 203, 206-207, 209, 211, 214, 224-227
　　階層——スコア　206
　　地位——　207, 226
キャリアトラック　139, 143-144
教育機会　3, 9-11
教育達成　9, 19, 180
共変量　180-181
　　時間依存——　181
キョウダイ構成　8
国特有線形時間傾向　116, 126
経済資本　26, 202-203, 209, 219, 223-225
系統抽出法　179
系列相関　114
検定力　133
　　——分析　133
工業化　11-12, 19
公共圏　5, 111, 115-116, 130
交互作用　96, 100-112, 118, 122-123, 126, 154, 159
　　——項　42-44, 96, 118, 122-123, 126
　　——効果　42, 47, 112, 118, 122-123, 126, 154, 158, 162
公正と社会的不平等の全国調査　207
構造‐機能主義　147
公的セクター　19-20, 95, 139, 141
高等教育進学率　15
後発産業化国　34
幸福感　213, 218-219, 224
国際社会調査プログラム（ISSP）　204
国際職業分類（ISCO）　39, 156
国勢調査　154, 156-157, 179
固定効果　65, 114, 116, 126-127
固定効果個体内（Fixed-Effects Within-Group）推定　122
子ども子育て応援プラン　89
雇用期間（employment spell）　59, 67-68, 79
雇用システム　34, 85-86, 91, 93
　　日本型——　23, 82, 85-88, 90-91, 93-102
　　フォード主義型——　85
雇用の柔軟化　33, 35, 37-38, 48
雇用の流動化　8, 14, 21, 23, 81, 84, 88
雇用保護　10, 36-38, 53, 173, 191
雇用リスク　37
雇用流動化　81, 85, 101
雇用レジーム　144

[サ行]
サービス産業　12, 70, 72, 148, 178
最小二乗法　70, 159
最小二乗ダミー変数推定　114
産業化理論　3-4, 6-7
産業構造　5, 12, 14, 18-19, 144, 150-152, 164, 192, 193
自営業　18-19, 25-26, 39, 70, 72-73, 95, 169-183, 185-194, 225
自営業主　9-10, 19-20, 25-26, 39
ジェンダー　4-5, 7-9, 24-25, 34-35, 38, 48-49, 84, 86, 143-144, 157, 159-160, 162, 164, 169, 171, 175, 187, 190-191, 193-194, 205, 212, 222, 224-225
　　——差　33-34, 37-38, 42-44, 47-49, 222
　　——平等主義　24, 138, 148-154, 156, 163-164
　　——平等主義的イデオロギー　24
　　——本質主義（Gender essentialism）　25, 147-149, 164
自殺促進効果　112, 115, 122-123, 129, 132
自殺（率）抑制効果　112, 118, 122
自殺率　23-24, 111-119, 122-123, 126-132
時代効果　46-47
失業リスク　33-34, 37-45, 47-49, 83
失業率　10, 18-19, 24, 33, 111-116, 119, 122-123, 126-127, 129-130, 132, 156
私的セクター　139, 141, 150
ジニ係数　206
資本主義　3-4, 84, 90, 137, 204, 227
社会移動論　7
社会階層　2-6, 8-9, 12, 14, 21, 24-25, 82, 94, 100, 102-103, 169, 193, 199-204, 206, 208, 223, 225-226
社会階層と社会移動調査（SSM調査）　38, 49, 179, 181, 207
社会階層論　4-6, 12

索　引

社会関係資本　26, 172, 210, 218
社会経済指標（SEI）　83, 145-147, 149, 153
社会主義　3-4, 14-16, 20, 201, 204-205
社会政策　111, 113, 115, 129, 130
社会的序列　199-200, 202, 204, 210, 213, 224, 226, 229
社会的地位　8, 26, 102, 222
社会民主主義レジーム　82
就業期間（job spell）　61-62, 67-69, 79, 82
就業支援制度　89-90, 93-96, 98, 100-102
従業上の地位　53, 57, 61, 63, 65-70, 72, 74-76, 84, 86, 95-97, 99-100, 102, 139, 143, 150, 165
自由主義レジーム　37, 82
従属変数　39, 43, 46, 63-66, 70, 95, 114, 211
従属変数ラグ項　123
縦断的データ　170
集団平均中心化　118, 122
自由度調整済み決定係数　218, 226
収斂化　83, 88
収斂理論　4, 7, 11
儒教的家父長制　171, 175-176, 178, 187, 190, 192-193
儒教の観念　171
熟練工　12, 156
出生コーホート　90, 95, 97
少子化社会対策基本法　89
少子化対策プラスワン　89
常時雇用　22, 39
上昇移動　69, 75, 83, 89, 193
状態依存性　57, 70, 72, 75
象徴資本　199, 202, 228
消費パターン　202, 205
職業訓練　111-112, 115-116, 118, 130, 132
職業分類　6
女子差別撤廃条約　88
人的資本　10, 15, 16, 21-23, 36-37, 49, 53-54, 57-62, 83-85, 87-88, 90-92, 99, 151-152, 164, 202
親密圏　5, 111, 115-116, 130
垂直分離　141, 146, 148-154, 160, 162, 164-165
水平分離　141, 146-154, 160, 162, 164-165
静学的　114
生活水準　202
正規雇用　13, 23, 34-36, 39, 44-45, 84-87, 90, 93, 95, 98, 102-103, 143
──非正規雇用　40
生存曲線　182-183
生態学的誤謬　132
制度　4-6, 9-11, 13-14, 21, 23, 33-34, 37, 48, 55, 83-84, 88-91, 93, 95, 101-102, 143-144, 147-148, 171-173, 177, 191, 193-194, 205
　家族──　4-5, 8, 169-170
　教育──　9-10, 12
　福祉──　4-5
制度要因　34, 48-49
性別職域分離　24, 137-139, 141, 143-147, 150-151, 154, 157, 163-165
　垂直的──　24
　水平的──　24
性別分業（制）　4-5, 14
性別役割分業　85, 150, 170-171, 176, 186, 193, 194
世界不平等研究（World Inequality Study）　204
セグメント化　85-86, 92
世代間移動　6-9
世代内移動　7
積極的労働市場政策（ALMP）　24, 111-113, 115-118, 122-123, 126-132
絶対移動　6
　──率　6-7, 12
セレクション・バイアス　187
線形回帰分析モデル　65
潜在従属変数　65
相関係数　122, 127-128, 162
相互作用項　227
相対移動　6-7
　──率　6, 12, 14
相同性（ホモロジー）　203

[タ行]
第一次セクター　51, 56-57, 59, 62, 68, 75-76
退出リスク　190-192
対数オッズ　66
対数乗法モデル（log multiplicative model）　153
第二次セクター　51, 56-57, 59-60, 62, 68, 75-76

235

台湾社会変動調査（TGCS）　208, 210
多項ロジットモデル　66
多重共線性　118, 122-123, 126
脱工業化　11-12, 18-20, 24-25, 138, 144, 148-154, 156-157, 159-160, 162-165
多変量解析　153, 181-182, 184, 186, 200
多様システム（diversified system）　10-11
男女雇用機会均等法　86, 88, 143
男女平等度指標　156-157
男性稼ぎ主モデル　81
男性優位主義（Male primacy）　147-148, 164
地位　4, 8-9, 22, 24, 56-58, 60, 62-63, 72, 85-86, 91, 100, 102, 141, 145, 148, 169-170, 172, 181, 192-193, 199-200, 202-203, 205-207, 222, 224-226
　　——達成　10
中核雇用　85-87, 89, 91
中国版総合的社会調査（CGSS）　206, 210
中産階級　201-202, 208, 226, 228-229
長期雇用　34-35, 85-86, 89, 191
賃金　7-8, 12-13, 22-23, 36, 52-53, 55, 60, 74, 79, 86, 137-138, 141-143, 145-146, 165, 172, 176, 180, 187, 190, 194, 200-201, 205, 207, 211, 215, 223
伝統音楽　212, 218, 223
動学的　67, 112, 114-115, 118, 122-123
統合シナリオ　55-57, 68, 74
独立変数　39, 42, 46-47, 61, 66, 95-96, 114-115, 118, 122-123, 126, 132, 179-180, 215

[ナ行]
内在性　114-115
二極化　51, 83, 101-102, 215, 218
二重労働市場　23, 36
日本版総合社会調査（JGSS）　210
日本標準職業分類　156
年功序列　34, 59, 173
ノンマニュアル職　24-25, 146-154, 162, 164, 185

[ハ行]
ハザード率　179, 182, 186
パーソンイヤーオブザベーション　94-95
パーソンイヤーデータ（person-year data）　38-39, 49, 94, 103, 179

パネル・データ　58, 67-68, 70, 75, 112, 115, 118
パネル・プロビット・モデル　65
比較社会学　5, 13
東アジア社会調査（East Asian Social Survey / EASS）　13, 17, 210-211, 214, 212, 222-223, 228
非自発的離転職　21, 39, 44
　　——ハザード　42-43, 46
　　——リスク　39-42, 46
　　——率　42, 44-45, 47-48
非正規雇用　13, 22-23, 33-40, 42-49, 53, 67, 81, 83-85, 87, 89, 93, 95-96, 98-100, 102-103, 143, 165
　　——正規雇用　86
非線形　59, 62
非典型雇用契約　53
一人当たりGDP　26, 119, 206, 209
一人当たりGNP　204
標準正規分布　65
フェミニズム　147
　　——理論　147
　　マルクス主義——　147
フォード主義　23, 85
福祉国家　3, 12
福祉レジーム　1-2, 9, 11, 15-16, 21, 33, 83, 137, 144
　　——論　82
フレキシビリティ　52, 55-57, 70, 74-75
文化資本　26-27, 200, 202-203, 207, 209-212, 218, 223-226, 228-229
分断シナリオ　56-57, 59, 67-68, 74
分離指数　145
ポジティブ・アクション　88
ポピュラー・ミュージック　212, 218, 225

[マ行]
マイノリティ　55, 60
マニュアル職　24-25, 95, 98, 141, 146-148, 150, 152-154, 162, 164-165
マルクス主義　3-4, 7
　　——理論　169
マルチレベル・ロジスティック回帰モデル　153
マルチレベル回帰モデル　204

[ヤ行]
有期雇用　22, 52-53, 58, 82, 143

[ラ行]
ライフコース　8, 35, 82-83, 86, 100-103, 170
ライフスタイル　202, 205
ライフヒストリーデータ　92
ランダム効果　65, 70-71, 75, 159, 162
　——ロジット・モデル　58, 70-71
離散イベントヒストリーモデル　94
離散時間ハザード分析　63
離散時間ロジットモデル　42, 180, 188
離職リスク　21
リスク　33-34, 37-38, 41-42, 44-49, 53-54, 59-60, 63, 70-73, 75, 82-83, 87, 89-90, 99, 113, 130, 132, 180, 187, 191
　——差　34, 47
離転職率　35-36
流動化　37, 84, 87
流動化リスク　84
留保賃金　55, 59, 79
臨時雇用　22, 39, 52-60, 63-65, 67, 70-76, 78
累積生存関数　41
累積分布関数　65
零細小企業　34, 36
労働市場　4-10, 12-14, 20-26, 34-37, 48-49, 51-62, 64, 67-70, 72, 74-76, 82-86, 88, 90, 93, 99, 101, 143, 150, 170-175, 177, 186, 191, 193, 200, 202-203, 207, 211, 223, 225
　第一次——　22
　第二次——　22
　外部——　21, 35, 37-38, 49, 51, 53, 74-76
　内部——　21-22, 35-38, 48-49, 51-53, 58, 75-76, 85, 174
労働保護規制　34
労働力調査　35, 53, 70, 142
労働力率　16-17, 19-20, 23, 25, 36, 60, 90, 137-138, 150, 170, 194

[ワ行]
ワーク・ライフ・バランス　25, 112, 118, 130

[英]
adult worker model family　83
ALMP　→積極的労働市場政策
Conversing divergence（収斂化と多様化の並存）　83
EASS　→東アジア社会調査
EASS2008　14
EGP階級図式　6
FJH仮説　6-7
Fordist model　83
Generalized Method of Moments　114
ILO　14, 17-19, 139
ISCO88大分類　156
ISSP　→国際社会調査プログラム
ISSP2009　14-16, 20
Kaplan-Meier法　41
log multiplicative model　153
male-bread winner model family　82
M字型就業パターン　16-17, 23, 60, 90
OECD　14, 16, 23, 52, 53, 111-113, 115-119, 129, 131, 173, 182
post-Fordist model　83
Sargan過剰識別制約検定　133
Z得点　157

執筆・翻訳者紹介（執筆順）

太郎丸博（たろうまる　ひろし）［第1章，第3章翻訳・第6章］
奥付「編者紹介」を参照。

阪口祐介（さかぐち　ゆうすけ）［第2章］
桃山学院大学社会学部准教授。
大阪大学大学院人間科学研究科博士課程修了。大阪大学博士（人間科学）。専攻：リスク社会論。
主な著作：「失業リスクの趨勢分析 ── 非正規雇用拡大の影響と規定構造の変化に注目して」（『ソシオロジ』第170号，2011年），「犯罪リスク知覚の規定構造 ──「国際比較からみる日本の特殊性」（『社会学評論』59(3)，2008年）。

ファン・ハナム（Phang Hanam）（韓国）［第3章］
内閣・雇用労働部長官。

山下嗣太（やました　つぐた）［第3章］
京都大学大学院文学研究科博士後期課程。
ロンドン大学大学院（LSE）修士課程修了。専攻：都市・建築の社会学。

大和礼子（やまと　れいこ）［第4章・第6章］
関西大学社会学部教授。
大阪大学大学院人間科学研究科社会学専攻博士課程後期課程退学。大阪大学博士（人間科学）。専攻：家族社会学。
主な著作：『生涯ケアラーの誕生 ── 再構築された世代関係／再構築されないジェンダー関係』（学文社，2008年），『男の育児・女の育児 ── 家族社会学からのアプローチ』（斧出節子・木脇奈智子と共編，昭和堂，2008年）。"Impact of fathers' support and activities on mothers' marital satisfaction by income contribution during economic recession in Japan" (*Fathering: A Journal of Theory, Research, and Practice about Men as Fathers*, 6(2), 2008).

柴田　悠（しばた　はるか）[第 5 章]

立命館大学産業社会学部准教授。
京都大学大学院人間・環境学研究科博士後期課程修了。京都大学博士（人間・環境学）。
専攻：社会学。
主な著作：「近代化と友人関係 ── 国際社会調査データを用いた親密性のマルチレベル分析」（『社会学評論』〔日本社会学会〕第 61 巻第 2 号，2010 年）。「イベントヒストリー分析 ── 変容に関する因果分析」（鎮目真人・近藤正基編『比較福祉国家 ── 理論・計量・各国事例』ミネルヴァ書房，2013 年）。

織田暁子（おだ　あきこ）[第 6 章]

日本学術振興会特別研究員 PD。
京都大学大学院文学研究科博士後期課程指導認定退学。専攻：ジェンダー社会学。
主な著作：「日本における男女間賃金格差の地域差に関する研究動向」（『京都社会学年報』第 19 号，2011 年），「ドメスティック・バイオレンス被害の性差に関する研究」（『日本ジェンダー研究』第 16 号，2013 年）。

竹ノ下弘久（たけのした　ひろひさ）[第 7 章]

上智大学総合人間科学部教授。
慶応義塾大学大学院社会学研究科博士課程単位取得退学。専攻：社会階層論。
主な著作：『仕事と不平等の社会学』（弘文堂，2013年）。"Labour market flexibilisation and the disadvantages of immigrant employment: Japanese-Brazilian immigrants in Japan." *Journal of Ethnic and Migration Studies* 39(7): 1177–1195, 2013.

チャン・チンフェン（Chang Chin-Fen）（台湾）[第 8 章]

中央研究院・研究員。

ジ・キハ（Guihua Xie）（中国）[第 8 章]

中国人民大学・教授。

髙松里江（たかまつ　りえ）[第 8 章]

大阪大学人間科学研究科助教。
大阪大学人間科学研究科博士後期課程修了。大阪大学博士（人間科学）。専攻：働き方

とジェンダー。
主な著作：「性別職域分離が賃金に与える影響とそのメカニズムに関する実証研究 —— 技能に注目して」（『フォーラム現代社会』11 号，2012 年），「感情労働における組織的管理と自己疎外 —— 組織・個人の対応データを用いて」（『ソシオロジ』175 号，2012年），「直系同居家族における既婚女性の権威主義的態度とその変化」吉川徹編『長期追跡調査でみる日本人の意識変容 —— 高度経済成長時代の仕事・家族・エイジング』（ミネルヴァ書房，2012 年）。

キム・ヨンミ（Young-Mi Kim）（韓国）［第 8 章］

忠北大学・助教。

山本耕平（やまもと　こうへい）［第 8 章翻訳］

京都大学大学院文学研究科博士後期課程。
専攻：科学社会学。
主な著作："Winsor's Challenge to the 'Essentialism Story' in Biology." Kyoto Journal of Sociology, 20: pp. 69-84, 2012.

［編者紹介］

太郎丸　博（たろうまる　ひろし）
京都大学大学院文学研究科准教授
大阪大学大学院人間科学研究科博士後期課程退学。専攻：社会階層論。
主な著作：『若年非正規雇用の社会学』（大阪大学出版会，2009年），「社会階層論と若年非正規雇用」（直井優・藤田英典編『講座社会学13 階層』東京大学出版会，2008年），「正規／非正規雇用の賃金格差要因 ── 日・韓・台の比較から」（落合恵美子編『親密圏と公共圏の再編成 ── アジア近代からの問い』（「変容する親密圏／公共圏」）京都大学学術出版会，2013年）。

変容する親密圏／公共圏　7
東アジアの労働市場と社会階層　　　　　　　　　　Ⓒ H.Tarohmaru 2014

2014年5月25日　初版第一刷発行

　　　　　　　　　　編　者　　太郎丸　博

　　　　　　　　　　発行人　　檜山爲次郎

　　　発行所　京都大学学術出版会
　　　　　　　京都市左京区吉田近衛町69番地
　　　　　　　京都大学吉田南構内（〒606-8315）
　　　　　　　電　話（075）761-6182
　　　　　　　ＦＡＸ（075）761-6190
　　　　　　　ＵＲＬ　http://www.kyoto-up.or.jp
　　　　　　　振　替　01000-8-64677

ISBN 978-4-87698-379-7　　　　印刷・製本　㈱クイックス
Printed in Japan　　　　　　　　定価はカバーに表示してあります

本書のコピー，スキャン，デジタル化等の無断複製は著作権法上での例外を除き禁じられています。本書を代行業者等の第三者に依頼してスキャンやデジタル化することは，たとえ個人や家庭内での利用でも著作権法違反です。